U0755942

汇业法律观察

汇业25周年文集

汇业律师事务所　编

中国政法大学出版社

2025 · 北京

图书在版编目（CIP）数据

汇业法律观察 ：汇业25周年文集 / 汇业律师事务所编. -- 北京 ：中国政法大学出版社, 2025. 6. -- ISBN 978-7-5764-2182-8

Ⅰ. D926.5-53

中国国家版本馆 CIP 数据核字第 2025Z0Q188 号

书　名　汇业法律观察:汇业 25 周年文集
HUIYE FALÜ GUANCHA:HUIYE 25 ZHOUNIAN WENJI

出版者　中国政法大学出版社

地　址　北京市海淀区西土城路 25 号

邮　箱　bianjishi07public@163.com

网　址　http://www.cuplpress.com (网络实名：中国政法大学出版社)

电　话　010-58908466(第七编辑部) 010-58908334(邮购部)

承　印　北京中科印刷有限公司

开　本　720mm × 960mm　1/16

印　张　19.5

字　数　300 千字

版　次　2025 年 6 月第 1 版

印　次　2025 年 6 月第 1 次印刷

定　价　88.00 元

序

岁月不居，时节如流。2024年，汇业律师事务所迎来了成立25周年的重要时刻。25年来，汇业始终与国家发展同频共振，紧扣中国社会发展的时代脉搏，深度参与国家法治建设。

在行业格局加速变革、法律服务需求持续升级的时代背景下，汇业律师事务所秉持稳健发展理念，扎实推进战略布局。历经多年积累与开拓，已构建起覆盖全球41个地区的法律服务网络，成长为综合性律师事务所。发展过程中，汇业始终坚持专业和行业“双轮驱动”的核心策略，依托20个专业委员会与行业委员会，精准研判行业趋势，不断整合资源、优化服务，实现业务领域的拓展与服务能级的提升。

近日，汇业律师事务所精心编撰的25周年系列文集由中国政法大学出版社正式出版发行。该文集共遴选46篇文章，围绕财税法律、房地产与建设工程、公司法与跨境投资等专业领域，系统梳理了过往法律服务实践中，客户普遍关注、行业重点聚焦的法律实务问题。每篇文章均凝结着汇业律师对法律实践与行业发展的深度思考，充分彰显了汇业律师的专业法律服务能力与行业前沿洞察力的融合。

值此文集付梓之际，汇业律师事务所期望以此为载体，为法律行业从业者、客户及相关领域人士提供专业参考，分享法律服务实践经验与解决方案。这本文集不仅是汇业律师事务所发展历程的阶段性总结，更是对长期以来给予汇业信任与支持的合作伙伴的衷心致谢。展望未来，汇业律师事务所将坚守专业初心，持续深耕法律服务领域，以更优质的服务回报社会各界的信赖与期许。

杨国胜

汇业律师事务所管委会主席

2025 年 4 月

目　录

公司法和跨境投资

国际争议解决

知识产权

企业风险管理

网络与数据法律

金融与证券

劳动与人力资源

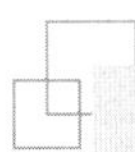

环境资源与能源

房地产与建设工程

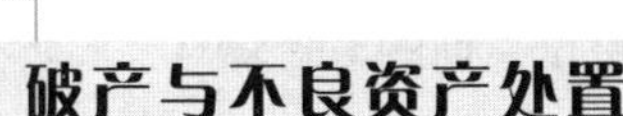

破产与不良资产处置

刑事业务

竞争法

海事海商/保险

家事与私人财富管理

行政法

财税法律

生命科学与医疗健康

零售与消费

汽车与智能制造

文化娱乐法律

公司法和跨境投资

高级管理人员身份认定的司法裁判规则

丁龙兵*

高级管理人员（以下简称高管），这个词在各种媒体上和日常生活中出现的频次很高。日前，就有新闻称某科技巨头公司的“前高管”指控该公司存在非法行为，而这位“前高管”实际的身份只是公司曾经的“技术主管”。“技术主管”是否属于高管？究竟什么样的人群才能被归为高管？大家对此可能还不太了解。其实，这并不奇怪，不仅普通大众无法清楚地认知，就连众多长期从事司法审判工作的法官们对“高管”的理解和认定也不尽相同。为了探究前述问题的答案，本文将根据我国的法律、司法解释和政策，并结合相关案例，为大家进行简要的分析和归纳，以期帮助大家了解有关高管身份认定的司法裁判规则。

一、问题的提出

高管，有狭义和广义之分。从狭义的角度来看，高管指的是《公司法》规定的“高级管理人员”，不包括公司的董事和监事。在广义的概念中，高管一般还包括公司的董事、监事等公司决策或监督机构的成员。限于篇幅，本文仅从狭义的角度来谈论高管身份的司法认定问题。

究竟什么样的人群才能被归为高管？为何要提出高管身份的司法认定问

* 丁龙兵合伙人。

题？在回答这些问题之前，先来看《公司法》的规定和一个裁判案例。

（一）《公司法》的相关规定

《公司法》对于高管的范围有明确的规定，第265条第1项规定："高级管理人员，是指公司的经理、副经理、财务负责人，上市公司董事会秘书和公司章程规定的其他人员"。

对于高管的人群范围，新旧《公司法》的规定是保持一致的，新《公司法》没有对《旧公司法》（2018年修正的《公司法》）第216条第1项规定进行修改。

（二）一则案例

上海某中级人民法院在一起高管损害公司利益纠纷案件中是这样表述的："……虽然从工商登记显示，该款项流转时，行某并非工商登记的董事或经理，但事实上，案涉款项流转时，行某已经在履行高级管理人员的职责……"。实际上，行某不仅不是工商登记的高管，亦非公司章程规定的高管。然而，该法院在该案中直接以行某履行高管职责为由判决其承担损害赔偿责任。

值得一提的是，该法院在此案件之前发布的《审判经验及类案裁判方法通报》中就为认定高管人员身份提供了这样的指导意见："如果工作人员身处管理岗位并享有管理职权，但并不具有法律或章程规定的高级管理人员身份，则该人员一般不应被认定为高级管理人员。"

从这则案例中可以看出，该案法官在裁判时没有以《公司法》和章程的规定作为认定高管的依据，而是采用是否实际履行高管职责的标准来判断是否为高管。显然，至少从字面上看，这样的认定思路与《公司法》的规定是不一致的，亦与该院上述指导意见不相符。

结合《公司法》的规定和上述案例，不难看出，在司法实践的个案中，法官可能不会依据《公司法》的规定来认定高管身份，而是采用其他的标准和依据来认定高管身份。由此而产生进一步的问题是，这样的现象是仅存在于个案中，还是一种普遍现象？

二、从既判案例来看高管身份认定的裁判规则

针对上述问题，笔者对相关的既判案例进行了检索，并对该等案例中的

个案裁判标准和依据进行了梳理。笔者选取的样本是原、被告双方对于高管身份争议较大且被主张具有高管身份的一方不是《公司法》明确规定的高管人群的案例，因为只有这类案例才对研习司法裁判规则及回答本文提出的问题具有实际意义。现将检索到的相关案例显示的主要裁判规则归纳如下，以资参考。

（一）以《公司法》的规定作为裁判依据

在原告上海赛依尔教育公司与被告闫某新、周某辉损害公司利益责任纠纷一案［（2017）沪 0112 民初 10315 号］中，上海市闵行区人民法院认为，“根据赛依尔教育公司的举证，闫某新、周某辉分别任赛依尔教育公司上海大区总监和上海大区副总监，该职务并不属于《中华人民共和国公司法》或赛依尔教育公司章程列明的高级管理人员……赛依尔教育公司未能证明闫某新、周某辉实际行使经理、副经理职权”。

上海市第一中级人民法院在维持该一审判决的二审裁判文书［（2017）沪 01 民终 14968 号］中的表述是：“闫某新、周某辉在任赛依尔教育公司分别担任上海大区总监和上海大区副总监，该职务并不属于《中华人民共和国公司法》或赛依尔公司章程列明的高级管理人员”。

由此可以看出，该案的两审法院均以《公司法》作为否定高管身份的裁判依据。此外，笔者还检索到了其他较多的否定高管身份的裁判案例，基本上亦是以不属于《公司法》列明的高管之规定作为裁判依据。

（二）以公司章程及其他具有效力性、决策性的公司文件作为裁判依据

在上诉人周某与被上诉人广州市东戈广告公司损害公司利益责任纠纷二审民事判决书［（2018）粤 01 民终 10460 号］中，广州市中级人民法院这样表述：“由此反映，公司高级管理人员的职权范围直接与公司整体利益相关联，对其任命人选、薪资报酬等事项均需经特定程序进行。相应地，对于公司高级管理人员的主体认定，应当严格按照《公司法》的规定，以公司章程及其他具有效力性、决策性的公司文件作为依据，对于仅负责某项具体业务的部门管理人员即便其享有一定管理权限，亦不属于《公司法》意义上的高级管理人员范畴。”

从广州市中级人民法院的上述案例可以看出，法院一方面坚持了依据

《公司法》的规定进行裁判的基本原则，另一方面对于高管身份认定依据进行了扩展，增加了“其他具有效力性、决策性的公司文件”。

哪些文件属于“其他具有效力性、决策性的公司文件”？一般来讲，应该是指股东会决议、董事会决议或者该类决议性文件。在审判实践中，存在某些公司虽然没有在章程中进行明确规定，但是通过决议或决议性文件的形式将某些岗位定义为高管且进行授权，并且将该等岗位人员作为高管能够体现股东意志的情形。根据上述案例的裁判思路，该等决议及文件可以作为认定高管身份的依据。

（三）以岗位职责与公司主营业务相关程度作为裁判依据

在原告沃开公司与被告赖某涛损害公司利益责任纠纷一案［（2019）粤0113 民初 8322 号］中，赖某涛辩称“只是沃开公司的股东和监事，不属于董事高管”，而广州市番禺区人民法院如此表述：“被告是沃开公司股东之一，负责业务销售，销售是沃开公司的核心业务，被告的名片也印有总经理字样，在被告没有提供充分反证的情况下，本院认定其身份属于高级管理人员，对沃开公司负有忠实和勤勉义务”。在二审案件［（2020）粤 01 民终 21724 号］中，广州市中级人民法院对于一审法院的裁判思路予以了肯定：“赖某涛虽然作为公司的监事，但其是公司的三个股东之一，负责业务销售，其名片也印有总经理字样，在其并无相反证据的情况下，一审法院认定其属于公司高级管理人员并无不当，本院予以确认”。

从上述案例中可以看出，两审法院在认定赖某涛的高管身份时，均认可以岗位职责与公司主营业务的相关程度作为裁判依据，并结合了其股东身份以及名片的表明证据，尽管这些均不是《公司法》规定的认定高管身份的依据。

细心的读者可能会发现，同样是广州市中级人民法院作出的判决，该案的裁判依据与上述规则二中引述案例的裁判依据却不相同。

（四）以实际履行高管的职权作为裁判依据

在上诉人周某与被上诉人甘肃中集华骏公司，原审被告高某某、毛某光关联交易损害赔偿纠纷一案［（2018）甘民终 590 号］中，甘肃省高级人民法院认为，“判断公司相关人员是否为高级管理人员，应从该人员是否担任《中华人民共和国公司法》规定的职务，或者公司的章程是否将担任其他职务的人员规定为公司的高级管理人员进行分析。公司的高级管理人员应是执行公司出资人的决策，拥有执行权或一定程度的决策权，掌握着公司内部管理或外部业务的核心信息，并决定公司的决策及发展方向的特定人群”。

在该案的再审案件［（2019）最高法民申 2728 号］中，最高人民法院亦认定，“2007 年 7 月 30 日，甘肃中集华骏公司聘任周某担任该公司营销部经理，全面主持公司销售和采购供应工作。在此期间，甘肃中集华骏公司并没有设立副总经理，周某实际上行使的是公司高级管理人员的职权”，从而驳回了周某的再审申请。

在上述案件中，甘肃省高级人民法院从司法适用的角度对《公司法》的规定作了扩展性解释，从法律条文规定的岗位范围扩展到实际履行的职权范围，在个案中以实际行使高管的职权作为认定高管身份的裁判依据。最高人民法院尽管没有对此裁判规则予以明确肯定，但是从上述再审裁定的表述内容来看，实际上是默认了该等裁判规则。

（五）以薪资待遇与高管相匹配作为裁判依据

在原告鑫万佳公司与被告朱某明公司董事、经理、高管损害公司权益纠纷一案［（2008）海民初字第 21067 号］中，北京市海淀区人民法院认为，“鑫万佳公司是一直长期从事银行会计结算业务自动化处理软、硬件产品研发、生产及销售的企业，2002 年 4 月朱某明被聘任为鑫万佳公司常务副总经理，负责公司的技术、产品项目的开发工作，并拟定培养其成为公司总经理；同时，鑫万佳公司向其转让公司股份 100 万股，除高额工资年薪外，鑫万佳公司还承诺给予其高达数百万元的安家费用及基本生活费用。上述事实表明，作为一家高技术企业，朱某明在鑫万佳公司中的职位、职权及其所享受的优厚待遇，完全符合修订前后的《公司法》中所列明的公司‘经理’及‘高级管理人员’的身份”。

在该案二审后，北京市海淀区人民法院在案例评析中进一步阐述了其对高管身份进行实质审查的标准：“关于实质审查的角度，可以从以下几个方面考虑。一是审查对象的岗位职责与公司主营业务之间的关联关系。二是审查对象的薪酬待遇与其岗位职责的因果关系。三是审查对象对岗位职责的履行情况对公司主营业务状况的影响程度”。

根据上述内容可知，北京市海淀区人民法院对于高管身份的实质认定，一方面考虑了职责与主营业务的相关性，另一方面考虑了薪酬待遇与高管身份的匹配程度。江苏省高级人民法院在再审申请人吕某亭与被申请人立德公司劳动争议纠纷一案［（2020）苏民申 6276 号］中也采用了同样的裁判思路，亦将薪酬待遇作为认定高管身份的一项裁判依据："结合吕某亭在立德公司工作期间对企业实施管理的行为以及薪酬状况，可认定吕某亭系立德公司的高级管理人员"。

在司法实践中，法院通常不可以将薪酬待遇作为认定高管身份的唯一裁判依据，而需要结合其他相关的事实和依据（如岗位、职权、与主营业务的相关程度等因素）一并作出裁判。但是，在特定情况（特别是其他相关事实和在案的证据不充分且法官对高管身份已形成了内心确信的情况）下，法官在裁判时有可能会将薪酬待遇作为认定高管身份的主要依据和考量因素。

概言之，由上述案例和裁判规则可以看出，各法院在个案中认定高管身份的标准和依据存在不小的差异。对于否定高管身份的案例，法院通常直接以不符合《公司法》的规定作为裁判依据；而对于肯定高管身份的案例，通常不会单纯依据《公司法》的规定来予以认定，而是根据上述（二）至（五）中的一个或多个裁判依据进行认定。

当然，由于上述案例并非完全检索，且限于篇幅，司法实践中或还存在其他裁判规则，有兴趣的读者可自行检索。

三、结语

笔者认为，尽管在司法实践中存在认定高管身份的众多裁判依据和规则，但是《公司法》有关高管身份的规定其实是明确的，并非过于原则或模糊的。

首先，《公司法》第 265 条第 1 项规定列举了法律意义上的高管人群，即经理、副经理、财务负责人、上市公司董事会秘书。

其次，《公司法》是一部商法，需要留下私权自治的空间，即将除前述人群之外的"其他人员"是否作为高管的权限留给了股东，由股东在公司章程中自行确定。

再次，上市公司董事会秘书属于高管没有什么争议，但是何为"经理、副经理、财务负责人"？《公司法》没有对该等人员进行界定。其实，2018 年

《公司法》第46条第9项有关董事会职权范围的规定中明确了高管中的经理、副经理和财务负责人的聘任由董事会决定。也就是说《公司法》将决定哪些人是“经理、副经理、财务负责人”的职权留给了董事会。

此外，尽管《公司法》将担任高管的决定权留给了股东和董事会，但是《公司法》第146条反向排除了不适合担任高管的人群，即从立法上对股东或董事会任命高管的职权进行了一定程度的限制。

因此，笔者认为，尽管个案存在差异且现实情形较为复杂，但是有关高管身份的混乱问题并不完全在于《公司法》的规定，而应当从司法裁判和股东责任的角度来进行反思。

一方面，正确的法律适用可以给社会公众以稳定的裁判预期和行为准则，而混乱的司法裁判则会让社会公众无所适从。在大量的个案中，法官可能通常都是先对高管身份形成了内心确信，然后再寻找相关标准和依据来论证，而这些标准和依据却不是《公司法》和章程规定的。众所周知，若不严格根据《公司法》和章程规定来认定高管身份，不仅容易产生裁判规则的混乱，还极易滋生腐败。

另一方面，公司作为一个商事主体，其股东在享受充分意思自治的情况下，亦应当承担因其不作为而产生的法律后果。在《公司法》规定章程可以对高管进行补充确定的情况下，股东应当通过制定或修正章程来确定高管人群的范围和岗位；若股东不积极行使该等权利，则应当承担不利之后果，不能寄希望于司法介入来对其权利进行事后保护。这种过度保护显然也是对涉事“高管”不公平的，不能让公司和股东从来都没确定其是“高管”的当事人突然来承担高管的义务和责任。法院应适当约束主持实质正义的冲动，让公司的规公司，让司法的归司法。

最后，给相关人士一个善意的实务建议。为了避免高管身份认定存在争议和风险，一方面依据《公司法》完善章程有关高管身份的规定，另一方面参考司法裁判规则对确定高管身份的有关文件和证据进行检查与完善。

境内自然人境外投资备案程序问题

刘　柳*

随着国内境外投资环境的不断发展，特别是“一带一路”倡议的不断深化，以及经济全球化背景下资本的跨区域流动，境外投资成为境内主体日益关注与聚焦的对象。对于境内企业对外直接投资而言，商务部、外汇管理局以及国家发展和改革委员会均有相对明确的规定，如2014年商务部发布的《境外投资管理办法》，2018年国家发展和改革委员会公布的《企业境外投资管理办法》，但反观境内自然人境外投资的有关条件与限制则有所缺失。因此，本文聚焦境内自然人境外投资活动，从法律法规、流程材料、违反后果三个方面综合阐述我国当前的实践情况与存在的问题。

一、境内自然人境外投资行为的路径

关于境内自然人境外投资行为，目前主要存在两种路径：

其一，以投融资为目的，在境外设立特殊目的公司（以下简称SPV），并通过其在境内设立主体以进行返程投资。

其二，直接在境外以新设、股权收购等形式投资他国企业以开展实质性业务经营而非以返程投资为目的的活动（以下简称非返程投资）。

就前述两种路径，境内自然人境外投资究竟需要履行何种审批/备案程序？实务中需要哪些材料？未履行法定程序的后果为何？下文一一讨论分析。

* 刘柳合伙人。

二、返程投资路径

（一）监管规则

1.《个人外汇管理办法实施细则》（2007 年 2 月 1 日起实施）

第 16 条规定："境内个人对外直接投资应按国家有关规定办理。所需外汇经所在地外汇局核准后可以购汇或以自有外汇汇出，并办理相应的境外投资外汇登记手续。境内个人及因经济利益关系在中国境内习惯性居住的境外个人，在境外设立或控制特殊目的公司并返程投资的，所涉外汇收支按《国家外汇管理局关于境内居民通过境外特殊目的公司融资及返程投资外汇管理有关问题的通知》等有关规定办理。"

解读：境内自然人的对外直接投资另有规定的，按照另行规定办理。返程投资的，需要依照国家外汇管理局的规定办理。

2.《关于境内居民通过特殊目的公司境外投融资及返程投资外汇管理有关问题的通知》（2014 年 7 月 4 日起实施，以下简称 37 号文）

"一、本通知所称'特殊目的公司'，是指境内居民（含境内机构和境内居民个人）以投融资为目的，以其合法持有的境内企业资产或权益，或者以其合法持有的境外资产或权益，在境外直接设立或间接控制的境外企业。

本通知所称'返程投资'，是指境内居民直接或间接通过特殊目的公司对境内开展的直接投资活动，即通过新设、并购等方式在境内设立外商投资企业或项目（以下简称外商投资企业），并取得所有权、控制权、经营管理权等权益的行为。

……

二、国家外汇管理局及其分支机构（以下简称外汇局）对境内居民设立特殊目的公司实行登记管理

三、境内居民以境内外合法资产或权益向特殊目的公司出资前，应向外汇局申请办理境外投资外汇登记手续。境内居民以境内合法资产或权益出资的，应向注册地外汇局或者境内企业资产或权益所在地外汇局申请办理登记；境内居民以境外合法资产或权益出资的，应向注册地外汇局或者户籍所在地外汇局申请办理登记……"

解读：境内自然人以投融资为目的，在境外设立 SPV 进行返程投资的，需要向国家外汇管理局申请办理境外投资外汇登记手续。

（二）返程投资初始外汇登记程序

返程投资初始外汇登记程序如表 1 所示。

表 1　返程投资初始外汇登记程序

登记条件	（1）主体为中国公民，以及虽无中国境内合法身份证件，但因经济利益关系在中国境内习惯性居住的境外个人； （2）主体需合法持有境内企业资产或权益（主要指境内企业股份）； （3）主体需设立或持股境外特殊目的公司； （4）架构搭建的目的为返程投资
登记机关	境内企业资产或权益所在地银行
登记流程	自然人持有境内企业资产或权益 ⇨ 自然人社里或持股境外特殊目的公司 ⇨ 办理37号文登记手续 ⇨ 进行境外融资及返程投资
登记材料	（1）书面申请与《境内居民个人境外投资外汇登记表》； （2）个人身份证明文件； （3）特殊目的公司登记注册文件及股东或实际控制人证明文件（如股东名册认缴人名册等）； （4）境内外企业权力机构同意境外投融资的决议书（企业尚未设立的，提供权益所有人同意境外投融资的书面说明）； （5）境内企业与境外投资方签署的投融资协议； （6）境内居民个人直接或间接持有的拟境外投融资境内企业资产或权益，或者合法持有境外资产或权益的证明文件； （7）境内企业上一年度的财务报表； （8）在前述材料不能充分说明交易的真实性或申请材料之间的一致性时，要求提供的补充材料。 注：根据不同地区的实际情况，其所要求提交的材料也会存在差异，建议提前与拟进行登记的银行沟通确认

（三）违反后果

37 号文中明确规定了境内自然人返程投资路径下违反外汇登记有关要求的处罚措施，如表 2 至表 4 所示的三大类情形。

表 2　情形一：虚假或构造交易汇出资金用于特殊目的公司

处罚标准	由外汇管理机关责令限期调回外汇，处逃汇金额 30%以下的罚款；情节严重的，处逃汇金额 30%以上等值以下的罚款；构成犯罪的，依法追究刑事责任（《外汇管理条例》第 39 条）

续表

相关案例	天佑电器违法逃汇案（苏汇检罚（2021）7号） 天佑电器存在违反规定将境内外汇转移境外的逃汇行为，违反了国家外汇管理局《关于境内居民通过特殊目的公司境外投融资及返程投资外汇管理有关问题的通知》第15条规定。国家外汇管理局苏州市中心支局依据《外汇管理条例》第39条的规定，对其处罚款人民币260万元整

表3　情形二：未如实披露返程投资企业实际控制人信息、存在虚假承诺等行为

处罚标准	由外汇管理机关责令改正，给予警告，对机构可以处30万元以下的罚款，对个人可以处5万元以下的罚款
相关案例	润际新材未如实披露返程企业实控人信息案（渝汇罚〔2019〕5号） 国家外汇管理局重庆外汇管理部认为，润际新材股东为中国香港华荣，其先由境内居民个人直接持股、后由境内居民个人通过创新国际间接控制，公司实质上是由境内居民个人直接或间接通过特殊目的公司返程投资设立的外商投资企业。该情况与公司2008年9月8日、2014年7月18日在国家外汇管理局重庆外汇管理部办理外商投资企业基本信息登记变更时承诺的内容不一致，公司未如实披露返程投资企业实际控制人信息，存在虚假承诺行为。基于上述事实，国家外汇管理局重庆外汇管理部对公司处以责令改正，给予警告，并处以罚款7万元的行政处罚

表4　情形三：未按规定办理相关外汇登记、未如实披露返程投资企业实际控制人信息或虚假承诺

处罚标准	如发生资金流出：由外汇管理机关责令限期调回外汇，处逃汇金额30%以下的罚款；情节严重的，处逃汇金额30%以上等值以下的罚款；构成犯罪的，依法追究刑事责任。如发生资金流入或结汇：非法将外汇汇入境内的，由外汇管理机关责令改正，处违法金额30%以下的罚款；情节严重的，处违法金额30%以上等值以下的罚款；非法结汇的，由外汇管理机关责令对非法结汇资金予以回兑，处违法金额30%以下的罚款
相关案例	青岛某置业有限公司违法汇入外汇案（青汇罚决字〔2023〕8号） 2023年8月29日，青岛某置业有限公司因违反规定将外汇汇入境内，违反了国家外汇管理局《关于境内居民通过特殊目的公司境外投融资及返程投资外汇管理有关问题的通知》第7条、第15条第3款，国家外汇管理局青岛市分局依据《外汇管理条例》第41条的规定，没收违法所得1027.777884万元，处罚款4731.014925万元，罚没合计5758.792809万元

三、非返程投资

结合我国职能部门划分及职权配置，对于境内自然人的境外实业投资的规制，理应从三个监管方面来考量，分别是发改部门、商务部门以及外汇管理部门。

（一）发改部门

从国家发展和改革委员会（以下简称发改委）有关境外投资管理的立法演变可以看出，其曾一度尝试将自然人的境外投资进行纳入规制范围。例如，在已废止的21号令实施期间内，境内自然人的非返程投资可以参照该办法执行并履行核准手续。但在2014年开始实施的9号令中，虽然规定了境内自然人的非返程投资可参照该办法另行制定管理办法，但该管理办法直至9号令被2018年新规11号令废止之前都未曾出台，境内自然人非返程投资在该期间内处于实质上的无法可依状态。在之后实施的11号令中，发改委则更是彻底放弃对自然人非返程投资事项进行规制，明确规定其不适用本办法，但也未如9号令那样留出另行制定规范的余地。

由此，发改委目前对境外投资行为的监管也主要适用于境内企业，对于境内自然人而言的非返程投资，其究竟是否需要经过发改委、是否需要核准还是备案等问题，依然无法可依。

（二）商务部门

从表5中可以看出，商务部门对于境外投资行为的监管一直将监管对象停留在企业/机构层面，境内自然人的境外投资行为并不适用上述商务部门制定的规章，从下述广东省商务厅的回复中也可以得到相同的答案。

国内自然人以个人名义境外投资如何办理备案？

答：中国自然人境外投资不属于商务主管部门管理范畴。中国自然人为其在境内控制的资产实现境外上市而设立境外特殊目的公司，属于外汇局管理范畴，外汇局负责为其办理相关的外汇登记手续。

表 5　商务部的相关法律名称及内容

名称	条文内容
《关于境外投资开办企业核准事项的规定》（商务部 2004 年第 16 号令，2004 年 10 月 1 日起实施，2009 年 5 月 1 日起废止）	第 3 条　境外投资开办企业，是指我国企业通过新设（独资、合资、合作等）、收购、兼并、参股、注资、股权置换等方式在境外设立企业或取得既有企业所有权或管理权等权益的行为
《境外投资管理办法》(2014 年 10 月 6 日起实施)	第 2 条　本办法所称境外投资，是指在中华人民共和国境内依法设立的企业（以下简称企业）通过新设、并购及其他方式在境外拥有非金融企业或取得既有非金融企业所有权、控制权、经营管理权及其他权益的行为
《对外投资备案（核准）报告暂行办法》（2018 年 1 月 18 日起实施）	第 2 条　本办法所称对外投资备案（核准），系指境内投资主体在境外设立（包括兼并、收购及其他方式）企业前，按规定向有关主管部门提交相关信息和材料；符合法定要求的，相关主管部门为其办理备案或核准。 前款所述境内投资主体是指开展对外投资活动的境内机构，另有规定的除外；前款所述企业为最终目的地企业，最终目的地指境内投资主体投资最终用于项目建设或持续生产经营的所在地

（三）外汇管理部门

表 6　外汇管理部的相关法律名称及内容

名称	条文内容
《外汇管理条例》(2008 年 8 月 5 日起实施)	第 17 条　境内机构、境内个人向境外直接投资或者从事境外有价证券、衍生产品发行、交易，应当按照国务院外汇管理部门的规定办理登记。国家规定需要事先经有关主管部门批准或者备案的，应当在外汇登记前办理批准或者备案手续
《个人外汇管理办法》(2007 年 2 月 1 日起实施)	第 16 条　境内个人对外直接投资符合有关规定的，经外汇局核准可以购汇或以自有外汇汇出，并应当办理境外投资外汇登记

续表

《个人外汇管理办法实施细则》（2007 年 2 月 1 日起实施）	第 16 条第 1 款　境内个人对外直接投资应按国家有关规定办理。所需外汇经所在地外汇局核准后可以购汇或以自有外汇汇出，并办理相应的境外投资外汇登记手续

从表 6 中可以看出，上述条例办法等都统一规定了境内个人境外直接投资应当遵守国家有关规定办理相应的外汇登记手续，但具体应当遵守何种规定、应当履行何种登记手续则存在空白。根据国家外汇管理局于 2020 年 11 月 13 日发布的《资本项目外汇业务指引（2020 年版）》的内容，其中涉及境内自然人境外投资业务的只存在通过特殊目的公司进行返程投资这一类，并不包括非返程投资。

此外，业务指引中所附的境内居民个人境外投资外汇登记表也仅限于返程投资的外汇登记。因此，虽然外汇管理部门相关法律文件确实提及了境内自然人境外直接投资业务，但是缺乏较为具体的规定，而更多的是指基于 37 号文的规定通过特殊目的公司进行返程投资这一种业务类型。

通过对上述已发布的各类法律文件进行总结后发现，对于境内自然人境外非返程投资问题，目前三大部门都不存在具体的明文规定，各部门的答复也大多倾向于禁止此类登记。法律规定的模糊性与法律漏洞的存在从而导致实践中缺乏具体依据，实务部门基于此，拒绝此类事项的登记。因此，若境内自然人在未登记的前提下从事非返程投资，则有可能由于资金出入境问题而受到处罚，如依据《外汇管理条例》认定为逃汇行为、未依法办理外汇登记行为、外汇违规入境或结汇行为等。

四、总结

对于境内自然人境外投资问题的两种路径，我国的处理措施截然不同。就返程投资而言，37 号文作为该行为的规制基础提供了较为明确的外汇登记手段和流程，但也仅限于境内自然人通过境外特殊目的公司融资及返程投资、境内个人参与境外上市公司员工持股计划和认股期权计划。反观非返程投资，一直处于监管真空的状态，外汇管理部门寥寥数笔的原则性规定对于实务操作而言毫无益处，且目前实务上也不认可非返程投资路径的外汇登记。

从理论上看，根据法无禁止即自由的原则，境内自然人当然也能够借助非返程投资的形式进行境外资金融通；从逻辑上看，根据我国当前的社会背景、金融环境与政策形势，非返程投资应当通过有关部门办理相应的登记备案等手续。随着全球化的影响和对外开放战略的深入，我们希望各部门能相互协调合作，为境内自然人境外直接投资的实现提供明确且便利的条件。

法定代表人限制高消费措施解除之法律路径

廖明涛　牛青波*

最高人民法院于2010年出台《关于限制被执行人高消费的若干规定》，建立了限制消费制度；2015年修改为《关于限制被执行人高消费及有关消费的若干规定》，对限制消费制度进行了更进一步的修改和完善。被执行人为单位的，其法定代表人亦将被采取限制消费措施。该制度在取得了良好的法律效果和社会效果的同时，也给单位法定代表人带来了诸多的不便，本文就如何解除法定代表人的限高措施进行简要分析。

一、解除法定代表人限高措施的法定情形

最高人民法院《关于限制被执行人高消费及有关消费的若干规定》第9条："在限制消费期间，被执行人提供确实有效的担保或者经申请执行人同意的，人民法院可以解除限制消费令；被执行人履行完毕生效法律文书确定的义务的，人民法院应当在本规定第六条通知或者公告的范围内及时以通知或者公告解除限制消费令。"

结合该规定的第3条，可以将解除限制消费措施的法定情形归纳为以下四种：

（1）被执行人提供确实有效的担保；

（2）申请执行人同意；

（3）被执行人履行完毕生效法律文书确定的义务；

（4）因私消费以个人财产实施时，申请暂时解除。

需要注意的是，上述规定内容没有兜底条款，难以涵盖执行工作实践中

* 廖明涛合伙人，牛青波合伙人。

需要解除限制消费措施的所有情形。2019 年 8 月 13 日，《最高人民法院对十三届全国人大二次会议第 1223 号建议的答复》中初步认为，因审判监督执行依据已被撤销的，或因被执行人进入破产程序，执行案件被裁定终结执行的，或者执行依据被裁定不予执行的，此时需要解除限制消费措施。因此，最高人民法院考虑拟先行在限制消费系统中增加“人民法院依法裁定终结执行的”以及“人民法院依法裁定不予执行的”两种情形。

2019 年 12 月 16 日，最高人民法院《关于在执行工作中进一步强化善意文明执行理念的意见》第 17 条规定了几类解除或暂时解除限制消费措施的情形。可以简单归纳为：

（1）因私消费，以个人财产从事消费行为；

（2）法定代表人、主要负责人确因经营管理需要发生变更，能够举证证明其并非单位的实际控制人、影响债务履行的直接责任人员；

（3）因本人或近亲属重大疾病就医，近亲属丧葬，以及本人执行或配合执行公务，参加外事活动或重要考试等紧急情况亟须赴外地，申请暂时解除乘坐飞机、高铁限制措施。

二、被执行人进入破产程序，是否应当解除其法定代表人的限高措施

企业法人不能清偿到期债务，并且资产不足以清偿全部债务或者明显缺乏清偿能力的，经相关主体申请且法院初步审查后，裁定受理破产案件，并指定破产管理人。由破产管理人接管企业的财产、印章、账簿，决定企业的日常开支和其他必要开支，管理和处分企业的财产等。理论上讲，在破产管理人接管企业之后，企业的财产已不可能因其法定代表人的消费行为而不当减少，进而损害企业债权人的合法权益。

因此，有观点认为，此时即应解除对法定代表人采取的限高措施。一些地方性司法文件对此也作出了相关规定。例如，广东省高级人民法院于 2019 年 5 月 21 日公布的《关于限制消费及纳入失信被执行人名单工作若干问题的解答》第 24 条：“问：被执行人进入破产程序后，人民法院是否应对其解除限制消费措施？答：人民法院作出破产申请受理裁定书前，不需要解除对被执行人的限制消费措施；作出破产申请受理裁定书后，应解除对被执行人的限制消费措施。”

三、法院裁定宣告企业破产后应当解除限高措施

法院指定破产管理人后，在破产管理人的主导下，完成债权申报、资产评估、拍卖、召开债权人会议等事项后，如果法院裁定宣告企业破产，则此时法定代表人可以向原执行法院提出解除限高措施的申请，法院应当同意。因为根据最高人民法院《关于适用〈中华人民共和国民事诉讼法〉的解释》第 513 条第 1 款的规定："……被执行人住所地人民法院裁定宣告被执行人破产的，执行法院应当裁定终结对该被执行人的执行。"裁定终结执行不同于裁定终结本次执行，裁定终结执行意味着执行程序彻底结束，依法裁定终结执行的，法院不能再恢复执行，除非法律、司法解释明确规定了例外情况。由于执行终结，作为执行手段之一的限制消费措施，自然应当随之解除。

随着法院执行力度的不断加大，作为企业的法定代表人在依法合规、诚信经营的前提下，要时刻关注自身可能面临的法律风险，保障自身合法权益。

“挂名法定代表人”的法律风险及司法救济

张清涛*

一、何为“挂名法定代表人”

法定代表人是依据公司法及公司章程的规定代表公司，行使民事权利、承担民事义务的负责人。“挂名法定代表人”，顾名思义，是指仅是公司名义上的法定代表人，既不是公司的股东，也不是公司的董事，又不参与公司的实际经营和管理，无法履行公司章程中规定的法定代表人的各项职能。在实践中，挂名法定代表人的现象非常普遍，公司的股东、实际控制人等为了逃避各种法律责任和义务，往往不愿意自己担任公司的法定代表人，而是让自己的亲戚、朋友、公司普通员工等来担任法定代表人。多数情况下当事人是不情愿的、不得已的，甚至有些人对自己担任法定代表人根本不知情。公司一旦出现任何状况，法定代表人就会受到牵连。本文所要探讨的就是“挂名法定代表人”的法律性质及司法救济途径。

二、“挂名法定代表人”的法律风险

“挂名法定代表人”虽然不是公司的股东和实际控制人，不参与公司的实际经营和管理，但由于工商登记仅做程序性审查，不做实质性审查，只要公司提交的材料齐全并符合要求，工商管理部门就会向公司颁发营业执照。法定代表人一经登记即具有了法律所赋予的对外行使权利和承担义务的身份，不得以其并非股东或实际控制人为由对抗外部第三人。

公司在日常的经营管理活动中，经常面对工商、税务、消防、卫生等行

* 张清涛合伙人。

政管理部门，甚至是公检法等司法部门。如果公司有任何违反法律、行政法规等行为的，法定代表人可能面临相应的处罚。比如，较为常见的是公司对外欠债不还，经法院判决甚至强制执行后仍不履行偿还义务的，法院会将公司的法定代表人纳入失信被执行人名单。一旦被列入“黑名单”，法定代表人将受到包括但不限于如下限制：不得再设立公司、不得设立金融类机构、享受优惠政策、担任重要职务等；不能申请贷款、申请信用卡等；不能有高消费行为，如出入星级酒店、夜总会、高尔夫球场；不能购买高额保险、理财产品；不能购买不动产、车辆等；子女不能就读高收费私立学校等；出行受影响，不能坐飞机、坐高铁等。

再如，公司出现偷税漏税，发生重大安全事故，涉嫌非法集资、非法经营等违法犯罪行为，法定代表人有可能要承担刑事责任，常见的罪名有重大安全事故罪，生产、销售伪劣商品类犯罪，非法吸收公众存款罪，集资诈骗罪，税务管理类犯罪，拒不支付劳动报酬罪，拒不执行判决、裁定罪等。

三、“挂名法定代表人”的法律性质分析

我国《公司法》及其司法解释一直没有对董事、法定代表人与公司是何种性质的法律关系作出明确规定。法定代表人的任用和罢免，均是由股东们召开股东会并形成决议确定。股东会决议中往往会出现“委派某人担任公司的执行董事”字样的陈述，又根据公司章程的规定，执行董事即公司的法定代表人。那么“委派”二字到底是基于平等民事主体之间的委托关系，还是基于公司与员工具有上下级管理关系的指派？在司法实践中，这两大法律观点都存在争议。

2019 年 4 月 28 日《最高人民法院民二庭相关负责人就关于适用〈中华人民共和国公司法〉若干问题的规定（五）》答记者问

记者：《规定》有关董事职务无因解除的规定应如何理解？是否会影响董事的正常履职？

答：《规定》廓清了公司与董事的关系，明确了公司可以随时解除董事职务。我国公司法中仅规定了董事任期由公司章程规定，每届任期不得超过三年，任期届满连选可以连任。在我国公司法上，对董事与公司的关系并无明确的规定，但公司法理论研究与司法实践中已经基本统一认识，认为公司与

董事之间实为委托关系，依股东会的选任决议和董事同意任职而成立合同法上的委托合同。既然为委托合同，则合同双方均有任意解除权，即公司可以随时解除董事职务，无论任期是否届满，董事也可以随时辞职。

根据上述最高人民法院的解答可知，董事与公司之间为委托合同法律关系，那么基于执行董事而担任的法定代表人与公司之间的法律关系也是委托合同关系。

四、“挂名法定代表人”的司法救济途径

既然双方之间是委托合同关系，根据1999年《合同法》第410条之规定，“委托人或者受托人可以随时解除委托合同。因解除合同给对方造成损失的，除不可归责于该当事人的事由以外，应当赔偿损失”，委托人可以随时提出解除委托，受托人也可以随时提出辞去委托。委托合同的解除权是形成权，只要一方解除合同的意思表示到达对方，委托合同即被解除。但根据《公司法》第10条第1款之规定：“公司的法定代表人按照公司章程的规定，由代表公司执行公司事务的董事或者经理担任。”法定代表人须依法登记，若变更应当办理变更登记。由此可知，在工商变更登记之前，委托关系的解除也仅限于受托人与公司之间，不能产生对外的法律效力。“挂名法定代表人”只是向公司表达辞去法定代表人职务尚且不够，还应向公司提出配合办理工商变更登记的申请。

但在实践中，公司往往会以各种理由拖延办理甚至拒绝办理工商变更登记。那么法定代表人可否向法院起诉？请求办理工商变更登记是否属于法院受理范围？部分观点认为这属于公司自治范畴，法院不应司法干涉。但笔者认为这种观点是不正确的。最高人民法院“王某廷因起诉巴州赛瑞机械设备安装有限公司、曹某刚请求变更公司登记纠纷案”［（2020）最高法民再88号］裁判要旨提及：原法定代表人并非公司股东，其无法通过召集股东会等公司自治途径，就法定代表人的变更事项进行协商后作出决议。若人民法院不予受理该起诉，则其因此所承受的法律风险将持续存在，而无任何救济途径。故原法定代表人请求办理法定代表人变更登记的诉讼具有诉的利益，该纠纷系平等主体之间的民事争议，属于人民法院受理民事诉讼的范围。因此，“挂名法定代表人”可参照该案例中的“原法定代表人”身份，向公司注册

地人民法院提起请求变更公司登记纠纷之诉。

五、“挂名法定代表人”起诉请求变更公司登记纠纷典型案例

本文分享的是吴某诉睿志公司请求变更登记纠纷案［（2019）沪01民终6027号］，该案一审法院上海市闵行区人民法院认为这属于公司自治范畴，并以此为由驳回了吴某的诉讼请求。但上海市第一中级人民法院最后改判支持了吴某的诉讼请求。以下援引上海市第一中级人民法院判决书中的裁判观点供大家参考学习。

本院认为，吴某在本案中主张其已辞去睿志公司执行董事兼法定代表人职务，要求睿志公司办理工商变更登记，将其名字从“法定代表人”一栏的记录中予以涤除的主张可以成立。

理由一：就相关法律规定而言，法定代表人作为代表公司法人进行经营活动的负责人，理应实际参与公司的经营管理，且睿志公司章程亦详细规定了担任法定代表人的执行董事应当行使的各项权利，而吴某仅作为从事行政人事工作的普通员工，并未实际参与公司经营管理，故可以认定吴某为名义上的法定代表人。

理由二：根据《公司章程》的规定，执行董事的任期为3年，睿志公司并未提供吴某在任期届满后获得连任的相关证据，且吴某提交了自己向公司提出辞去法定代表人的相关证据，即使睿志公司认为未收到该辞职报告，亦可视为其已在本案诉讼中以质证的方式对此予以接收和知悉。吴某与睿志公司及其股东金宝特之间的委托合同关系业已丧失继续有效存续的基础。

理由三：睿志公司早已处于停止经营状态，且吴某早已将睿志公司相关证照、印章及财务账册等与睿志公司关联公司进行了全面交接。吴某非睿志公司股东，无法通过召集股东会等自治途径就法定代表人变更事项进行协商后作出决议，而直至上述交接接近4年后的本案诉讼，睿志公司也从未作出意欲变更法定代表人的意思表示。

综合考虑上述三个方面的事实和理由，为保护吴某作为普通公民的合法权益，同时考虑睿志公司目前的实际情况，本院对吴某要求睿志公司至相关部门涤除其作为法定代表人的登记事项的诉讼请求予以支持。

从公司法律师视角谈《公司法》修订

吴　冬　王正倩*

2023年《公司法》实质性新增和修改110条左右。本次新《公司法》吸收了近年来各地的司法实践经验，汲取了最新的公司法理论研究成果，既有诸多亮点，也存在不足之处，值得商榷和探讨。笔者作为公司法律师，主要从事企业收并购、跨境投资及公司法领域的商事诉讼、仲裁，将结合过往承办的项目和案例，对本次新《公司法》修订给律师从事公司法业务带来的影响，谨作简要评析。

一、本次新《公司法》的亮点，是对部分在法律界已形成共识并在司法实践中已加以应用的做法给予了归纳和认可

（1）在股东知情权方面，将会计凭证纳入股东可以查询的范围，并将查阅主体延伸至全资子公司，充分保障了小股东的权利。

在有限责任公司股东知情权纠纷中，会计凭证的查阅系核心争议焦点。在司法实践中已有诸多支持查阅的判例，如笔者曾代理的上海某岩土工程有限公司股东知情权纠纷一案中，上海市杨浦区人民法院在2015年认为"对于申请查阅会计账簿所对应的原始凭证问题，我国《公司法》并未明确予以涉及，既未作出可以查阅的相关条款，亦未明令加以否定和禁止。鉴于原始凭证是会计账簿的记账依据，应当允许查阅"；又如，在阿特拉斯设备有限公司诉河北阿特拉斯设备制造有限公司股东知情权纠纷一案中，最高人民法院在2021年认为"股东知情权的范围不宜加以限缩，否则将与设置股东知情权制度的目的背道而驰"。会计凭证的查阅是股东了解公司真实经营状况的重要途

* 吴冬合伙人，王正倩合伙人。

径，因会计账簿、会计报表等数据易被伪造，需进一步查询原始凭证方能验证真伪，因此允许股东查阅会计凭证符合保障股东知情权的立法目的。同时，因会计账簿、凭证具有较高的专业性和复杂性，若不具备专业财务知识的人员往往很难直接了解真实情况，本次修订还删除了公司法司法解释中要求股东本人在场的限制，股东可以直接委托中介机构，化解外资股东出席不便的困境（第 57 条、第 110 条）。

（2）在股权转让方面，明确有限责任公司股东对外转让股权时，不再需要其他股东过半数同意，以便于企业开展投融资和收并购交易。

2018 年《公司法》第 71 条第 2 款规定，“股东向股东以外的人转让股权，应当经其他股东过半数同意……其他股东自接到书面通知之日起满三十日未答复的，视为同意转让……不同意的股东应当购买该转让的股权；不购买的，视为同意转让”。该规则较为拗口，若其他股东既不明确答复又不表示同意购买，对于其是否放弃优先购买权，在司法实践中争议较大。本次修订有针对性地解决了上述争议，规定股东自接到上述通知后三十日未答复的，视为放弃优先购买权，避免股权转让时出现“享有优先购买权的股东自己不愿购买又不愿让别人购买”的僵局状态。1993 年《公司法》中要求股东对外转让股权需经过股东会决议，2005 年《公司法》修订后删除了前述规定，到 2018 年《公司法》要求其他股东过半数同意，再到本次新《公司法》删除其他股东同意的要求，体现了立法机关对有限责任公司股东对外转让股权的逐步放宽，系在一定程度上弱化有限责任公司的“人合性”。本次新《公司法》还规定了股权转让后公司的登记变更义务，并赋予转让人和受让人在公司拒绝或者在合理期限内不予答复登记事项时寻求救济的权利，为交易相关方提供了简洁明了的操作指引（第 84 条）。

（3）增加法人人格横向否认制度，强化对交易相对人利益的保护。

2018 年《公司法》仅规定了法人人格纵向否认制度，即公司股东滥用公司法人独立地位和股东有限责任损害公司债权人利益，由该股东对公司的债务承担连带责任，即“刺破公司面纱”。但在司法实务中，已有诸多法院对法人人格横向否认制度予以认定，即股东利用其控制的两个以上公司出现上述情形，各公司应当对任一公司的债务承担连带责任。例如，笔者吴冬与同事丁龙兵律师代理的雷迪（中国）有限公司诉上海雷迪机械仪器有限公司、雷迪有限公司国际货物买卖合同纠纷一案中，交易模式为原告向被告一供货，被告二向原告支付货款。后被告二未付款。我们代理原告向法院提出两被告人格混同、彼此不分的观点，要求两被告对货款承担连带清偿责任。经过审理，上海市第二中级人民法院在2011年认为，“两被告形式上是各自独立的公司，表面上不存在股权关系，但系受控于同一实控人，不仅存在关联关系，而且存在人员混同、业务混同、场地混同的情形。最终认定前述交易应视为两被告共同实施的整体购买行为，两被告的行为违背了法人制度设立的宗旨，损害了债权人的利益，应依法承担连带清偿责任”。本次新《公司法》对此作出规定，系对现有法院已有的商事判例给予了公司法上的认可，将更有利于保护交易相对人的权益（第23条）。

（4）增加控股股东压迫情形时小股东的回购请求权，对小股东的保护方式更加充分和全面。

实务中，很多小股东并不参与公司实际经营，对公司经营状况了解甚微，长此以往，公司控股股东利用控制地位，滥用职权损害小股东利益的情形时有发生。但2018年《公司法》仅规定了异议股东的回购请求权，且适用条件有限。在笔者近期代理的一案中，作为公司外资小股东，因疫情暴发后，无法及时返回中国参与公司的经营管理，后中方控股股东以公司巨额亏损为由，要求公司停止营业，并拒绝小股东查阅公司财务资料。同时，就双方曾达成合意的股权回购事宜也拒不履行，各方协商无果后，遂致讼。司法实践中，在小股东利益受到侵害时，除行使股东知情权和法定的异议股东回购请求权外，再无更好的救济路径，本次修订有效解决了现实中小股东被压迫的情形（第89条）。

（5）增设简易注销和强制注销制度，为商事主体退出市场提供更快捷的通道。

自2015年以来，各地市场监管部门已陆续试点推行简易注销制度，尤其是上海、深圳等部分经济发达地区。例如，上海市人大常委会在2021年发布的《上海市浦东新区市场主体退出若干规定》中，已规定了简易注销和强制注销制度。本次修订系对各地的做法给予了全国层面立法上的承认，对无实际经营或无债务的公司退出市场提供了快速通道，具有很强的实操意义。此外，2018年《公司法》下，登记机关只能根据公司的申请依法注销公司登记，且需要公司配合提交诸多材料，导致出现很多吊销未注销的“僵尸企业”，不仅挤占社会资源，还增加行政管理成本。简易注销和强制注销制度在前述背景下应运而生，降低了企业成本，同时也优化了营商环境（第 240 条、第 241 条）。

二、本次新《公司法》修订尚有可完善之处

（1）在出资形式方面，不宜将股东对第三人的“债权”纳入非货币财产出资的范围。

以债权出资，分为两种情形：一是“债转股”，即股东将对标的公司享有的债权作为出资。例如，笔者曾代理中国长城资产转让上海神汇汽车控股股权项目。长城资产是在 2000 年通过实施财政部、国家经贸委最早一批中央企业政策性债转股而持有该公司 56. 42%的股权。二是以第三人债权出资，针对此种情形，笔者认为，首先，债权的本质系请求权，其实现依赖于债务人的清偿，当债务人怠于履行清偿义务时，则债权往往存在不能实现之虞，从而导致股东出资不实或虚假出资。其次，债权能否足额回收具有不确定性。例如，金融不良债权常以折价方式收回，债权价值的减少意味着公司的实收资本减少，有悖于资本确定原则。故笔者认为，股东显然应在第三人债权实现后再以货币的形式出资。最后，债权的种类多种多样，除违约之债外，还有侵权之债，侵权之债明显不适宜作为股东的出资财产。债权的实现具有不确定性、形式非法定性、内容非公开性等特点，债权出资存在一定的风险。

在 2013 年修正《公司法》时，立法机关将有限责任公司注册资本改为认缴无期限限制，导致出现大量认缴期 30 年以上的“亿元公司”。时隔 10 余年后，本次《公司法》修订又改为五年限期认缴制。笔者也担心，若允许以第三人债权出资，可能会重蹈上述认缴制的问题，届时若再次为此修订《公司法》，将不利于维护法律的严肃性和权威性。

（2）在公司治理机构方面，不宜取消监事会的设立。

新《公司法》允许公司选择单层制治理模式，由董事会组成的审计委员会履行监事会职能，是对我国现有的公司组织机构设置的突破。首先，审计委员会由董事会设立，不独立于董事会，无法达到监督董事会之目的，若仅设立审计委员会而不设立监事会，则董事会缺乏公司内部的监督；其次，监事会的职

能除了对董事会关于公司财务、会计等监督，还包括对公司管理的监督以及对董事高管的监督，而审计委员会的职能不仅包含对公司管理运营的监督，还有自己监督自己的嫌疑。因此，笔者认为审计委员会无法完全取代监事会的作用，公司不宜仅设置审计委员会而不设立监事会（第75条、第128条）。

（3）对简易合并和小规模合并中豁免股东会决议的情形应当进一步放宽。

新《公司法》下，对母子公司之间的简易合并，如母公司持股比例达到90%以上，则允许被合并一方豁免股东会决议。同时，小规模合并中，要求公司合并支付的价款不超过本公司净资产10%，方可豁免股东会决议的程序要求。笔者认为，在并购交易中，能够达到上述规定比例要求的情形少之又少。为了更加有利于收并购和投融资，立法机关应对上述比例进行放宽，如将简易合并中母公司的持股比例降低至66.7%以上，小规模合并中将净资产比例扩大至30%，以更好地适应现实并购需求（第219条）。

三、本次新《公司法》修订部分条文未与现行法律规定有效衔接，待后续出台法律法规及司法解释做进一步明确

（1）公司的治理结构未与《民法典》相衔接。

新《公司法》将法定代表人的选任范围扩大，代表公司执行公司事务的所有董事会成员，均可以作为法定代表人。我国法定代表人制度经历了三个阶段的演变，1993年《公司法》中，法定代表人只由董事长（执行董事）担任。到2005年《公司法》修订时，将法定代表人担任范围中增加了经理的选项，并允许公司章程自行约定。再到本次新《公司法》将范围进一步扩大至全体董事会成员，反映了立法机关对法定代表人的选任条件逐渐放宽，系与国际通行做法相接轨。但《民法典》并未规定董事会成员可以担任法定代表人，二者存在冲突。此外，《民法典》还规定营利法人应当设立执行机构，《公司法》一审稿中也提及“董事会是公司的执行机构”，但新《公司法》最后删除了前述表述，也未规定公司的执行机构。鉴于我国实行“民商合一”的法律体系，本次修订与《民法典》的规定不协调（第10条）。

（2）公司实施“股东会中心主义”还是“董事会中心主义”的立法导向不够明确。

新《公司法》删除“董事会对股东会负责”的表述，将经理的职权范围

从列举式改为由章程规定或公司董事会授权，保留了经理对董事会负责，并引入董事会审计委员会作为监事会的替代选项，此类修订看似提高了董事会在公司治理中的地位，在一定程度上体现出我国立法机关对公司治理模式从“股东会中心主义”向“董事会中心主义”靠拢的趋势，但增加了股东会可授予董事会其他职权，保留了董事会要向股东会报告工作的要求，故公司治理模式是以股东会为中心还是董事会为中心，本次修订的立法导向仍不明确。例如，2010 年，国美控制权争夺案中创始股东黄光裕和董事陈晓之间产生激烈矛盾，股东会的决议同董事会的决议相冲突，以谁为准？若类似案件再度发生，将对法院和仲裁机构提出新的挑战，基于模糊的立法导向，笔者认为很可能会出现同案不同判的情形（第 67 条、第 69 条、第 74 条、第 121 条）。

（3）职工董事的选聘、任职资格的限制条件不明确。

新《公司法》下职工董事的设置，不再要求公司股东和投资主体具有国有性质，而转为按照职工人数规模确定。对职工人数 300 人以上的公司，除监事会中已有职工代表外，均需设置职工董事，但相关规定仍不完善。首先，新《公司法》在股东会职权中删除“选举和更换非职工代表担任的董事”，同时又新增股东会对董事的无因解除权。按此规定，股东会可以任意解除职工董事，但若职代会依旧继续选聘该员工为职工董事，则发生此种僵局如何处理？现有的公司法对此是无解的。其次，职工董事任职的限制条件，国务院国资委、中华全国总工会的文件中规定了公司高管不得担任职工董事，但部分国资性质的上市公司仍存在高管担任职工董事的情形，如京沪高铁（601816）和锦州港（600190），分别选举了公司副总经理和常务副总裁担任职工董事。职工董事以往主要存在于国资性质的公司中，所以该问题并不显著，但新《公司法》实施后，职工董事将成为不同类型的大中型企业普遍面临的问题。目前，已有个别企业提出准备让公司高管担任职工董事，他们认为高管也属于劳动法上的职工范畴。笔者认为如此不妥当，职工董事作为连接职代会和董事会的重要桥梁，因此企业高管显然不宜担任。故对职工董事的选任、任职资格要求等还需立法、行政乃至司法部门在将来予以明确（第 68 条、第 120 条）。

（4）新《公司法》未弥补部分立法空白。

例如，法人股东资格承继，2018 年《公司法》下，自然人股东死亡后，其合法继承人可以继承股东资格。但法人股东主体消灭后，其股东权利是否可以承继以及应由谁承继，目前仍属于立法空白。例如，上文提及笔者代理的案件中，标的公司以境外法人股东注销为由拒绝承认其股东资格，拒绝外资小股东行使知情权。作为标的公司的外资法人股东，在清算重组后成立的新公司，能否作为标的公司的法人股东继续行使股东权利，本次新《公司法》并未作规定。

实践中已经出现的监事会决议效力瑕疵的诉讼，当股东会、董事会决议存在内容瑕疵或程序瑕疵时，股东可以提起决议不成立、无效、撤销等效力瑕疵之诉，但监事会决议，股东是否可以参照提起前述诉讼，本次《公司法》修订也未作规定（第 27 条、第 90 条）。

本次《公司法》修订存在诸多亮点，亦有部分不足值得商榷和探讨，将有待于实践的进一步探索。近期诸多专家学者、律师同行大多对本次修法的亮点进行评析，但少有提及本次修法中的不足。本文旨在抛砖引玉，从公司法律师的视角提出并进行探讨，以期对上述提及的法律问题作更深入的思考。

当仲裁遭遇突袭式裁判

符　标　林泽昕*

你是否遭遇过如下情形呢？仲裁庭在庭审中组织双方就申请人已经明确的请求权基础以及构建请求权基础的相应证据发表彼此的观点，在总结案件争议焦点后由双方再各自发表辩论意见，整个庭审辩论热烈但秩序井然，申请人与被申请人在来回的攻防中，均充分地发表了对案件争议焦点的意见。但是，最终的裁决结果对基础法律关系的判断和争议问题的认定均与庭审中所明确的内容迥然不同，仲裁庭未认可申请人主张的基础法律关系，在庭审内容以外重新进行了认定并裁决被申请人承担申请人所主张的“付款责任”。

有着丰富出庭经验的律界同仁们或许都有过上述的经历，常将这种超出合理预期的裁判方式称为“突袭式裁判”，其当然不仅局限于仲裁的语境，在诉讼中也难以避免。但在诉讼中还存在通过上诉争取改判的空间，而面对“一裁终局”的仲裁裁决，当事人可能更感到茫然无助。这也使笔者开始思考仲裁程序中如何应对“突袭式裁判”。恰逢仲裁法修订之际，是否有可能为“突袭式裁判”的应对提供更为有益的助力。

一、什么是突袭式裁判

所谓突袭式裁判，根据当前学界的主流观点，是指裁判人员违反事实上

* 符标合伙人，林泽昕合伙人。

和法律上的释明义务，没有公开自己的心证，因此剥夺了受不利裁判之当事人就相关事实与法律适用表明自己的意见从而影响裁判人员的机会，并在此基础上作出的超出当事人合理预期的裁判结果〔1〕。该概念并未在法条中明确规定，仅是学理上的概念，但是由于我国司法审判实践中诸多案例均或多或少地存在突袭式裁判的情形，因此引起理论界和实务界的诸多探讨。

从上述概念来看，突袭式裁判实际上是从当事人的心理预期出发，就裁判人员所作出的裁判结果与当事人在庭审过程中基于事实和法律所作出的心理预期判断是否一致而进行定义的。正常情况下，依照现代庭审理论构建的庭审程序，不论是诉讼程序还是仲裁程序，在庭审后当事人对于裁判结果应当是可以预期的。但是，在突袭式裁判中，由于裁判人员在庭审过程中的争议焦点确认、心证公开、释明义务行使以及举证责任分配上存在一定问题，导致案件当事人在庭审中并不能更加清晰地了解裁判人员的心证，未能对裁判人员所关注的事实或者法律问题充分陈述意见，最终使案件的裁判结果超出了当事人的合理预期。

具体而言，突袭式裁判通常包括事实认定上的突袭式裁判和法律适用上的突袭式裁判。两者的区别如表1所示。

表1　事实认定和法律适用上的突袭式裁判的区别

事实认定上的突袭式裁判	法律适用上的突袭式裁判
1. 是指在案件审理过程中，由于当事人所认识、理解的裁判基础事实与裁判人员所认识的不一致而造成的突袭。 2. 事实上的突袭式裁判的着重点在于，裁判人员进行裁判所依据的基础事实，是否已经为当事人所预测的，并且当事人基于裁判人员的心证，就该等事实是否为真的认定过程，进一步提出意见并影响裁判人员的心证	1. 是指在案件审理过程中，裁判人员在法律适用上没有适度释明，未公开心证以保障当事人就裁判所适用的法律陈述意见的机会，导致裁判结果所依据的法律并非为当事人所能预期而造成的突袭。 2. 进一步地，法律适用上的释明不仅包括法律条文上的释明，还包括法律观点的释明，当裁判人员偏向于适用当事人未注意的法律观点进行裁判时，裁判人员就负有向当事人释明这种观点的义务，并给予当事人与裁判人员就该等法律观点进行充分讨论的机会

〔1〕 杨严炎：《论民事诉讼突袭性裁判的防止：以现代庭审理论的应用为中心》，载《中国法学》2016年第4期。

二、仲裁程序中有哪些突袭式裁判

一般仲裁程序中的突袭式裁判同样包括事实认定上的突袭式裁判和法律适用上的突袭式裁判。

关于事实认定上的突袭式裁判，在案件审理过程中（尤其是庭审过程中），仲裁庭就申请人所提交的证据以及该份证据可能证明的事实并未给予特别关注，在被申请人不认可相关证据的真实性后，仲裁庭也并未进行进一步发问并公开心证。在此情况下，仲裁庭径行认可相关证据的真实性，并以相关证据所证明的事实为依据认定被申请人应当承担相应的责任，这剥夺了被申请人就相关证据及事实问题进一步提出意见并影响裁判人员心证的机会，该种情形一般被视为事实认定上的突袭式裁判。

而关于法律适用上的突袭式裁判，通常发生在案件审理过程中，申请人模糊仲裁请求所依据的请求权基础，仲裁庭在未明确请求权基础的情况下组织双方进行答辩，并最终自行归纳总结申请人的请求权基础进行裁决。也有可能发生在申请人同时主张多个请求权基础的情况下，仲裁庭虽然要求申请人明确其请求权基础后，组织双方当事人就其涉及的相关争议问题进行充分辩论，但最终以另一项请求权基础作出裁决。上述情况实际上都存在剥夺当事人就裁判结果所适用的法律基础充分发表意见的机会，属于法律适用上的突袭式裁判。当然，法律适用上的突袭式裁判并不仅限于请求权基础的突袭，法律条文以及法律观点上的突袭都应当属于法律适用上的突袭式裁判。

上述突袭的情形本质上涉及诸多程序性问题，主要体现在：

（一）未行使释明义务及公开心证

在事实认定上的突袭式裁判中，在相关证据的真实性无法直接确认，并且相应事实无法查清的情况下，若仲裁庭认为该等证据及事实对案件结果具有重大影响时，仲裁庭应当进行适度释明，针对相关事实对当事人进行发问，并要求双方当事人就该等事项作出解释说明或补充意见。当然，司法实务中部分裁判人员认为将经过质证的证据作为裁判依据，即便未充分发表观点，也不应当属于事实认定上的突袭式裁判。该类观点在诉讼程序中有一定的合理性，但在一裁终局的仲裁程序中确实有失“公平”之嫌。而在法律适用上的突袭式裁判中，仲裁庭在庭审过程中就申请人请求权基础问题所形成的心证发生变化，认为案件的请求权基础应当为 B 而非此前经过充分辩论的 A，那么仲裁庭应当就该等心证的变化向当事人予以公开和释明，以便当事人就新形成的心证进一步地发表意见。若裁判人员在庭审结束后形成新的心证并且双方当事人此前并未就此充分发表意见的，则应该再次开庭并赋予双方当事人再次辩论的机会。

（二）未准确归纳争议焦点

由于仲裁庭未行使释明义务及公开心证，因此，在庭审中，不论是在事实认定还是法律适用上的争议焦点均与最终裁判文书中所载明的不一致，仲裁庭也并没有要求双方当事人围绕该等争议焦点进一步发表意见或提供补强证据，剥夺了当事人的辩论权以及通过进一步表明意见并影响仲裁庭心证的机会。

（三）不合理的举证责任分配

在事实认定上的突袭式裁判中，由于最终裁决结果所依据的相关证据和事实在庭审阶段并未得到充分的关注与讨论，甚至由于证据来源缺乏合理性，没有原件等种种原因而未得到另一方当事人的认可。而仲裁庭可以在“结合其他证据认为该证据具有合理性”的基础上，认为该当事人没有提供相关证据支持其“不认可该证据的真实性”的主张，应当承担举证不能的不利后果。通常来说，当事人对于消极事实并不应当承担举证证明责任，而上述举证责任的分配显然突破了一般规则，却未在案件审理过程中向当事人释明。

三、仲裁遭遇突袭式裁判是否还有救

根据现行法律的规定，仲裁裁决一裁终局，对于已经生效的国内仲裁裁决的救济包括申请法院予以撤销（《仲裁法》第 58 条）或不予执行（《民事诉讼法》第 248 条），如表 2 所示。

表 2　国内仲裁裁决的救济

《仲裁法》	《民事诉讼法》
第 58 条 当事人提出证据证明裁决有下列情形之一的，可以向仲裁委员会所在地的	第 248 条 对依法设立的仲裁机构的裁决，一方当事人不履行的，对方当事人可以向有管辖权的人民法

续表

《仲裁法》	《民事诉讼法》
中级人民法院申请撤销裁决： （一）没有仲裁协议的； （二）裁决的事项不属于仲裁协议的范围或者仲裁委员会无权仲裁的； （三）仲裁庭的组成或者仲裁的程序违反法定程序的； （四）裁决所根据的证据是伪造的； （五）对方当事人隐瞒了足以影响公正裁决的证据的； （六）仲裁员在仲裁该案时有索贿受贿，徇私舞弊，枉法裁决行为的。 人民法院经组成合议庭审查核实裁决有前款规定情形之一的，应当裁定撤销。 人民法院认定该裁决违背社会公共利益的，应当裁定撤销。	院申请执行。受申请的人民法院应当执行。 被申请人提出证据证明仲裁裁决有下列情形之一的，经人民法院组成合议庭审查核实，裁定不予执行： （一）当事人在合同中没有订有仲裁条款或者事后没有达成书面仲裁协议的； （二）裁决的事项不属于仲裁协议的范围或者仲裁机构无权仲裁的； （三）仲裁庭的组成或者仲裁的程序违反法定程序的； （四）裁决所根据的证据是伪造的； （五）对方当事人向仲裁机构隐瞒了足以影响公正裁决的证据的； （六）仲裁员在仲裁该案时有贪污受贿，徇私舞弊，枉法裁决行为的。 人民法院认定执行该裁决违背社会公共利益的，裁定不予执行。 裁定书应当送达双方当事人和仲裁机构。 仲裁裁决被人民法院裁定不予执行的，当事人可以根据双方达成的书面仲裁协议重新申请仲裁，也可以向人民法院起诉

上述救济方式存在不同的管辖和法益，申请撤销仲裁裁决无疑是相对而言更为彻底的救济途径，当仲裁裁决被撤销时，直接否定了其法律效力。而不予执行的裁定并未当然地否定仲裁裁决的法律效力。考虑现行法上两种救济所适用的法定事由几乎完全相同（实践中有关仲裁裁决执行的司法解释也经常类推适用于仲裁裁决撤销的司法审查案件中，以填补相关规定的空白），首先想到的救济方式就是申请撤销仲裁裁决。

但是，法院在撤裁案件中对仲裁的审查以程序审查为原则，能够撤销仲裁裁决的案例凤毛麟角。例如，2017年《仲裁法》修正后国内几大主流仲裁机构所在地撤销仲裁裁决的司法审查案件数据整理发现亦如此（见表3）。〔1〕

〔1〕 本文数据整理所使用的检索工具为威科先行，检索范围是最新修正的《仲裁法》于2018年1月1日生效后至2021年8月15日该平台所收录的北京、上海、深圳三地的撤销仲裁裁决审查案件的裁判文书。

表 3　撤销仲裁裁决的司法审查案件统计

地区	撤销仲裁审查案件总数（件）	撤销仲裁裁决案件数（件）	撤销仲裁裁决率
北京	1346	6〔1〕	0.45%
上海	471	6〔2〕	1.27%
深圳	441	9〔3〕	2.04%

针对支持撤裁的裁判文书来看，笔者将规定于《仲裁法》第 58 条的各项法定撤裁事由的适用情况归纳如表 4 所示。

表 4　法定撤裁事由的适用情况

撤裁事由	案件数量（件）	详情
没有仲裁协议	8	北京 4 件+上海 2 件+深圳 2 件
仲裁委无权仲裁	2	北京 1 件+深圳 1 件
程序违法	7	北京 1 件+上海 2 件+深圳 4 件
伪造证据	4	北京 1 件+深圳 3 件
隐瞒证据	2	上海 2 件
仲裁庭枉法裁决	—	—
违背社会公共利益	1	深圳 1 件
注：部分案件同时触及了多项撤裁事由，为真实体现各撤销事由的适用情况，在计算案件数量时进行了重复计算。另外，涉及“没有仲裁协议”的案件往往为“伪造证据”所致，部分裁判对两项撤裁理由都进行了援引，部分裁判仅援引了其中一项，同样为了真实反映各撤裁事由适用的真实情况，此汇总完全按照裁判的逻辑进行归纳。		

从表 4 可以看出，法院最常用的撤销仲裁事由是“没有仲裁协议”以及

〔1〕（2017）京 02 民特 222 号、（2020）京 04 民特 183 号、（2018）京 04 民特 158 号、（2020）京 04 民特 65 号、（2019）京 04 民特 355 号之二、（2018）京 04 民特 84 号。

〔2〕（2020）沪 74 民特 43 号、（2020）沪 01 民特 268 号、（2019）沪 01 民特 103 号、（2018）沪 01 民特 508 号、（2017）沪 01 民特 668 号、（2018）沪 01 民特 108 号。

〔3〕（2019）粤 03 民特 991 号、（2019）粤 03 民特 368 号、（2019）粤 03 民特 1671 号、（2018）粤 03 民特 719 号、（2018）粤 03 民特 908 号、（2018）粤 03 民特 1 号、（2017）粤 03 民特 259 号、（2016）粤 03 民特 347 号。

“违反法定程序”，而最为典型的程序违法情形是送达违法，进而未能保障一方当事人选定仲裁庭、参与庭审发表意见等程序性权利的行使。

而综合关于突袭式裁判中所涉及相关程序问题以及当前仲裁相关规定及案例的分析，遭遇突袭式裁判后，主张“违反法定程序”的撤销仲裁理由存在理论上的可能性。虽然突袭式裁判所涉及的释明义务的行使、心证的公开以及争议焦点的确认等内容，均是现代庭审制度中所必备的内容，但是，包括中国国际经济贸易仲裁委员会、上海国际经济贸易仲裁委员会、深圳国际仲裁院等主流仲裁机构的仲裁规则中并未对上述内容予以明确的规定，仲裁遭遇突袭式裁判的救济也是路长且艰。

四、仲裁法修订能否解决突袭式裁判的问题

2021 年 7 月 30 日，司法部发布《中华人民共和国仲裁法（修订）（征求意见稿）》（以下简称《征求意见稿》），其中关于撤销仲裁裁决的第 58 条同样进行了较大修改，具体修改对比如表 5 所示。

表 5 《仲裁法》修改前后比对

<table>
<tr><th>2017 年《仲裁法》</th><th>《征求意见稿》</th></tr>
<tr><td rowspan="2">第 58 条
当事人提出证据证明裁决有下列情形之一的，可以向仲裁委员会所在地的中级人民法院申请撤销裁决：
（一）没有仲裁协议的；
（二）裁决的事项不属于仲裁协议的范围 或者仲裁委员会无权仲裁的；
（三）仲裁庭的组成或者仲裁的程序违反法定程序的；
（四）裁决所根据的证据是伪造的；
（五）对方当事人隐瞒了足以影响公正裁决的证据的；
（六）仲裁员在仲裁该案时有索贿受贿，徇私舞弊，枉法裁决行为的。
人民法院经组成合议庭审查核实裁</td><td>第 29 条
仲裁应当平等对待当事人，当事人有充分陈述意见的权利。</td></tr>
<tr><td>第 77 条
当事人提出证据证明裁决有下列情形之一的，可以向仲裁地的中级人民法院申请撤销裁决：
（一）没有仲裁协议或者仲裁协议无效的；
（二）裁决的事项不属于仲裁协议的范围或者超出本法规定的仲裁范围的；
（三）被申请人没有得到指定仲裁员或者进行仲裁程序的通知，或者其他不属于被申请人负责的原因未能陈述意见的；
（四）仲裁庭的组成或者仲裁的程序违反法定程序或者当事人 约定，以致于严重损害当事人权利的；
（五）裁决因恶意串通、伪造证据等欺诈行为取得的；</td></tr>
</table>

续表

2017 年《仲裁法》	《征求意见稿》
决有前款规定情形之一的，应当裁定撤销。 人民法院认定该裁决违背社会公共利益的，应当裁定撤销	人民法院经组成合议庭审查核实裁决有前款规定情形之一的，应当裁定撤销。 当事人申请撤销的情形仅涉及部分裁决事项的，人民法院可以部分撤销。裁决事项不可分的，应当裁定撤销。 人民法院认定该裁决违背社会公共利益的，应当裁定撤销

基于上述修改的比对，《征求意见稿》首先新增了第 29 条，宣示性地规定了当事人有充分陈述意见的权利，而在撤销仲裁裁决的法定情形中也新增了一项，即被申请人没有得到指定仲裁庭或者进行仲裁程序的通知，或者其他不属于被申请人负责的原因未能陈述意见的，可以申请撤销仲裁裁决。该项撤销仲裁裁决情形原先是规定在民事诉讼法中关于涉外仲裁的撤销仲裁裁决规定中，这次在《征求意见稿》进行了吸收并延伸至国内仲裁案件中。可以看出，在仲裁程序中当事人陈述意见的权利得到了进一步的保障，而前述的突袭式裁判之所以无法被接受，最关键的原因是裁判人员在事实上和法律上未能行使释明义务，导致当事人无法就相关事项充分陈述意见以影响裁判人员的心证，从而使裁判结果超出了当事人的合理预期。因此，在仲裁法经历此次大改之后，当事人可以以“突袭式裁判导致当事人无法就相关争议事项陈述意见”为由申请撤销仲裁。

综上所述，在现行仲裁法以及司法审查尺度下，基于突袭式裁判的相关程序性问题向法院申请撤销仲裁裁决，得到法院支持的可能性相对较小。但是，突袭式裁判中所涉及的相关程序性问题对当事人的权益影响不可谓不大，当前司法裁判中也对此予以极大关注，仲裁法修订稿中同样也展示了对当事人包括陈述意见权利在内的合法权益的进一步保障。因此，未来裁判人员在庭审中就程序保障的庭审理论运用将得到进一步加强，突袭式裁判的发生将进一步减少，相关救济和防止措施也将得到进一步改善。

鉴于突袭式裁判在当下的仲裁实务中难以采取较为妥善的救济措施，换个视角来看，如果申请人难以确保所主张的请求权基础具有充足的事实和理由，是否可以将模糊请求权基础及争议焦点作为一项仲裁策略，根据庭审情况进行突袭式的主张，甚至模糊到底，将案件裁判结果完全交由仲裁庭的心证判断。该等情况下，被申请人一方是否需要针对案件中可能涉及的所有争议问题均作出完整的答辩和陈述意见，将面临两难的选择。

对世界反兴奋剂机构与孙某及国际泳联案件的争议焦点归纳

周叶君* 邱佳瑾

2020年2月28日，国际体育仲裁院（CAS）宣布了世界反兴奋剂机构（WADA）诉中国游泳运动员孙某和国际泳联（FINA）一案的裁决结果，给予孙某禁赛8年的处罚。目前，CAS仅公布了该案件的媒体公告（如图1所示）〔1〕，正式的裁决书尚未公布（根据CAS的规则，如经各方同意，可对该裁决书内容予以保密而不进行公布）。

MEDIA RELEASE

SWIMMING

SUN [blurred] IS FOUND GUILTY OF A DOPING OFFENSE AND SANCTIONED WITH AN 8-YEAR PERIOD OF INELIGIBILITY

Lausanne, 28 February 2020 - The Court of Arbitration for Sport (CAS) has upheld the appeal filed by the World Anti-Doping Agency (WADA) against the Chinese swimmer Sun Yang and the Fédération Internationale de Natation (FINA). As a consequence, Sun Yang (the Athlete) is sanctioned with an eight-year period of ineligibility, starting on the date of the CAS award.

图1 媒体公告

---

* 周叶君合伙人。

〔1〕 参见CAS官网发布的“Media Release：Swimming–Sun Yang is found guilty of adopting offense and sanctioned with an 8–year period of in eligibility”，原文网址：https://www.tas–cas.org/fileadmin/user_ upload/CAS_ Media_ Release_ 6148_ decision. pdf.

笔者现仅就上述公告以及相关媒体报道中所披露的内容作如下梳理，试图就该案件的相关争议焦点进行归纳。

一、CAS 仲裁庭的观点

仲裁庭认为孙某的行为违反了《国际泳联兴奋剂检测条例》（FINADC）第 2.5 条（Tampering or Attempted Tampering with any part of Doping Control），且采集人员的资质符合《国际测试和调查标准》（ISTI）中的相关要求。

（1）争议焦点之一：孙某的行为是否构成了对 FINADC 的违反？

仲裁庭认为，孙某拒绝采集人员将样本带离现场并对样本进行损毁的行为构成对 FINADC 第 2.5 条的违反。该条文原文摘录如下[1]

DC2.5 Tampering or Attempted Tampering with any part of Doping Control Conduct which subverts the Doping Control process but which would not otherwise be included in the definition of Prohibited Methods Tampering shall include, without limitation, intentionally interfering or attempting to interfere with a Doping Control official, providing fraudulent information to an Anti-Doping Organisation, or intimidating or attempting to intimidate a potential witness.

[Comment to DC2.5: for example, this article would prohibit altering identification numbers on a Doping Control form during Testing, breaking the B bottle at the time of B Sample analysis, raltering a Sample by the addition of a foreign substance. Offensive conduct towards a Doping Control official or other Person involved in Doping Control which does not otherwise constitute Tampering may result in proceedings before the FlNA is disciplinary Panel and shall also be addressed in the disciplinary rules of FlNA and its Member Federations.]

2020 年 2 月 28 日，孙某在其微博上公布了与此事件相关的视频以及书面文件，两条微博都配上了“暴力抗检？”的反问语句来力证自己并未实施暴力抗检行为。而从本次公告的内容来看，并未对其是否涉及暴力抗检作相关描

---

〔1〕 参见“FINA Doping Control Rules（Approved by FINA Congress on 19 July 2019）”，第 7 页。FINA 在该条文下提供了官方评注，笔者将该条文及其评注一并摘录，以供读者参考。

述，而是依据 FINADC 第 2. 5 条，认为孙某存在阻碍兴奋剂检测的行为。就该条文的行文来看，其不仅针对运动员的暴力抗检行为，而且可以将任何阻碍或试图阻碍兴奋剂检测的行为均纳入其中。

仲裁庭认为，即便孙某认为采集人员的资质存在问题，仍可以在提供检测样本后，使完好的样本能够保留在检测机构中的同时再质疑采集人员资质，而毁坏样本将导致之后再无可能对该样本进行检测；孙某放弃兴奋剂检测的行为并无正当的理由。因此，孙某一方对采集人员资质的质疑并未被仲裁庭认定构成对违反 FINADC 第 2. 5 条的合理抗辩。

（2）争议焦点之二：采集人员的资质是否存在问题？

根据相关媒体的报道，WADA 一方援引了 ISTI 第 5. 3. 3 条规定，认为样本采集人员的授权文件符合规定；而孙某一方则依据 ISTI-Blood Sample Collection Guidelines，认为采集人员中的每一位都需要获得授权文件。〔1〕

因本案中双方对采集人员的资质要求存在较大分歧，笔者现摘录上述两个规范性文件的相关条款原文，供读者参考：

ISTI

Sample Collection Personnel：A collective term for qualified officials authorized by the Sample Collection Authority to carry out or assist with duties during the Sample Collection Session.〔2〕

Doping Control Officer（or DCO）：An official who has been trained and authorized by the Sample Collection Authority to carry out the responsibilities given to DCOs in the International Standard for Testing and Investigations.〔3〕

5. 3. 3 Sample Collection Personnel shall have official documentation，provided by the Sample Collection Authority，evidencing their authority to collect a Sample from the Athlete，such as an authorisation letter from the Testing Authority. DCOs shall also carry complementary identification which includes their name and photograph（i. e.，identification card from the Sample Collection Authority，driver's li-

〔1〕 参见 http：//finance. sina. com. cn/wm/2020-02-29/doc-iimxxstf5380618. shtml。

〔2〕 参见“International Standard - TestingandInvestigations（March 2019）”，第 25 页。

〔3〕 参见“International Standard - TestingandInvestigations（March 2019）”，第 23 页。

cence, health card, passport or similar valid identification) and the expiry date of the identification. [1]

ISTl-Blood Sample Collection Guidelines (Version 5.0)

2.5 Sample Collection Personnel

These individuals must:

- Be trained and authorized for their assigned responsibilities;
- Not have any conflict of interest in the outcome of the sample collection; and
- Not be a minor. [2]

上述两个规范性文件均是由 WADA 发布的，而就文件的效力而言，WADA 的官方网页显示，ISTI 属于图 2 中左侧的国际标准，ISTI-Blood Sample Collection Guidelines 则属于图 2 中右侧的非强制性规定。

Approved 2021 Code and Standards Documents

2021 Code and International Standards that were approved at the Fifth World Conference on Doping in Sport.

Guidelines

Guidelines provide signatories with recommended practices for several aspects of anti-doping programming. These model guidelines are not mandatory, but offer technical guidance to ADOs in the implementation of programs.

图 2　WADA 发布的文件效力 [3]

最终，仲裁庭认定负责采集的人员完全符合 ISTI 中所需要的资质要求，而这一观点与此前 FINA Doping Panel 对这一事件的认定截然相反。另外，顺

[1] 参见“International Standard - TestingandInvestigations (March2019)”，第 44 页。

[2] 参见“ISTI-Blood Sample Collection Guidelines (Version5.0)”，第 11 页。

[3] 图片来自 WADA 官网（http://www.wada-ama.org/en/resources）。

便提一句，WADA 既是上述两项规则的制定者，也是解释者。

二、作为国际事务的参与者，应当清楚地了解相关的规则

CAS 成立于 1984 年，是由国际奥委会为解决体育纠纷而设立的仲裁机构，在国际体育界具有非常高的权威性；其作出的相关商业性裁决亦有被我国法院承认与执行的先例［具体可详见大连市中级人民法院于 2018 年 8 月 1 日作出的（2017）辽 02 民初 583 号民事裁定书］。

在本案中，孙某团队在面对采集人员提出的要求时，是否清楚其行为被认定为拒检的概率有多少？被认定为拒检的法律后果又是什么？仅凭一方自身的解读，便作出可能影响一名世界冠军运动生涯的决定，是否愿意承担该等风险？

因孙某一方仍有权申请撤销 CAS 对本案的裁决，笔者现不对本案结果发表意见。但笔者认为，从本案中可以获得的教训是，国内的企业、组织和个人，已经并将越来越多地参与国际事务，在作出相应的决定、实施相应的行为时，应当首先对国际规则及其后果有充分的认识和把握。

接轨国际商事仲裁制度

——《仲裁法（修订）（征求意见稿）》下的未来中国商事仲裁

陈　成　陶　媛*

2021年7月30日，司法部公布了《仲裁法（修订）（征求意见稿）》（以下简称《征求意见稿》），面向全社会征求意见。本次《征求意见稿》是《仲裁法》自1994年颁布之后的第三次、也是修改幅度最大的一次。值得关注的是，本次修订参照了联合国国际贸易法委员会颁布的《国际商事仲裁示范法》（以下简称《示范法》）以及热门仲裁地的仲裁法，引入了大量国际商事仲裁中已经广泛适用的制度和概念。

仲裁因其中立性、程序的灵活和自由、便于跨法域承认与执行等优点，已经成为解决国际商事争议最常用的方式。本文将通过新旧法的对比，从《示范法》和国际商事仲裁实践的角度，对《征求意见稿》进行评析，并提出相关的实务建议。

一、正式明确仲裁地的概念

（一）概念简述

“仲裁地”（Seat of Arbitration）是指仲裁裁决作出之地。确定仲裁地的意义包括：（1）确定审查仲裁协议效力时所适用的法律；（2）确定仲裁程序的管辖法律；（3）确定仲裁过程中提供司法协助的管辖法院；（4）确定当事人在仲裁程序中可以申请的临时措施以及申请规则；（5）确定申请仲裁裁决的撤销、承认和执行的管辖法院与适用法律。[1]

---

* 陈成合伙人，陶媛合伙人。

〔1〕 GaryB. Born, International Commercial Arbitration (Second Edition), pp. 206-207, 212.

“开庭地”（Venue of Arbitration）是指实际进行开庭审理的地点，当事人可以根据实际情况自由约定。此外，受疫情的影响，网络开庭已经成为国际商事仲裁趋势之一。〔1〕

（二）现行立法

《仲裁法》并未提出“仲裁地”和“开庭地”的概念。而《涉外民事关系法律适用法》（以下简称《法律适用法》）和《最高人民法院关于审理仲裁司法审查案件若干问题的规定》中对仲裁地概念的援引仅限于确认仲裁协议效力的管辖法律，并没有规定仲裁地作为确定仲裁程序的管辖法律依据。

（三）本次修订

《征求意见稿》在第27条中明确规定了仲裁地的概念（仲裁裁决视为在仲裁地作出）以及仲裁地的确定规则（当事人可以在仲裁协议中约定仲裁地。当事人对仲裁地没有约定或者约定不明确的，以管理案件的仲裁机构所在地为仲裁地），并明确区分了仲裁地与开庭地的概念（仲裁地的确定，并不影响当事人或者仲裁庭根据案件情况约定或者选择在与仲裁地不同的合适地点进行合议、开庭等仲裁活动）。

同时，《征求意见稿》明确，仲裁地的中级人民法院对于仲裁协议的效力、管辖权决定（第28条）、仲裁后申请保全措施（第46条）、申请撤销仲裁裁决具有管辖权（第77条）、专设仲裁庭仲裁案件中的组庭和回避事宜（第92条），并负责专设仲裁庭仲裁案件裁决的备案（第93条）。

此外，针对疫情期间的网络开庭趋势，《征求意见稿》明确了仲裁程序可以通过网络方式进行（第30条）。

（四）评论

仲裁地是国际商事仲裁中最关键的概念之一。明确仲裁地的概念和作用是接轨国际商事仲裁制度的重要先决条件。

实践中，选择仲裁地的主要考量因素包括：（1）当地法院对于仲裁的支持；（2）当地法律体系的中立和公正；（3）仲裁协议和仲裁裁决的执行情况

〔1〕 Queen Mary University of London-2021 International Arbitration Survey: Adapting Arbitration to a Changing World, p. 12.

等。[1]此外，通常仲裁地会与仲裁机构的所在地保持一致。

二、免除仲裁协议中必须明确仲裁机构的要求

（一）概念简述

"仲裁协议"（Arbitration Agreement）是指当事人就将已经发生或可能发生的争议提交仲裁解决的合意，是仲裁程序的基础。《承认及执行外国仲裁裁决公约》（以下简称《纽约公约》）将仲裁协议定义为"当事人所签订或在互换函电中所载明之契约仲裁条款或仲裁协定"（第 2 条）。《示范法》中将仲裁协议定义为"是指当事人同意将其之间一项确定的契约性或非契约性的法律关系中已经发生或可能发生的一切争议或某些争议交付仲裁的协议"。

（二）现行立法

较《纽约公约》和《示范法》，我国《仲裁法》还规定了有效的仲裁协议必须有选定的仲裁机构（第 16 条）。仲裁协议仅约定纠纷适用的仲裁规则的，视为未约定仲裁机构，仲裁协议无效；但当事人达成补充协议或者按照约定的仲裁规则能够确定仲裁机构的除外 [《仲裁法》第 18 条；《最高人民法院关于适用〈中华人民共和国仲裁法〉若干问题的解释》（以下简称《仲裁法司法解释》）第 4 条]。

（三）本次修订

《征求意见稿》遵循了《纽约公约》以及《示范法》中关于仲裁协议的规定，删除了仲裁协议必须包含选定的仲裁机构的要求（《征求意见稿》第 21 条）。同时，《征求意见稿》规定，如果仲裁协议中未明确约定仲裁机构的，但约定适用的仲裁规则能够确定仲裁机构的，由该仲裁机构受理；不能确定仲裁机构且不能达成仲裁协议的，由最先立案的仲裁机构受理（《征求意见稿》第 35 条）。

（四）评论

国际商会仲裁院和新加坡国际仲裁中心在内的多家国际仲裁机构起初并

---

[1] Queen Mary University of London-2021 International Arbitration Survey：Adapting Arbitration to a Changing World，p. 8.

未在其示范仲裁条款中明确仲裁机构的名称，导致曾发生其作出的仲裁裁决无法在中国大陆获得认可和执行的情形。最终，多家国际仲裁机构不得不推出专门适用于中国大陆的特殊示范仲裁条款，而《征求意见稿》强调了仲裁的意思表示作为仲裁协议效力判定的核心要素，免除了需要明确约定仲裁机构的要求，符合国际仲裁实践，同时也为专设仲裁庭仲裁提供了法律依据。

区别于《仲裁法司法解释》中将“仅约定纠纷适用的仲裁规则，按照约定的仲裁规则不能够确定仲裁机构且未就仲裁机构的选择达成补充协议”的情形被视为仲裁协议无效，《征求意见稿》规定，不能确定仲裁机构且不能达成仲裁协议的，由最先立案的仲裁机构受理，最大化了仲裁协议的效力，体现了立法对仲裁的支持。

三、明确和完善临时措施制度，引入紧急仲裁员制度

（一）概念简述

“临时措施”（Interim Measures）是指在终局裁决作出前为保护当事人或其财产的措施。通常而言，临时措施的实施需经当事人一方申请，由仲裁庭作出决定，并由具有管辖权的法院负责执行。临时措施的类型和实施条件具体由各国仲裁法确定。《示范法》下的临时措施包括财产保全、证据保全和行为保全（第 17 条）。

为配合临时措施制度的实施，各大国际仲裁机构相继出台了“紧急仲裁员”（Emergency Arbitrator）制度，以允许当事人在仲裁开始后、仲裁庭组成前向仲裁庭申请临时措施。新加坡等热门仲裁地均已在仲裁法中明确了紧急仲裁员制度。

（二）现行立法

我国《仲裁法》并没有明确提出“临时措施”的概念。其项下相当于“临时措施”的措施仅限于财产保全和证据保全。财产保全或证据保全的申请由当事人向仲裁机构提出，并由仲裁机构转交有管辖权的法院决定。作出财产保全或证据保全裁定的标准根据《民事诉讼法》有关保全和执行的规定确定。

（三）本次修订

《征求意见稿》将仲裁过程中可申请的临时措施扩大到行为保全和仲裁庭认为有必要的其他短期措施，并赋予了当事人直接向仲裁庭或法院申请临时措施的权利（第 43 条）。仲裁庭具有与法院相同的、直接作出临时措施的权力。

《征求意见稿》同时规定了仲裁庭组成前，当事人需要指定紧急仲裁员采取临时措施的，可以依照仲裁规则向仲裁机构申请指定紧急仲裁员。紧急仲裁员的权力保留至仲裁庭组成为止（第 49 条）。

（四）评论

尽管《征求意见稿》根据国际商事仲裁的惯例，规定了较为全面的临时措施制度，并赋予了仲裁庭作出临时措施决定的权利。但是，《征求意见稿》对于临时措施的申请标准仍然沿用了《民事诉讼法》的相关规定，并未实质上变更现行《仲裁法》临时措施的申请标准。以财产保全为例，《征求意见稿》第 44 条规定的申请财产保全的条件是“一方当事人因其他当事人的行为或者其他原因，可能使裁决不能执行、难以执行或者给当事人造成其他损害的”；而《示范法》对申请财产保全显然设置了更高的前提条件：（1）不下令采取这种措施可能造成的损害无法通过判给损害赔偿金而充分补偿，而且远远大于准予采取这种措施而可能对其所针对的当事人造成的损害；且（2）请求方当事人相当有可能胜诉（第 17A 条）。

因此，《征求意见稿》的最主要意义在于赋予了仲裁庭作出临时措施的权利，并配合引入紧急仲裁员制度，以降低申请临时措施的时间和沟通成本，提高临时措施决定的正确性。《征求意见稿》并未改变中国相较于国际商事仲裁实践更易采取保全措施的现状。

四、完善部分裁决制度，引入中间裁决制度

（一）概念简述

通常在国际商事仲裁中，“部分裁决”（Partial Award）是指仲裁庭对部分仲裁请求作出的裁决，而“中间裁决”（Interim Award）则是指仲裁庭对仲裁

请求相关事宜（如管辖权、实体法律适用等）作出的先行裁决。〔1〕且这二类裁决通常都被认为是可被承认、执行和撤销的。〔2〕

（二）现行立法

我国《仲裁法》第55条规定，仲裁庭仲裁纠纷时，其中一部分事实已经清楚，可以就该部分先行裁决（部分裁决）。但是，现行《仲裁法》既未明确部分裁决与终局裁决的关系，也未明确规定部分裁决的可执行性，导致在实践中该项制度较少被适用。

（三）本次修订

对于现行《仲裁法》已有规定的部分裁决而言，《征求意见稿》明确了部分裁决可以申请强制执行。在部分裁决之外，《征求意见稿》还规定了，对于争议事项影响仲裁程序进展或者需要在最终裁决作出前予以明确的，可以就该问题先行作出中间裁决。《征求意见稿》同时明确，部分裁决或者中间裁决是否履行不影响仲裁程序的进行和最终裁决的作出。(第74条)

（四）评论

部分裁决和中间裁决是国际商事仲裁中确保程序高效性的重要措施。相较于现行《仲裁法》,《征求意见稿》的新规定显然有利于推动仲裁程序的进程、促使争议的快速解决。但《征求意见稿》未明确中间裁决的可执行性。这可能导致中间裁决制度无法真正得到适用。

五、正式引入临时仲裁制度

（一）概念简述

"临时仲裁"（Ad Hoc Arbitration）是指不在仲裁机构的管理下进行的仲

〔1〕 http://arbitrationblog.kluwerarbitration.com/2015/06/15/another-unsuccessful-challenge-to-the-finality-of-interim-arbitral-awards-in-singapore-and-enforcing-dab-decisions-on-international-projects-under-fidic/.

〔2〕 例如，新加坡《国际仲裁法》(International Arbitration Act) 第19A条规定，仲裁庭可以就影响仲裁请求的事项或部分仲裁请求作出裁决；第19B条规定，仲裁庭作出的裁决为终局且有约束力的。

裁。临时仲裁的当事人自行在仲裁协议中约定仲裁员或指定仲裁员的机构、适用的仲裁规则等。[1]较机构仲裁而言，临时仲裁具有形式灵活、尊重当事人意思自治、费用相对较低等优势。

（二）现行立法

现行《仲裁法》下的仲裁仅指机构仲裁，约定临时仲裁则仲裁协议无效。但是，2016 年 12 月 30 日公布的《最高人民法院关于为自由贸易试验区建设提供司法保障的意见》（以下简称《司法保障意见》）允许在自贸试验区内注册的企业相互之间约定在内地特定地点、按照特定仲裁规则进行临时仲裁。

（三）本次修订

《征求意见稿》第 91 条至第 93 条中有关“专设仲裁庭”的规定首次在法律层面认可临时仲裁的效力。主要内容包括：（1）允许具有涉外因素的商事纠纷的当事人约定专设仲裁庭仲裁；（2）无法及时组成仲裁庭或者需要决定回避事项的，当事人可以协议委托仲裁机构协助组庭、决定回避事项；（3）无法达成前述委托协议的，可以由法院指定仲裁机构协助确定。

（四）评论

《征求意见稿》为涉外仲裁规定了较为完善的“专设仲裁庭”制度。而先行出台的《司法保障意见》承认的是自贸区内企业之间的纠纷，该类纠纷并不必然属于《法律适用法》规定的具备涉外因素的纠纷。因此，临时仲裁的具体适用范围还需在立法过程中进一步明确。

六、总结和展望

综上所述，《征求意见稿》引入了大量国际商事仲裁的规则，符合国际商事仲裁发展的整体趋势，体现了对仲裁制度、仲裁庭的权力以及当事人意思自治的尊重，有利于吸引更多的国际商事仲裁的当事人选择中国的仲裁机构以及选择中国作为仲裁地。但是，也应注意到，《征求意见稿》部分内容尚需进一步明确。

---

〔1〕 GaryB. Born, International Commercial Arbitration (Second Edition), p. 170.

七、实务建议

鉴于《征求意见稿》明确了仲裁地的概念并修改了仲裁协议的要求，正式版本可能基本延续《征求意见稿》的主要内容和结构。笔者建议，在起草涉外合同的仲裁条款时，应当至少包含如下要素：仲裁的意思表示；仲裁事项；仲裁机构/专设仲裁庭；仲裁规则；仲裁协议适用的法律；仲裁地和开庭地；仲裁员人数和资质；仲裁语言。

在此需要注意的是：（1）尽管《征求意见稿》确定了仲裁协议未明确仲裁地时仲裁地的确定规则，笔者仍建议，仲裁协议中应当对仲裁地进行明确的约定，即使实践中多数仲裁地的选择与仲裁机构所在地一致。主要原因是：①当事人有权选择仲裁机构所在地或仲裁机构所在地之外的任何地点作为仲裁地，因此当事人应进行有利选择；②通过明确仲裁地可以明确涉仲裁司法协助的管辖法院和仲裁协议效力判定的准据法，当事人也应审慎选择。（2）建议在仲裁条款中明确，如因当地疫情管控等原因导致无法在约定地点开庭的，可以组织网络开庭。

新《公司法》实施后知识产权保护之股东与关联公司的追责探讨

杨国胜　徐心悦*

新《公司法》已于2023年12月29日颁布，并于2024年7月1日起实施。在知识产权领域，尤其是在知识产权权利人追究侵权实际控制人与关联公司责任方面，新公司法究竟有何影响？汇业律师就中国知识产权侵权案件中追究股东及关联公司责任的理论和实践作了简单梳理，结合英美法系的人格否认与侵权理论，对在新公司法背景下，人格否认制度在知识产权侵权案件中的适用进行探讨，期望能带给同行一些思考和启示。

一、"横向人格否认"原则的法律地位演变

新《公司法》亮点之一就是新增"横向人格否认"。《全国法院民商事审判工作会议纪要》（以下简称《九民纪要》）出台之前，最高人民法院指导案例15号先行为关联公司人格混同的情形作出了裁判指导，以制止实际控制人企图利用姊妹公司的人格互相独立逃避债务。[1]2019年《九民纪要》将"股东或实际控制人利用其控制的公司逃避债务、严重损害债权人的利益"之情形列为与纵向人格否认相并列的横向否认适用条件，为法院在必要情形下

* 杨国胜合伙人，徐心悦律师。

〔1〕 参见（2009）徐民二初字第0065号民事判决。

将单一公司责任延伸至实际控制人与其关联公司提供了更加明晰的裁判指导意见。遗憾的是，《九民纪要》虽标志着我国司法实践在保护公司债权人方面的进一步提升，但其性质仍属于规范性文件，更偏向于一项“司法政策”，故法院在进行法律适用时不能直接援引文件内容作为裁判依据。因此，原《公司法》仍面临着横向人格否认部分的立法空白。

在法律缺位的情况下，法院如需横向刺破关联公司的“面纱”面临着法律适用上的困境，但综观现有司法判例，仍有不少涉及公司债权的案件中法官在进行综合判断后认定追究关联公司的责任。据相关学者归纳，以关联公司为对象的公司诉讼案件中，横向刺破公司“面纱”的案例占三成左右，且法院的裁判依据主要为参照适用《公司法》第20条第3款，或直接援引《民法典》第6条与第7条。其中，有不少判例并未明确法律适用，而是在“法院认为”部分援引《九民纪要》关于横向人格否认的部分或前述15号指导案例的裁判要旨进行说理。上述司法现状一则反映了公司债权人在面对由多重股权架构控制的关联公司时，权利救济上面临着困难；二则恰好暗示了我国公司法体系中亟须填补“关联公司责任追索”部分立法缺位的现象。

在此背景下，2024年7月1日实施的《公司法》在原“人格否认”制度的基础上于第23条新增了一类“横向人格否认”的适用情形。《公司法》第23条第2款规定，“股东利用其控制的两个以上公司实施前款规定行为的，各公司应当对任一公司的债务承担连带责任”。此次修订扩大了人格否认在我国公司法立法项下的适用范围限制，为司法裁判横向刺破公司的“面纱”提供了明确的法律依据。

二、“人格否认”适用于知识产权侵权案件在学理上的正当性

（一）追根溯源：英美法系的人格否认与侵权理论

学理上对人格否认与侵权理论的讨论可追溯至英美法系。有学者认为，如果股东要为公司侵权行为承担个人责任，资本市场的效率就会受到严重损害。[1]因此，在侵权行为中也应尊重为“合同权利”而确立的公司独立人格

〔1〕 H. Hansmannand, R. Kraakman, TowardUnlimitedLiabilityforCorporateTorts, [1991] 100 YaleLJ 1879.

之原则。在英国，所谓“合同权利”，即“法人与股东的人格互相独立原则”，系 Salomon vs Salomon 案之后确立的英国公司法基本原则，故即使发生股东利用公司实施侵权行为，股东的责任也应当被认为以“公司的有限责任”而被阻却——否则颠覆了公司法的基石。〔1〕而后，随着公司侵权数量的渐增，而且在英美法系国家，公司构成中也以集中型股东组成的闭锁型公司占大部分比例，故法院以及不少学者意识到有限责任促进了股东和公司的投机行为，使公司的成本外部化，进而主张应当适用侵权责任来评价股东的行为。对此，有不少学者批判在侵权案件中“揭开公司的面纱”是“不可调和且不完全可理解”“无视任何合理解释的尝试”，因其挑战了现代公司法根基之法人人格独立原则。〔2〕

然而，反对的声音未能阻止人格否认作为衡平原则在英美法判例中的适用。H. Hansmann 与 R. Kraakman 认为，股东的责任应当属于侵权法下的问题，而非公司法，对于应否追究股东个人责任，只需回应如下侵权理论的基本问题：在何种情况下，公司股东相较于可能因公司行为受损害的第三人，是最低成本的规避者（或保险者）。〔3〕假设股东决定倾倒有害物料而造成环境污染，或实际控制人对公司的一项决策起到影响作用，而该决策将导致员工的健康受到危害——相对于被侵权人，股东（公司）应当是所谓的“最低义务注意者”。又因在此种情形下（几乎发生在闭锁公司），股东或对公司控股，或以公司高管的身份对公司的经营决策起主要影响，故其不应仅凭公司法对公司的资本池作出限制而借以逃脱其个人应当承担的侵权责任。再如，Jonathan Crowe 教授认为，如同在一般侵权案件中行为人如果对与危害结果相关联的行为本身具有相当程度的“控制力”时，就应当承担侵权责任；在公司侵权事件中，如果闭锁公司的股东对该公司实施侵权行为的决策具有相当影响力与控制权时，道德上就赋予了其相应的责任，以防止对他人造成伤害，这

〔1〕 SalomonvASalomon&CoLtd［1896］UKHL1，［1897］AC22.

〔2〕 Phillip I. Blumberg，The Law of Corporate Groups：Procedure Problems in the Law of Parent and Subsidiary Corporations 8（1983）. Jonathan M. Landers，A Unifed Approach to Parent，Subsidiary and Affliate Questions in BankrupIcy，42U. CHI. L. REV. 589，620（1975）. Frank H. Easterbrook，Daniel R. Fischel，Limited Liability and the Corporation，52U. CHI. L. REv. 89，89（1985）.

〔3〕 H. Hansmann，R. Kraakman，Toward Unlimited Liability for Corporate Torts［1991］100 YaleLJ1879（uptopage1909）.

反映了他们预见和避免这种结果的能力。[1]

（二）国内人格否认与知识产权侵权理论

国内学界的主流观点赞成将人格否认原则适用于知识产权侵权案件以扩大对知识产权权利人的保护。大多数支持以人格否认追究侵权股东承担个人责任的学说建立在法理层面的“公平、正义”价值的基础上。例如，有学者认为，“公司的股东在享受公司法人人格所带来的利益时，进行着侵犯他人知识产权的不正当竞争行为，这么做不仅破坏了法律本身的公平正义，更损害了债权人的个人正义。”[2]更有学者认为在知识产权侵权案件中“找不到排除侵权债权人适用该制度的依据和理由”。[3]

笔者认为，将股东的个人财产连带作为知识产权侵权之债的责任财产，在股东恶意操控公司、利用公司的有限责任逃避其侵权之债的案件中，是对股东有限责任的补充，旨在完善公司与股东的责任制度以实现法律上的公平、正义。首先，虽然我国司法实践中人格否认大多适用于契约之债，但从“债”的法律含义来看，我国民法上的债包括契约之债、侵权之债、不当得利与无因管理之债，因而《公司法》关于人格否认要件之“严重损害债权人的利益”，亦包括被侵权人的利益。其次，从法理角度来看，法律的本质在于平衡权利主体之间存在冲突的利益。在以公司为主体的侵权案件中，对有可能受损害之权利客体的最低保护义务应当被分配给公司或者受损害之权利主体，在个案中有所不同。然而，若公司被股东利用作为“侵权的工具”并以此获利，且目的在于逃脱侵权之债的义务，则法律将防范损害风险之责任转移至股东实为利益衡平之考量。最后，在知识产权保护层面，知识产权侵权案件的一个特殊性在于，对于侵权情节特别严重的情形，法院有权依据《民法典》第1185条及《商标法》有关规定判令侵权人承担“惩罚性赔偿责任”。惩罚性赔偿制度的一个直接效果是加重了侵权人的债务负担，对于中小企业而言，

---

〔1〕 J. Crowe, Does Control Makea Difference? The Moral Foundations of Shareholder Liability for Corporate Wrongs, (2012) Modern Law Review 159-179.

〔2〕 崔煜：《公司法人格否认制度在知识产权侵权中的应用——一起知识产权案例带来的思考》，载《河南科技》2020年第3期。

〔3〕 孙烁犇：《公司法人格否认制度在侵权案件中的适用——基于〈江苏省高级人民法院公报〉一起知识产权案例的思考》，载《人民论坛（学术前沿）》2019年第10期。

无疑增加了无法偿债的风险。不仅如此，面对存在巨额赔偿的可能性，无疑变相激发股东的投机心理减少对其控制的各公司的投资，或提前进行财产转移以减少责任财产。此种情形下，刺破“面纱”追加股东个人的责任或实际控制人的关联公司责任，意味着为知识产权权利人的利益实现上了一重保险。

三、人格否认在司法实践中的适用

国内学界对人格否认与知识产权侵权案件结合的正当性与合理性不存在较大争议，然而涉及具体的司法实践，法院在知识产权侵权案件中直接适用人格否认原则的判例却寥寥无几。此现状反映了法院适用该原则的审慎态度，同时说明了将人格否认适用于具体案件仍存在一定困境。

（一）法院适用“共同侵权”的法理分析——基于“公司法”语境与“一般侵权”语境探讨

以2016年“樱花卫厨公司诉苏州樱花公司等商标侵权及不正当竞争纠纷案”为例，[1]我国法院在知识产权侵权案件中大多依据共同侵权作为股东或关联公司连带责任的请求权基础。虽然该判决适用共同侵权责任作为判决股东对其控制的公司承担连带责任的依据，不少学者在对该案进行评析时认为法院实际上承认了在知识产权侵权案件中可以适用人格否认。笔者认为，人格否认与共同侵权理论虽在性质上均属侵权责任的范畴，但因共同侵权外延过于广泛，且人格否认的要件决定了该原则的适用应当更为严格，故法院依据共同侵权判决股东为知识产权侵权承担连带责任从严格意义来讲，尚不足以被理解为对适用人格否认的肯定。然而，共同侵权在上述语境下与人格否认亦存在法理上的共通之处，换句话说，在股东以逃避侵权责任为目的滥用法人独立人格，致被侵权人严重损害的案件中，法院依据“诚信原则”，并以实现公平、正义为目的，追究隐匿在公司面纱之下的股东个人责任。

在上述“樱花商标”案中，法院就共同侵权的各要件对被告股东的行为进行逐一论述后，认为“屠某灵与余某成在明知樱花卫厨公司‘樱花’系列注册商标及商誉的情况下，通过控制苏州樱花公司等实施侵权行为，其个人对全案侵权行为起到了重要作用，故与苏州樱花公司等构成共同侵权，应对

〔1〕参见（2015）苏知民终字第00179号民事判决书。

上述公司所实施的涉案侵权行为所产生的损害结果承担连带责任”。〔1〕在类似案件如谢某等与北京智联三珂人才服务有限公司等侵害商标权纠纷〔2〕、华为技术有限公司与李某红等侵害商标权纠纷〔3〕，法院均援引共同侵权原则来追究公司以外主体的侵权责任。实践中，因人格否认的证明难，加上《九民纪要》规定对该原则的适用应当谨慎，防止随意破坏公司的人格独立原则，故法院在审判中转而依据共同侵权理论，以获得与适用人格否认产生的同样效果，实乃我国司法实践在知识产权侵权裁判中的创新之举。然而，从多起案件中法院皆适用共同侵权来看，笔者担忧将引起过度依赖更为粗糙的侵权制度来回避人格否认的“适用难”之风险。

如前所述，英国将股东应否承担个人责任置于侵权法的语境下讨论。我国法院依据“共同侵权”评定股东的个人行为似乎与英国判例法同出一辙，但值得注意的是，不论是英国或美国，其终归为判例法国家，且人格否认或类似原则仅存在于判例法中。相较之下，我国已将人格否认以要件构成并以法律规范的形式规定于《公司法》中。因此，人格否认在国内公司法领域的存在形式决定了法院若追究股东或关联公司的责任须严格满足《公司法》语境下的人格否认适用条件。从实践来看，法院选择共同侵权理论看似巧妙回避了人格否认认定难的问题，实则将股东（或关联公司）的责任放在更大的一般侵权语境而非公司法语境下予以评价。碍于篇幅所限，笔者对此将不再延伸讨论，以期日后进行更详细的论述。

（二）人格否认的适用条件之难点分析

《九民纪要》将人格否认的结果要件解释为“股东滥用权利使公司财产不足以清偿公司债权人的债权”。但上述解释若转化为司法实践中的裁量标准，则仍过于抽象，易造成实践中适用标准不一的现象。虽然在知识产权类的侵权案件中，目前尚未检索到法院对该结果要件的直接论述，但若适用人格否认原则，仍需厘清关于结果要件的具体标准。由于知识产权侵权案件可为一般侵权案件所涵盖，故笔者对此将参考其他直接适用人格否认的侵权案件予

〔1〕 参见（2015）苏知民终字第00179号判决书。

〔2〕 参见（2020）京73民终2935号判决书。

〔3〕 参见（2023）沪0116民初4729号判决书。

以说明。

对于实践中法院采用的结果要件裁量标准之归纳总结，笔者在此“站在巨人的肩膀”上，引用他人之研究结果作为分析的前提。据有关学者归纳，法院采纳的标准大体分为两类：[1]一类标准为“行为类”，即公司人格是否独立之事实，或以股东的行为正当性直接吸收结果要件。另一类标准为“公司的偿债能力”，有的地方法院以“经强制执行/到期债权不能实现”作为标准，有的法院则直接审查公司的资产现状。[2]第一类标准实际上混淆了要件之间的因果关系，反将结论前置为要件，忽略了结果要件的分析。对于第二类标准，在解释上仍有模糊之处从而造成实践中的适用困难。侵权之债的特殊之处在于，不同于契约之债的权利人往往在寻求诉讼救济时存在一个有效的到期债权，侵权之债始发于侵权结果发生时，且缺少一个债务人先期清偿的允诺，故侵权之债相较于合同之债少了一层“债务人自愿受约束”的保护。在此前提下，若适用前者之“经强制执行不能实现”之标准，则很大程度上增加了债权人的维权成本，因其必须先经过执行阶段证明债务人确无偿债能力。至于以“公司资产”为判断债权人利益受损害严重的标准，则易落入僵化的计算标准，且对保护债权人利益恐难以达到实质效益。原因在于，一方面，许多公司的资产中隐性资产占比较大，对此类资产作全面评估的成本较高；另一方面，个案的侵权之债数额不同，且对公司执行的难易程度亦有较大差别，故难以制定一个普适性的标准用以评判“债权人利益的受损程度”。根据以往司法判例，只有少数几例公司资产与债务悬殊的案件采纳上述标准认定。[3]故对于人格否认的结果要件采用的标准，仍需司法机关对此加以界定。

四、选择人格否认作为救济路径的实务重点

新《公司法》的实施将拓宽知识产权权利人的权利救济路径，横向人格否认制度在实务运用中也将更加广泛。从实务角度看，笔者认为以下方面值

---

〔1〕 吴飞飞、刘嘉霖：《公司法人格否认规则中“严重损害债权人利益”标准的认定——基于339份裁判文书的实证研究》，载《金融法苑》2023年第1期。

〔2〕 参见（2019）川民再340号民事判决书；（2020）鄂05民终1323号民事判决书；参见（2019）鲁01民终1221号民事判决书。

〔3〕 参见（2019）川民再340号民事判决书；（2020）鄂05民终1323号民事判决书；参见（2019）鲁01民终1221号民事判决书。

得关注：

其一，诉讼主体的选择。首先，因人格否认保护的是公司债权人的利益，故在本文语境下，提起诉讼的主体应当为权利受到侵害的知识产权相关权利人，如在商标侵权案件中，适格的原告主体为注册商标权人、未注册驰名商标权人以及按合同约定的被许可人等。其次，被告范围的选择对人格否认之诉的诉讼结果也有重要影响。在纵向人格否认层面，结合《公司法》的相关立法语言，若以股东作为被告，则主体应当符合“滥用公司法人独立人格”的前提，并且该条暗示了有权“滥用”的股东应当为对公司有主要影响力的股东，通常为大股东，或兼任公司董监高的股东。若对公司产生主要影响的并非股东，而是参与公司实际经营管理且对公司具有积极影响的实际控制人，则该主体也是此类诉讼的适格被告。在横向人格否认层面，锁定具体关联公司作为被告或许存在一定难度。原因在于，实际中的公司股权架构较为复杂，由同一股东控制的垂直架构式子公司等情况较为少见，更为常见的是非层级式的姊妹公司，或复合式股权架构的“公司网络”，如交叉股权架构或套环式股权架构。在此情形下，如何挖掘隐藏在实际控制人背后的关联公司将成为律师的重要工作技巧。

其二，要件构成与证据收集。根据上述对人格否认构成要件的分析，我国司法实践对人格否认的认定门槛较高。实践证明，人格混同的主要依据为“财务混同”，“人员混同”与“过度控制与支配”仅作为补强证明。也就是说，仅证明公司的管理人员为一套人马，或公司由实际控制人控制并不必然使法院认定法人的独立人格被损害。然而，在证明财务混同过程中，因公司财务信息的隐蔽性，一些关键信息可能较难获取。但根据现有司法判例，一般情形下，若能提供公司间的银行流水、股东个人与公司的转账等证据证明股东与公司或关联公司间存在频繁、巨额的资金往来，或被告公司无法提供上述交易发生的财务记载，再结合个案事实，法院以此认定为财务混同的可能性较大。

在证明股东或实控人“逃避债务”的目的，以及被侵权人利益受到损害的严重程度时，实务中可以结合知识产权侵权的相关事实进行证明。例如，若实际控制人存在类似“樱花商标”案中的行为，先后设立公司的目的均为从事商标侵权活动，则其利用公司有限责任逃避个人债务的目的昭然若揭，因果关系得以成立。值得注意的是，因知识产权侵权之债不同于契约之债，前者不存在一个“到期的债权”，故实践中公司对契约之债的偿债能力标准在知识产权侵权案件中较难照搬适用。笔者认为，被侵权人在证明此部分时可结合知识产权侵权的“数额认定”，如通过证明权利人受到的损失或侵权人的侵权所得均为较大数额，从而认为后续执行阶段侵权之债的实现存在难以实现的可能性，故在审判阶段就扩大延伸用以偿债的资金范围，有助于加强实现对知识产权的保护。

其三，请求权基础的选择。在请求权基础的适用方面，人格否认与共同侵权、知识产权侵权制度并不存在冲突。在知识产权侵权案件中，人格否认作为请求追究股东或关联公司连带责任的基础之一，是对公司侵权行为的补充。在实践中，一方若同时提出共同侵权与人格否认，法院会对两种请求权基础进行逐一认定，并未出现要求当事人择一适用的情形。因此，人格否认作为一项请求权基础，当事人无须因其认定的门槛较高而在选择时过于谨慎。

五、结论

在新《公司法》实施的背景下，新增的横向人格否认制度实为公司法修改的一大亮点。我国知识产权侵权环境中，存在众多以集中型股权控制的某一关联公司作为逃避集团公司侵权与股东个人侵权的工具之情形，故此项修订为法院在认定股东或关联公司的连带责任中的法律适用提供了明确的立法依据，增强了对知识产权权利人的保护，提高了社会整体效益。本文结合英美法系关于人格否认的相关理论学说及司法判例，试对国内人格否认制度在学理上与实践中的适用提出一些新思考。碍于篇幅有限，对相关问题的讨论比较浅显，以期在未来的讨论中予以完善。

“强强联合”：品牌联名之法律要点

张释文*

一、品牌联名的法商含义

品牌联名是指两个或多个品牌之间的合作，通过共同推出新的产品或服务，实现品牌价值的提升和市场的扩张。品牌联名的商业形式多种多样，大体可分为品牌×品牌的合作，品牌×名人 IP（明星/知名形象/角色等）的合作，品牌×内容 IP（影视/音乐/游戏/节目/动漫等）的合作，品牌×文化 IP（博物馆/图书馆/地标建筑等）的合作。在 IP 时代，商业形式虽然多样，但其法律的底层逻辑是相对稳定的，即“授权”。商业形态的多样只是对应了授权客体的区别（授的什么权）：名人的人格权（姓名权/肖像权等）、内容的著作权（复制权/展览权/摄制权/改编权等）、文化 IP 的商号字号，以及品牌的商标权（各个商品类别下的商标）等。因此，品牌联名的法律风险也围绕着这个内核展开，如授权、授权的对价、授权的期限、授权的品类及授权的产品之开发、推广、销售、分成等。

具体内容如下：

品牌联名有其固有的优势，通过品牌联名，合作品牌之间可以实现消费群体的互置，推出各种限定款吸引消费者的注意力，增加产品的差异化和创新性，提高品牌的知名度和美誉度，实现资源置换、互利共赢。正是基于这样的特征和优势，越来越多的品牌开始尝试各类的联名合作，但在这个过程中，法律风险频出，笔者根据长期以来大量 IP 联名业务的服务经验，将常见

---

* 张释文合伙人。

的注意要点作简要介绍。

二、品牌联名的类型

如前所述，品牌联名的类型可以分为以下四种：

（1）品牌与名人IP联名。这种类型是指品牌与某个具有一定知名度和影响力的“个人”进行合作，如明星、艺术家、设计师、知名形象、角色、虚拟人物等。这种联名的目的是借助个人的形象和风格，增加品牌的吸引力和差异化，扩大品牌的受众范围，提高品牌的认知度和忠诚度。

（2）品牌与内容IP联名。这种类型是指品牌与某个具有较高人气和话题度的知识产权（IP）进行合作，如电影（如漫威）、动漫（如海贼王）、游戏（如英雄联盟、王者荣耀）等。这种联名的目的是借助IP的内容和故事，增加品牌的情感和体验，创造更多的消费场景和互动方式，提高品牌的口碑和传播效果。

（3）品牌与文化IP联名。这种类型是指将品牌的形象和价值观与具有文化影响力的知名机构或建筑相结合。例如，耐克与故宫博物院联名推出了一款以故宫藏品为灵感的运动鞋，将中国传统文化与现代运动风格相融合，充分展现了故宫的时尚魅力和耐克的创新精神。品牌与文化IP联名既可以提升品牌的知名度和美誉度，增强消费者的认同感和归属感，也可以传播文化知识和价值，促进社会和谐与进步。

（4）品牌与品牌联名。这种类型也最为常见，是指两个或多个品牌之间进行合作，通过互补或融合各自的优势和特色，创造出新的产品或服务。这种联名的目的是通过创新和突破，增加品牌的竞争力和附加值，拓展品牌的市场份额和潜在客户，提高品牌的合作能力和社会责任感。

三、品牌联名的法律风险

（一）品牌联名和作品协议要点提示

1. 前置审查与基础权利确认

首先，在合作协议签署前期阶段，品牌方一定要对参与合作对象进行尽职调查，注意参与合作对象的声誉和社会责任，避免与有不良记录或负面影响的企业或个人合作，以免损害自身的品牌形象和信誉。当然，从商业角度来看，品牌联名也要考虑合作对象的市场定位和目标受众是否与自身相匹配，以确保联名产品或服务能够满足消费者的需求和期待，创造更大的市场价值。

其次，对合作方的权利基础进行确认。品牌方应当对其著作权、商标权等权利进行全面的核查和分析，避免在联名合作中出现常见的"山寨"品牌"鱼目混珠"的情况，也避免权属纠纷而影响联名后企业商誉和舆情等。

表 1 品牌联名前置审查内容

审查内容	风险点
授权权利	授权人权利是否与公司的合作意图一致
	授权权利是否符合法律法规的规定
	授权权限是否完整
	授权链条是否完整
	权利地域及品类是否足以覆盖拟援权合作的范围
	权利有效期是否覆盖授权期限
授权性质	性质是否明确约定
授权范围	种类是否覆盖
授权使用具体形式	如标识的位置、大小、颜色、字体是否有约定标准
授权许可渠道	线上/线下

联名中常因授权使用具体形式约定不明确造成商标使用不规范而出现法律风险，相关司法案例也予以佐证：某知名啤酒曾与某著名酒店联名推出"某酒店尊享版啤酒"，在品牌联名推出不久后，注册在第 32 类啤酒、饮料制剂等商品上"SHANGRI-LA"商标因为"连续三年未使用"而被撤销，撤销的原因在于商标使用不规范。法院认为，该案指定商品上的使用方式为以红色为主调的"TSINGTAO 某啤酒及图"标识位于啤酒瓶身显著位置，临近瓶口处有黑色标识组合"某著名酒店集团 SHANGRI-LAHOTELS and RESORTS"，此处组合标识应为商号的使用，对于公众而言，不会将其中的诉争商标单独识别为注册商标，进而起到区分商品来源的作用，最终判定该商标

不能使用而被撤销。[1]由此观之，联名商标标识的位置和大小都对商标使用规范起着重要的影响作用，因此，建议品牌方在标识各方商标时不要厚此薄彼，各方商标的大小、颜色、字体都要适当，将联名各方的商标置于合适的位置，避免出现商标被视为不规范使用的风险。

2. 品牌知识产权的保护和授权

品牌联名时，各方需要明确各自拥有的品牌权利，以及在联名产品或服务中如何使用对方的品牌。一般来说，各方需要签订品牌授权协议，规定授权范围、期限、方式、费用等事项，以及如何监督和维护品牌形象与质量。在合作协议中，如未明确约定授权性质或约定性质不明、授权范围（大小、种类）、分情况且可执行的授权期限、授权使用具体形式（如标识的位置、大小、颜色、字体）、商号使用、物料使用等都可能导致品牌联名陷入风险。此外，还应注意授权许可渠道，现在主要分为线上、线下及移动客户端。对于商品授权，线上可分为自营网站、京东、天猫等电商平台；线下又可细分为超市、商场、批发市场、专卖店等。

联名过程中并非只涉及知识产权的许可使用，还可能涉及新知识产权的产生，若事先未作合同要点上的约定，极易产生知识产权归属纠纷问题，为避免该风险点，品牌方应该在签订合作协议时明确新知识产权的归属和转让事宜，确定新知识产权的划分原则（如是否按照贡献比例或者其他方式分配新知识产权）、新知识产权的转让或者许可条件（如是否需要支付费用或者其他对价、是否有限制或者保留条款）。

3. 设置操作性强的退出机制

品牌联名的目的是结合两个或多个品牌的优势和特色，提升品牌知名度和影响力，增加消费者的认可和信任，从而实现双赢的效果，但并非所有品牌联名都能得偿所愿，仍有品牌形象受损、消费者认知混乱、合作方违约、消费者反馈不佳等风险，这些都可能导致品牌联名的失败，甚至损害原有品牌的声誉和价值。为了应对这些风险，品牌联名合作中应该设置具有实际操作性的退出机制，除了在协议中约定合作终止条件、合作解除条件、违约责任、退出方式、争议解决方式等传统条款，还可以根据不同的情况设置“分

〔1〕 参见北京市高级人民法院（2019）京行终7191号行政判决书。

级"处理机制。在相应的情况与条件下，实现"有约可依"，通过最小代价保护自身利益和声誉，避免造成不必要的损失和纠纷。

4. 品牌联名产品的法律责任主体

联名通常为在一定时间周期内针对特定产品的合作，联名各方通常不会共同申请新的联名商标，而是将共同的商标通过各种创作方式印制、体现在联名产品上，如果各方在事先没有相关协议约定或者约定不明确的，那么联名的各方很可能因共同的生产者地位而承担连带侵权损害赔偿责任。根据2020年修正的《最高人民法院关于产品侵权案件的受害人能否以产品的商标所有人为被告提起民事诉讼的批复》（以下简称《批复》），"任何将自己的姓名、名称、商标或者可资识别的其他标识体现在产品上，表示其为产品制造者的企业或个人，均属于《中华人民共和国民法典》和《中华人民共和国产品质量法》规定的'生产者'"。

例如，某淘宝店铺与国内某知名运动鞋品牌（"××旗舰店"）推出联名产品，各方均在店铺主页、详情页中大量使用该淘宝店铺与某知名本土服装品牌高度近似的商标，涉嫌商标侵权。"××旗舰店"虽辩称其仅为联名产品的销售商，而非生产商，不应成为相应民事责任的主体，但法院认为，"××旗舰店"中被诉产品均使用联名的命名方式，被诉产品也系同款商品，相应的商品介绍页面完全相同，根据《批复》，"××旗舰店"应与该淘宝店铺承担连带侵权赔偿责任。

又如，在广州万宝集团有限公司与胡某等产品责任纠纷上诉案中，被告广州万宝集团将其所有的"wanbao"注册商标有偿许可被告广州小天使公司在涉案热水器上使用，法院认定被告广州万宝集团是涉案热水器的商标所有权人，是涉案热水器的生产者之一，应当承担该产品质量的连带责任。

在合作协议中，联名各方应根据实际的联名合作情况，对产品的生产及法律责任承担进行约定，以避免因产品质量、安全等约定不明引发的纠纷。除此之外，授权协议中联名各方还应当增加知识产权的侵权责任承担条款，明确联名各方关于知识产权侵权责任的承担方式和具体比例，以减少纠纷风险。

5. 品牌联名产品的法律责任主体

在合作后期及期限届满阶段，品牌方应当及时办理授权续展以及授权结束后的清理。譬如，授权结束后的清理阶段，合作方应按照授权协议的规定，停止使用品牌方的商标、标识、形象等知识产权，并将剩余的授权产品销毁或退还给品牌方。同时，合作方应向品牌方提交清理报告，说明清理的时间、方式、数量等情况，并提供相关的证明材料。各方都应尊重各自品牌方的知识产权，不得在未经授权的情况下继续生产、销售或宣传授权产品，否则将承担法律责任。

（二）商标使用问题

商标法规定注册商标的专用权，是以核准注册的商标与核定使用的商品和服务为限的。联名的一方如果超出其商标核准注册范围去跨类别使用商标的，可能导致商标权的丧失或侵权。因此，在推出联名商品之前，品牌方应当做好商标跨类布局，如果所需类别尚未获权，则要进一步检索是否已有在先权利人以及该权利人是否存在实际使用行为，以规避侵权风险和维护品牌声誉。

（三）品牌联名的不正当竞争风险

当同业品牌联名优势极为明显时，还有可能造成企业的不正当竞争风险或垄断的嫌疑。如品牌联名通过合作协议排除、限制他人竞争，提高市场进入壁垒，使得新进入者或小型品牌难以与联名品牌竞争，则该协议可能会被认定为垄断协议而触犯《反垄断法》第 17 条规定；联名品牌依靠庞大的消费群体形成积聚效应，对消费者形成不利的价格歧视或捆绑销售等可能构成滥用市场支配地位，触犯《反垄断法》第 22 条规定。因此，品牌联名的各方需要遵守相关的竞争法规，如《反垄断法》《反不正当竞争法》等，各方不得通过品牌联名达成垄断协议、限制竞争、排挤同行等目的，注意避免垄断风险。

（四）负面事件的商誉连带损失

品牌联名合作常见的负面事件包括：

（1）联名合作本身未明确权责归属，或者未按流程获取合法授权等系列问题，导致出现负面消息。

（2）联名的品牌之一在合作期间因自身情况陷入负面事件中。例如，有些品牌官网发表不当言论或选择了有争议的代言人导致负面舆情影响联名合作的。此时需要及时作出应对措施。

因此，品牌方在签订合作协议前，要明确各方的权利和义务，包括联名产品的设计、生产、销售、宣传等各个环节的分工和责任，以及如何处理可能出现的纠纷和风险，避免不合理的负面事件影响品牌商誉。在合作期间，密切关注联名品牌或合作方的动态和舆情，及时发现并处理可能出现的负面影响，并保持与对方的良好沟通和协调。

总体而言，品牌方应重视自身品牌与目标品牌、文化 IP、个人形象的契合度，在合作前进行充分的调研和评估，选择与自身品牌定位、目标、价值观相匹配的合作伙伴，避免与有不良记录或争议的品牌合作。同时，应当重视联名合作的法律风险、做好防控，从商业和法律两个层面做好联名合作的准备。

一张照片引发的侵权：电影道具侵权案办案札记

赵　晋*

2019年11月，北京知识产权法院作出（2018）京73民终1428号民事判决书，维持了北京市朝阳区人民法院就某电影股份有限公司等电影制作者侵犯原告向某毛笔行书字体著作权一案的一审判决。被告除公开致歉外，还需赔偿原告经济损失14万元。该案中，原告主张的侵权标的物是影片中的两件道具：一本旧书、一份报纸，共涉及7个汉字。法院经对比，认定涉案电影中出现的上述道具上使用的7个单字与原告主张的行书作品单字在字形整体结构，偏旁部首比例，笔画的长短、粗细、曲直选择等方面均无明显区别。被告使用原告书法作品并未征得原告许可，也未以适当方式表明原告是该书法作品的作者，侵害了原告对其书法作品享有的复制权、署名权。该案判决后，引发了公众的广泛关注。公众所津津乐道的7个字就要赔偿14万元，为影视道具制作者们上了生动的一课。

近日，笔者代理的一件类似的影视作品道具侵权案在漫长的等待后终于收到了一审判决［案号：（2021）京0105民初41066号］，目前案件已经生效，引发侵权的标的物同样是电影中的一件寻常道具——一张照片。

一、案件简介

原告张某于2015年12月在某旅游平台发布了一篇印度新德里景点攻略游记，并配有包括系争作品在内的诸多摄影作品。该等摄影作品均是原告于2015年9月在印度旅行期间拍摄的。

* 赵晋合伙人。

涉案电影拍摄于2017年，并于2018年7月5日在中国上映。原告观影后发现，电影片头第2分35秒出现如下情节：镜头扫过影片男主角经营的保健品店，店内设置有一面照片墙，其中一张照片与原告发表在前述旅游平台游记文章中的照片几乎一模一样。经比对，电影中的这一道具照片与原告的摄影作品在画面结构、色彩、拍摄角度等方面完全一致。

就上述侵权行为，被告辩称，被诉侵权作品与原告摄影作品差异明显，不能认定为同一作品；即使法院认定被诉侵权作品与原告作品具备同一性，被告的使用行为亦不构成侵权，属于合理使用，其仅是为了说明电影主角与印度的密切关系，并未不合理损害原告的合法权益。

二、关于本案著作权侵权成立的认定

本案中，原告主张被告使用涉案作品的行为分别侵害了其署名权、复制权、信息网络传播权（电影从商业院线下线后转为在互联网平台继续播放）。

北京市朝阳区人民法院经审理认为，摄影作品是借助器械在感光材料或者其他介质上记录客观物体形象的艺术作品。涉案作品是原告以印度新德里的建筑物为拍摄对象，通过拍摄角度、光线明暗的选择、拍摄设备的调节对客观事物进行记录，产生良好的艺术效果，给人带来相应的认知感受，具有独创性，符合著作权法意义上的作品定义。本案中，根据原告提交的涉案作品电子底片，原告发表涉案作品情况等证据，可以认定原告享有该摄影作品的著作权，有权以自己的名义对侵害涉案作品著作权的行为提起诉讼。

涉案电影拍摄于2017年，而原告拍摄、发表涉案作品的时间为2015年，早于涉案电影拍摄的时间，被告制作涉案电影时，有机会接触原告涉案作品。被告关于不排除原告重新对图片进行编辑、修改的可能的抗辩意见，证据不足。经对比，涉案电影中使用的照片与原告涉案作品画面结构、色彩、拍摄角度、光影基本一致，可以认定该照片是原告的摄影作品。被告上述使用涉案作品的行为并未征得原告的许可，侵害了原告对涉案作品享有的复制权、信息网络传播权。在电影作品中，制片者通常会以片头、片头字幕或者屏幕标注等方式为编剧、摄影、作词、作曲等作者署名。参考该种署名方式，被告在涉案电影中使用原告涉案作品不存在无法署名等特殊情况，但被告在使用涉案作品时未以适当方式表明原告的作者身份，侵害了原告的署名权。被告应当为此承担停止侵权、赔礼道歉、赔偿经济损失的法律责任。

至于被告关于合理使用的抗辩意见，法院认为，介绍、评论某一作品应限于对涉案作品本身的介绍、评论，说明某一问题应限于使用涉案作品说明其他问题，适当引用的目的不是单纯展示作品而是介绍、评论和说明。本案中，涉案电影完整、直接地展示了涉案作品，但并未对涉案作品本身进行介绍和评论，也未引用涉案作品说明其他问题，反而以画面1/6的篇幅持续2秒展示了涉案作品。被告未经授权，也未向原告支付报酬即使用涉案作品，已经影响原告对其作品的对外授权并获取相应的经济收益，与原告对作品的正常利用相冲突。在此情况下，不能认定被告对涉案作品的使用构成著作权法中的合理使用，被告的该项抗辩不成立。

三、影视作品道具使用他人作品能否构成合理使用

合理使用是指在特定的条件下，法律允许他人自由使用享有著作权的作品，而不必征得权利人的许可，不需向其支付报酬的合法行为。我国《著作权法》第24条规定了合理使用的12种具体情形。在构成合理使用的场景下，使用人可以不经著作权人许可，不向其支付报酬，但应当指明作者姓名、作品名称，并且不得侵犯著作权人享有的其他合法权益。

我们注意到，在前文所述的（2018）京73民终1428号案件中，被告同样抗辩其使用原告书法作品属于著作权法上规定的适当引用，其引用涉案作品的比例小且作为道具的一部分出现，用于说明道具的名称，不是影片的主要部分，对原告作品引用的主要目的和功能不是再现美术作品的美感，而是表意和烘托时代氛围，属于对涉案作品的转化性使用，不会给权利人造成不合理的损害。

那么，为何本案以及（2018）京73民终1428号案件中，被告对于合理使用的抗辩均不成立呢？实际上，结合《著作权法》第24条规定，我们可以看到，构成合理使用一方面要符合法定情形，另一方面其行为不得不合理地损害著作权人的合法权益。正如（2018）京73民终1428号案件主审法官事后撰文释明，制作人利用涉案单字制作道具这样的使用方式，并未通过增加

新的理念或视角使涉案单字美术作品具有新的价值或功能从而改变该单字其原有的美术价值，这种使用不具有转换性，不是为了介绍、评论或说明目的适当引用。同时，电影制作方将他人书法作品作为道具的封皮使用，并非通过正常渠道授权取得，这种使用已经完全替代该情形中原告对其书法作品的利用，必然影响其对作品的复制行为收取许可费的情况，已与原告对作品的正常利用相冲突。

另外，合理使用中通常还需考量被引用他人作品的数量占他人整体作品的比例，影视作品道具如果已经完整地使用了权利人享有著作权的作品的具体表达，即使出现在电影中的镜头占电影的比例很小，也不影响侵权行为的判定。如在本案中，原告的摄影作品在一部长达近 2 小时的电影中仅出现了 2 秒钟，但涉案电影完整、直接地展示了原告的摄影作品，且并未对原告作品本身进行任何介绍和评论，自然不能构成合理使用。

有意思的是，被告在最初的抗辩中主张其使用的作品系采购自印度当地的明信片，但被告未能提供证据佐证。实际上，即便其真的使用的是明信片，依据《著作权法》第 20 条的规定，作品原件所有权的转移，不改变作品著作权的归属，但美术、摄影作品原件的展览权由原件所有人享有。被告将购买的明信片制作为影视道具，仍涉嫌著作权侵权。

四、影视作品道具制作环节知识产权风险提示

影视创作涉及剧本的创作、人物形象设计、影片具体摄制、宣发等多重环节。影视创作过程中的知识产权风险可谓是相伴左右。近年来，因道具制作引发的知识产权侵权案件屡有发生。

此前上海市浦东新区人民法院判决的原告北京某网络科技有限公司诉上海某影视有限公司、上海某珠宝有限公司不正当竞争纠纷案［案号：（2011）浦民三（知）初字第 694 号］，同样是道具环节出现的侵权案件。该案电视剧植入了某珠宝公司的产品广告，但电视剧中的道具产品是一件和原告作品几乎完全相同的吊坠产品，道具本身已经使相关公众误认为该吊坠款式由某珠宝公司设计提供，构成了不正当竞争。

确保影视创作的知识产权合规应当引起影视制作人的重视。一方面，影视制片方应当重视和提高道具制作环节的知识产权审查意识，制作人有义务

对道具本身作基本的审查。而且，不仅是著作权一个领域的风险，对于可能存在的商标侵权、专利侵权等同样应当予以重视。当然，若涉及与第三方道具制作公司签订委托合同的，建议就道具制作的知识产权侵权风险及责任作出明确约定。另一方面，在鼓励原创的同时，如确需在道具制作上使用他人在先发表作品的，应当征得权利人的许可，就作者署名、使用方式、使用期限、付酬标准等做好协议安排。

企业风险管理

企业四体系协同运作
——核心是风险管理协同

郭青红*

企业建立法律、合规、内控、风险管理协同运作机制，从理论到实践都备受关注和重视。基于多个项目实践经验，笔者认为，这一协同运作机制的核心是风险管理协同。

一、从“一体化管理平台”到“协同运作机制”

国务院国资委 2015 年 12 月 8 日发布《关于全面推进法治央企建设的意见》，首次要求中央企业探索建立法律、合规、风险、内控一体化管理平台。

国务院国资委 2021 年 10 月 17 日发布《关于进一步深化法治央企建设的意见》，要求中央企业探索构建法律、合规、内控、风险管理协同运作机制，加强统筹协调，提高管理效能。

国务院国资委办公厅 2022 年 1 月 15 日发布《关于开展中央企业“合规管理强化年”工作的通知》，要求中央企业积极探索法治框架下法律、合规、风控协同运作的有效路径，完善工作机制，减少交叉重复，提升管理效能。

就同一内容，三份文件的表述略有不同，但背后含义丰富。一是四大管理体系在组织体系、制度体系、运行机制、保障机制等方面存在诸多趋同性，

* 郭青红合伙人。

但其运行机制也存在差异性和各自的专业性。四大管理领域要协同运作，而非绝对的一体化管理。二是风险防控是四大管理体系的主要管理目标。四大管理体系要以风险为导向，以内控为根基，以法律合规管理为重点。建立四大管理体系的协同运作机制，排序从“法律、合规、风险、内控”调整为“法律、合规、内控、风险”，更能反映其内在逻辑关系。

二、相互关系

（一）全面风险、法律风险与合规风险之间的关系

1. 风险内容

按照国务院国资委《中央企业全面风险管理指引》规定，企业全面风险包括战略风险、财务风险、市场风险、运营风险、法律风险等。

按照国家标准管理委员会公布的《企业法律风险管理指南》，企业法律风险包括法律环境风险、违法风险、违约风险、怠于行使权利风险和不当行为风险。

按照国务院国资委《中央企业合规管理指引（试行）》以及各地方政府国资委合规管理指引规定，合规风险是企业及其员工违反合规义务给企业带来损失和法律责任的可能性，包括违法风险、违反内部规章风险和违反道德规范风险。

2. 相互关系

全面风险与法律风险、合规风险属于同一维度和同一范畴，存在包含与被包含的关系。其中，全面风险包括法律风险与合规风险，法律风险与合规风险之间也存在交叉（违法风险）。法律风险、合规风险属于全面风险的子风险或者专项风险。如图 1 所示。

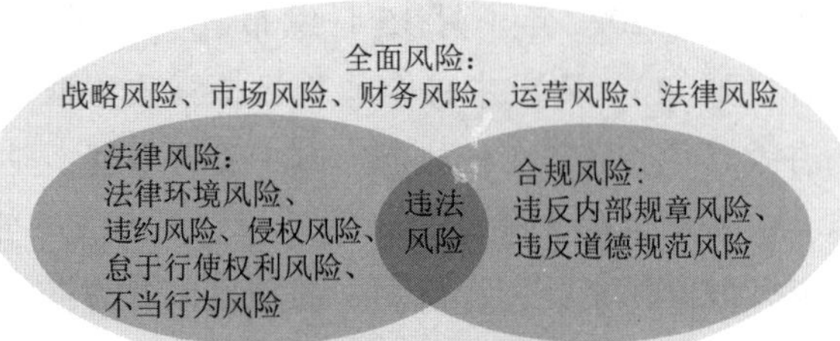

图 1　全面风险、法律风险与合规风险之间的关系

（二）法律、合规、内控与风险管理之间的关系

按照美国 COSO 最新的《企业风险管理整合框架》，全面风险管理由八个步骤和要素构成，即目标设定、内部环境、事项识别、风险评估、风险应对、控制活动、监督和检查、信息和沟通。

按照财政部等五部委发布的《企业内部控制基本规范》，内部控制由环境评审、风险评估、控制措施、信息与沟通、监督检查等五个步骤和要素构成。根据企业管理目标的需要，内部控制过程中的风险评估，可以是全面风险评估，也可以是专项风险（如法律风险、合规风险、公司治理风险、供应链风险等）评估。

按照国务院国资委发布的《中央企业全面风险管理指引》，全面风险管理体系包括风险管理策略、风险理财措施、风险管理的组织职能体系、风险管理信息体系和内部控制体系等。内部控制为风险管理提供重要的应对措施，内部控制体系也成为全面风险管理体系的主要子体系。正因如此，国务院国资委 2019 年 10 月 19 日发布《关于加强中央企业内部控制体系建设与监督工作的实施意见》，要求中央企业以风险管理为导向、内控为基础、法律合规管理为重点，实现“强内控、防风险、促合规”的管控目标，形成全面、全员、全过程、全体系“同防共治”的风险防控机制，即大风控体系。

但是，内部控制具有完整的风险管理（风险识别、评估和应对）流程，自成体系，可以相对于全面风险管理体系独立存在。在我国，内部控制与全面风险管理呈现日趋融合的趋势。上交所、深交所发布的《上市公司内部控制指引》已经将内部控制的传统五要素扩展到与全面风险管理趋同的八要素。因此，企业如果尚未建立全面风险管理体系，也可以选择只建立内部控制体系并强化其中的风险管理。

法律、合规、内控与风险管理之间的关系，如图 2 所示。

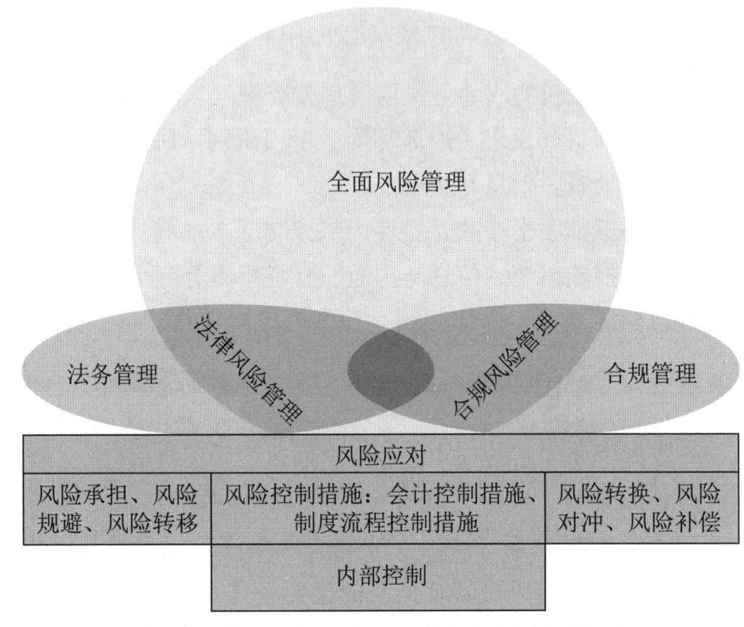

图2 法律、合规、内控与风险管理之间的关系

三、法律、合规、内控、风险管理协同运作的核心是风险管理协同

（一）风险防控是四大体系的主要目的

风险防控的内容与目的如表1所示。

表1 风险防控的内容及目的

序号	领域	主要目的
1	法务管理	防控法律风险，维护合法权益
2	合规管理	防控合规风险
3	内部控制	采取内部控制措施，防控各类风险
4	全面风险管理	风险防控是主要的风险管理策略和风险解决方案

（二）风险管理是四大体系运行机制的主要构成要素和内容

风险管理的内容和构成如表 2 所示。

表 2　风险管理的内容及构成

序号	领域	运行机制的主要构成要素
1	法务管理	专业性法律事务，法律审查，法律风险管理
2	合规管理	合规风险管理，合规审查，违规管理，合规管理评价
3	内部控制	风险评估，控制措施，反舞弊管理，内部控制评价
4	全面风险管理	风险评估，风险应对，风险管理策略，风险管理评价

（三）风险管理流程——四大体系趋同

法律风险管理、合规风险管理、内部控制、全面风险管理拥有共同的风险管理流程，即环境评审、风险评估、风险应对、信息与沟通、监督与检查。

（四）风险管理——四大体系的核心内容

法务管理、合规管理、内部控制和全面风险管理四大体系，其组织体系围绕风险防控的需要而设置，其制度流程围绕风险防控的需要而制定，其保障机制围绕风险防控的需要而开展。尤其是四大体系的组织体系、保障机制具有很强的趋同性，可以进行整合。

四、关注企业风险的特点

（一）风险的差异性

1. 风险性质存在差异

全面风险中的战略风险、财务风险、市场风险，大多属于机会风险（带来损失和盈利的可能性并存）。而法律风险、合规风险，大多属于纯粹风险（只有带来损失一种可能性）不同风险的评估方法如表 3 所示。

2. 风险评估方法存在差异

表 3　不同风险的评估方法

序号	类别	风险评估方法	备注
1	战略风险 市场风险 财务风险 运营风险	使用专门的风险评估技术（德尔斐法、蒙特卡罗法等）。定性与定量方法相结合。确定风险等级，建立风险热力图	关注内外部环境评审。具有宏观性、前瞻性。重视风险与机会之间的平衡考量
2	合规风险	识别合规义务，通过违反合规义务的可能性分析、影响程度分析，确定合规风险的优先等级	与合规义务直接关联，具有直接性、具体性。管理颗粒度更细
3	法律风险	识别合法权益和法律义务。通过法律风险发生的可能性分析、影响程度分析，确定法律风险的优先等级	除法律环境风险外，与合法权益、法律义务直接关联。具有直接性、具体性。管理颗粒度更细

3. 风险管理策略（风险应对）存在差异

不同风险的管理策略如表 4 所示。

表 4　不同风险的管理策略

<table>
<tr><th>序号</th><th>类别</th><th>风险管理策略</th></tr>
<tr><td>1</td><td>战略风险、市场风险、财务风险、运营风险</td><td rowspan="2">风险承担、风险规避、风险转移、风险转换、风险对冲、风险补偿、风险控制。受决策者风险偏好的影响</td></tr>
<tr><td>2</td><td>法律环境风险、违约风险、侵权风险、怠于行使权利风险、不当行为风险</td></tr>
<tr><td>3</td><td>合规风险（含违法风险）</td><td>风险规避、风险控制。属于红线风险甚至底线风险。“零容忍”“一票否决”</td></tr>
</table>

特别提示，当任何经营活动存在合规风险并可能违反禁止性合规义务或强制性合规义务时，应采取“一票否决”（风险规避）的风险管理策略。

4. 不同企业面临的风险存在差异

不同企业，由于其所处内外部环境（业务和产品范围、业务规模、经营地域等）不同，其面临的风险可能存在差异。同一企业在不同发展阶段，其面临的风险也可能不同。

（二）各类风险可能并存

一方面，大多企业，尤其是企业集团总部和独立经营的企业，可能同时存在全面风险中的各类风险，即战略风险、市场风险、财务风险、运营风险、法律风险与合规风险。

不少企业（如企业集团各级子公司）可能没有战略制定、市场开拓、对外投资方面的权限或管理内容，因此，这些企业面临的主要是运营风险、法律风险与合规风险。

另一方面，企业一项决策、经营活动和经济合同等，可能同时存在多个类别的风险。例如，企业为扩大产品和市场范围而投资并购另一家企业，其中可能同时存在战略风险、市场风险、财务风险、法律风险与合规风险。

五、法律、合规、内控、风险管理协同运作机制的建立

（一）目标和原则

中央企业、地方国有企业建设法律、合规、内控、风险管理协同运作机制，围绕企业改革发展总体目标，健全企业法人治理机制，以风险为导向、内控为基础、法律合规为重点，牢筑风险管理三道防线，形成全面、全员、全流程、全体系的风险防控机制，全面防控企业各类风险，促进企业健康可持续发展。

（二）建立分类、分层风险管理机制

企业乃至企业的具体经营活动都面临多个风险并存的情况。不同类别风险的性质、评估方法、风险管理策略等存在差异。

企业单凭某一类风险管理（如合规风险管理），不可能防控所有种类的风险。

企业应建立分类、分层、立体防控的风险管理机制，对不同类别和性质的风险，有针对性地采取不同的评估方法及风险管理策略，形成全面、全员、全流程、全体系的风险防控机制，全面防控企业各类风险。

（三）组织整合与岗位整合

四大体系的组织体系趋同，应当进行整合。

整合风险管理岗位，负责合规管理、风险管理与内部控制。

风险管理（尤其是法律风险管理与合规风险管理）的专业性很强，需要懂法律、晓管理、精合规、熟业务的专业知识和能力。企业应注重复合型人才的引进和培养。

（四）风险管理制度与流程的一体化

对企业现有风险管理制度与流程进行修改、补充，制定覆盖全面风险管理、法律风险管理与合规风险管理的统一的风险管理指引。

（五）同步、统一开展初步风险管理

在对各部门、各领域开展初步风险管理时，同步、统一地识别各类风险、开展风险评估、提出应对措施建议。

（六）项目中开展立体式风险评估

对项目进行包括全面风险、合规风险、法律风险在内的立体式风险评估。

（七）风险管理信息系统一体化

建立包括全面风险、合规风险、法律风险在内的风险管理信息一体化。

五步快速理解美国对伊朗贸易制裁法案

潘志成*

中兴事件余音未了，另一电信巨头高管因疑涉美国对伊朗贸易制裁法案在加拿大被羁押。事件发生后，许多出口业务的客户不断来电咨询美国对伊朗贸易制裁法案的相关内容。美国的法律体系的确与我国存在较大差异，特别是成文法和案例法并存。为此，多位具有美国法学教育背景和美国执业律师资格律师的汇业律师事务所反垄断与跨境交易合规团队，通过对美国相关法律、法规和案例的梳理和解读，总结出以下五个步骤，帮助客户快速解读美国对伊朗贸易制裁法案。

一、《国际紧急状态经济权力法》/IEEPA（50U. S. C. §1701etseq）

美国对伊朗贸易制裁法案缘起于打开中美建交大门的卡特总统当政时期。1977年美国颁布了《国际紧急状态经济权力法》（the International Emergency Economic Powers Act，IEEPA）。根据该法案，当美国国家安全、外交政策或美国经济遭受全部或主要来源于美国境外的非同寻常的威胁时，美国总统为应对该等威胁，可以宣布国家进入紧急状态，并可以行使该法案第1702条所授予总统的任何权力以处理该等威胁。

根据IEEPA所授予的权力，美国总统及获得授权的行政部门有权颁布法令或规章，管制或禁止美国人或非美国人与各受制裁国家进行贸易，或禁止美国人或非美国人向受制裁国家出口来源于美国的产品。

IEEPA还规定，任何人违反、试图违反、密谋违反或致使违反根据本法案政府部门颁布的任何许可、法令、规章或禁止令，将被视为非法行为。若

---

* 潘志成合伙人。

该等非法行为所造成的损失低于 25 万美元，则可以仅处所造成的损失两倍的罚款，或者任何人故意从事、预谋从事、故意密谋前述违法行为，一旦被认定罪名成立，则可被处以 100 万美元以下罚款，或者被判处 20 年以下有期徒刑（50U. S. C. §1705）。

二、《伊朗贸易制裁法案》/ITSR（31C. F. R. Part560）

《伊朗贸易制裁法案》形成于美国总统克林顿的任期内。因伊朗政府的行为与政策对美国国家安全、外交政策及美国经济造成非同寻常的威胁，根据 IEEPA 美国总统为应对该等威胁而宣布进入紧急状态，并自 1995 年至 1997 年先后颁布了多项对伊朗贸易制裁的法令，包括禁止美国人或非美国人向伊朗或伊朗政府出口或再出口各种物品、技术或服务。这些法令被汇编命名为《伊朗贸易制裁法案》（Iranian Transactions and Sanctions Regulations，ITSR）。

ITSR 还特别禁止第三方国家的企业或个人在下列两种情况下，自美国进口相关物品、技术或服务，然后直接或间接地再出口至伊朗或伊朗政府：（1）明知或应知该等物品、技术或服务将被再出口至伊朗或伊朗政府；（2）根据美国 1995 年 5 月 6 日及之后生效的法律，该等物品、技术或服务自美国出口至伊朗需要申请获得美国政府颁发的出口许可，而未获得该等出口许可。

三、《出口管制条例》/EAR（15C. F. R. Parts730-774）

为进一步落实 ITSR 的各项措施，美国《出口管制法案》（the Export Administration Act，EAA）授权美国商务部（Department of Commerce）实施对伊朗出口物品、技术及服务的禁运和贸易管制。而美国商务部则通过下属工业安全局（Bureau of Industry and Security）制定《出口管制条例》（Export Administrative Regulations，EAR），并依据该条例，通过制定清单和审批的方式，具体审查和实施对来源于美国的物品、技术或服务对伊朗出口或再出口的管制。

四、《贸易控制清单》/CCL（15C. F. R. Part774）

根据 EAR，美国商务部工业安全局依据技术性能、出口目标国家、最终用户、最终用途等多项因素对出口物品进行归类管制，并就其中高度敏感的物品制定《贸易控制清单》（Commerce Control List，CCL）。在该清单中，受贸易管制的物品将按“出口控制归类代码”（Export Control Classification Number，ECCN）进行归类，不同类别的物品将根据技术性能、出口目标国家、最终用户、最终用途等因素分别需要满足不同的出口管制要求。例如，特定类型的芯片或电路可被用于发展核技术或者可被用于发展导弹技术，若拟向伊朗出口，必须事前向美国商务部工业安全局或美国财政部外国资产控制办公室（Department of Treasury's Office of Foreign Assets Control，OFAC）申请出口许可。

五、出口控制归类代码/3A001/EAR99

根据美国司法部公布的中兴案认罪裁决书（plea agreement）及事实陈述书（factual resume），中兴公司通过多个关联实体，将自美国进口的多种受CCL管制的物品，在未获得OFAC颁发出口许可的情况下，以零部件或成套系统的组件等方式将这些物品再出口至伊朗。

在中兴案事实陈述书附件B所列的物品清单中，其中第一项物品的ECCN为3A001，根据CCL，该物品为具备特定抗辐射加固性能的集成电路，具体包括单片集成电路、混合集成电路、多芯片集成电路、光电集成电路等多种集成电路。对此类物品管制的原因分类为NS（国家安全）、MT（导弹技术）和AT（反恐），而根据这些管制原因所对应的禁止出口国别清单显示，向伊朗出口该等物品必须向美国政府部门（OFAC）申请出口许可。

如前所述，中兴公司并未获得美国政府部门颁发的出口许可，其行为触犯了本文第一部分介绍的《国际紧急状态经济权力法》（IEEPA）。同时，因中兴公司存在阻挠调查和虚假陈述的行为，导致巨额的罚金产生。

值得注意的是，如果物品不在CCL所列ECCN范围内，并不必然意味着该等物品自美国进口并再出口至伊朗不需要经过美国政府部门批准。事实上，此类物品被统一归类为EAR99。根据EAR的规定，如果该等物品的最终用户为被列入制裁或限制清单的用户，或者最终用途为EAR所禁止的用途，则该等物品自美国进口后再向伊朗出口仍需要向美国政府申请出口许可。

企业风险防范体系搭建之实务问答

杨　洁[*]

国务院国资委 2015 年 12 月发布的《关于全面推进法治央企建设的意见》提出了"到 2020 年中央企业努力成为治理完善、经营合规、管理规范、守法诚信的法治央企"的总体目标。随着深化国企改革、"走出去"战略及"一带一路"建设的发展，合规已成为央企国企做强做优做大不可忽视的重要问题，本文就企业合规管理体系搭建实务进行探讨。2018 年 11 月 2 日，国务院国资委发布《中央企业合规管理指引（试行）》（以下简称《央企指引》），随即国家发展改革委等七部门于 2018 年 12 月 26 日联合发布了《企业境外经营合规管理指引》。随着两大指引的颁布，我国央企国企全面开展合规工作的大幕拉开，合规管理体系的搭建将是央企国企未来 1~2 年内依法治企的重要工作，合规管理将成为企业的一项持续的管理工作。

任何一项管理工作的开展都始于一个管理体系的搭建，《央企指引》第 4 条规定的建立健全合规管理体系的原则，对企业搭建全面合规体系具有普遍适用性，即一个全面的合规管理体系应覆盖企业各业务领域、各部门、各级子企业和分支机构、全体员工，贯穿决策、执行、监督全流程；应明确企业各层级和各岗位人员的合规责任并督促有效落实；应有独立客观履行职责的合规管理牵头部门，并确立机制保障合规管理牵头部门与其他部门的协同联动，确保合规管理体系的有效运行。

基于上述原则，搭建全面合规管理体系的主要事项可以归纳为厘清边界、分清职责、统一思想、配置资源、分步布局。笔者结合 10 余年金融业合规管理实务经验及近年为央企提供合规服务的思考，对合规管理工作的启动——

---

* 杨洁合伙人。

合规体系搭建阶段应阐明的部分重点问题进行如下归纳和探讨。

一、厘清边界

应国务院国资委的要求，全面风险管理及内部控制的工作在央企基本上已建立管理体系，合规管理同为“风险导向”性管理工作，建立合规管理体系当务之急要明晰的是合规管理的边界问题。通俗地说，“合规管理”中“合规”是内容，“管理”是过程，目的是防范“合规风险”发生而带来的财产和声誉损失。《央企指引》出台前，我国金融企业和众多外资跨国企业已形成较为完善的合规管理体系，“合规”的范围不论在合规管理相关的监管法规、行业标准中如何表述，归根到底指的是违反后可能遭受法律制裁、监管处罚，出现财务损失及声誉损失的法律、规则和准则。合规风险来源于人的行为。因此，合规管理本质上是一种对操作（运营）风险的管理。

为了方便理解，本文从不同维度对合规管理与全面风险管理、内部控制进行区分，如表 1 所示。

表 1　合规管理与风险管理、内部控制的区别

	区别			与合规管理的交叉
	管理目的	管理范围	管理过程	
全面风险管理	实现企业风险管理的总体目标	各类风险，包括战略风险、市场风险、操作（运营）风险、流动性风险、声誉风险等	各类风险的识别、评估、处置、监控、报告等全过程	合规管理应与全面风险管理在管理目标和过程上协调统一
内控管理	提高经营效率、充分有效地获得和使用资源，实现既定管理目标	企业各业务职能项下的制度、流程。从风险范畴理解，管理的是识别和评估为可控的操作（运营）风险	识别制度、流程的控制缺陷并持续完善的过程	内部控制的功能是优化制度流程，与合规功能并无明显的交叉。从风险管理角度，两者在可控合规风险的处置时需要协调合作

续表

	区别			与合规管理的交叉
	管理目的	管理范围	管理过程	
合规管理	实现企业合规风险管理的目标	操作（运营）风险中的合规风险	合规风险的识别、评估、处置、监控、报告等全过程	/

综上，合规管理是全面风险管理体系内对特定风险的管理，因此，在搭建合规管理体系时在职能设置、报告、考核等方面需要与企业现有的全面风险管理体系相协调。内部控制虽然具有风险管理功能，但其目的不是仅做风险管理，而是实现企业既定的管理目标，内部控制与合规管理是两个相对独立的体系，两者在具体职责的履行过程中存在一定的交叉合作。

二、分清职责

合规管理的边界划分是合规管理体系搭建时应考虑的宏观问题，而合规管理的职责设置则是合规管理体系搭建首要考虑的微观问题。

（一）合规管理应由谁来实施？合规管理的职责应如何在企业内部进行设置？

“合规人人有责”是国际通行的一项合规管理基本原则，即企业董事会、监事会、高级管理层和全体员工均是合规管理的实施者，各自承担职责范围内的合规职责。《央企指引》规定的全面覆盖原则正是该合规管理原则的体现。

关于合规管理职责的设置，风险管理领域的“三道防线”理论是目前合规管理职责设置普遍适用的理论。“三道防线”指各部门和分支机构履行合规管理的第一道防线职责，对其职责范围内的合规管理负有直接和第一位的责任；合规管理部门和合规岗位履行合规管理的第二道防线职责，向公司各部门和分支机构的业务活动提供合规支持，组织、协调、监督各部门和分支机构开展合规管理各项工作；内部审计部门履行合规管理的第三道防线职责，定期对公司的合规管理流程及各项风险控制程序和活动进行监督。《央企指引》第二章规定的合规管理职责同样遵循了“三道防线”理论。

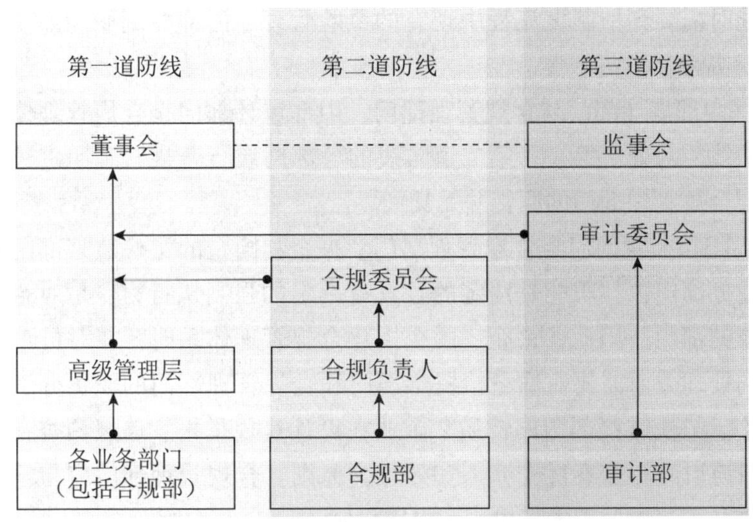

图 1　合规管理的“三道防线”

（二）合规管理部门与法务、风险管理部门、内部控制部门、内部审计部门、纪检监察部门的职责如何划分？

（1）法务与合规管理部门。法务是第一道防线的具体业务部门，负责根据业务部门的需求提供法律相关的建议和支持，并不具有牵头管理企业法律风险的职责。在尚未建立合规管理体系的企业中，法务部门承担了一部分第二道防线的合规风险管理职责，但并不全面且未成体系。因此，企业搭建合规管理体系时，应将目前法务部门承担的第二道防线管理职能识别并转移至合规管理部门。

（2）风险管理部门、内部控制部门与合规管理部门。风险管理部门、内部控制部门与合规管理部门分别是全面风险管理、内部控制和合规管理三个功能体系的牵头管理部门，属于各自体系内的第二道防线部门，在其他体系内则履行其职能范围内的第一道防线职责。例如，内控部门在合规管理体系中履行的是第一道防线的合规管理职责，保证其部门履行职责时不违反应遵守的各项合规要求。由此可见，合规管理体系中，三个部门的职责界限并不模糊，合规管理部门的职责应在企业的合规管理基本制度中明确规定，而风险管理部门和内部控制部门的合规管理职责则在其部门职责中予以增加。同时，鉴于三大功能均具有风险管理性质，在特定业务制度和流程中嵌入合规管理职能时需要评估制度流程中现有的风险管理、内部控制职能如何与合规管理职能协调合作。

（3）内部审计部门与合规管理部门。内部审计部门是合规管理体系内的第三道防线，对处于第一、第二道防线的各部门履行合规管理职责进行独立审计，与合规管理部门的职责并无交叉。

（4）纪检监察部门与合规管理部门。央企、国企的纪检监察部门独立于企业的业务部门，其职能是法定的且具有一定的强制执行力，是对企业进行独立监督的部门。因此，央企、国企搭建合规管理体系时，在对员工违纪违规行为的处理方面需要明确纪检监察部门和合规管理部门的职责分工与协调机制。鉴于纪检监察部门的性质，企业在设计违规举报、违规调查、违规处置流程时应以纪检监察优先介入和处理为原则，合规管理部门应与纪检监察部门建立员工违规处理内部协作和保密机制。

综上，明确合规职责是合规管理的基础和保障，只有各职能部门各司其职、协调合作，才能保障合规管理体系有效运作。因此，设置合规管理职责时，不仅需要在企业合规管理基本制度中明确董事会、监事会、高级管理层、合规管理部门、各业务部门和内部审计等职责，还需要在重点业务流程制度嵌入合规管理职能时就特定事项明确各相关职能部门的职责和协作机制。

三、统一思想

合规管理是一项全面覆盖企业各层级、各部门和所有员工的管理体系，本质是对人的行为的管理。所有管理制度的实际效果都取决于人的执行，管理意识的统一是实施管理体系的前提，那么，如何使公司上下在实施合规管理的意愿和对合规要求的认知上达成统一？

合规管理是一项需要自上而下推行的工作。“合规从高层做起”是合规管理的另一项基本原则，即公司董事会和高级管理人员应当对公司倡导的道德准则和价值观给予坚定、明确、清晰且积极的支持，践行和推行主动合规、合规创造价值等合规理念。《央企指引》中“把加强合规管理作为企业主要负责人履行推进法治建设第一责任人职责的重要内容”就是该原则的体现，银保监会颁布的合规管理相关规范性文件中亦明确规定了该原则。

搭建和推行合规管理体系，首先，应获得董事会和高级管理层的坚定支持，如在启动合规体系搭建时即成立由公司高级管理层组成的合规管理推进工作领导小组；由公司一把手组织召开合规管理体系建立动员大会，传达公司的合规管理意愿；在公司董事会层面确定公司合规管理方针及目标，并在董事会批准的公司合规管理基本制度中明确规定等。

其次，合规管理意识和对合规要求的认知需要持续的宣导，以便所有人员始终对公司的合规方针和目标保持正确的理解，并掌握符合要求的各项合规技能。因此，在合规体系搭建阶段，公司应制定并实施合规管理的培训计划，培训应覆盖公司所有层级、所有部门人员，培训内容应包括合规管理理念、公司基本合规制度、公司各项合规要求、合规管理技能等，以普及和推广公司合规管理理念与要求，统一全员思想。

四、配置资源

合规管理部门是企业建立合规管理体系的牵头部门，负责此项工作的总体协调、推进和落实。任何体系的建立都需要合理的资源配置作为必要保障，那么，搭建合规体系需要配置哪些必要资源？

首先，合规负责人的任命及合规管理部门的设立是搭建合规体系的人力保障。关于合规负责人，《央企指引》中规定“中央企业相关负责人或总法律顾问担任合规管理负责人”，合规负责人可专职亦可由高级管理人员兼任，但在合规管理实务中，合规负责人因其承担的监督职责，应避免兼管财务、业务、内部审计等与合规管理存在职责冲突的部门。关于合规管理部门，企业根据规模和现有管理架构，可以设立独立的合规管理部门，或在现有的风险管理部门、法律部门中设立独立的合规管理处室。合规管理部门（处室）和合规岗位的独立性应予以确保，对其实行独立预算和考评。同时，企业应根据自身情况，考虑在分支机构设立专职或兼职的合规部门或合规岗位，兼职的合规管理部门和岗位亦应独立于业务、财务及内部审计等可能与合规管理存在职责冲突的部门和岗位。此外，为更有效地与各业务部门进行合规管理的协作，可以在各业务部门设置兼职的合规协调员，由其配合合规管理部门/岗位执行所在业务部门的合规管理工作。

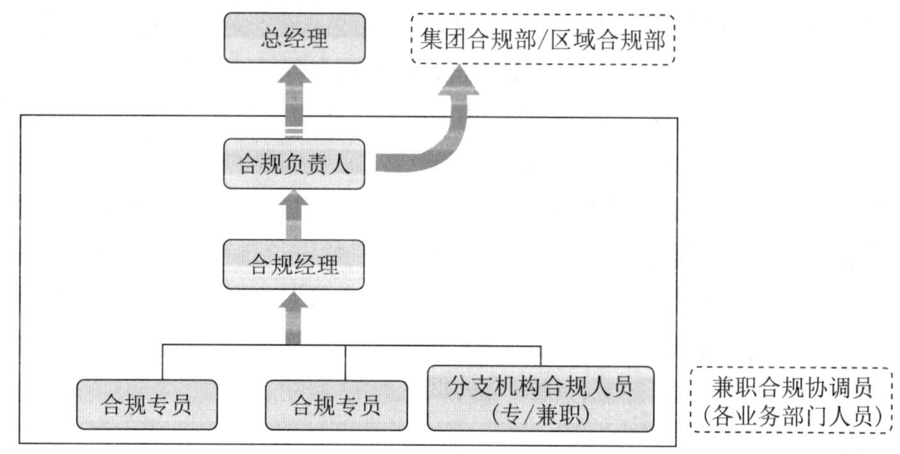

图 2　合规管理部门组织架构

其次，外部顾问、咨询机构提供的专业支持和技能培训是搭建合规管理体系的重要物力保障。合规体系搭建是一项专业性强的复杂工作，需要牵头部门及人员有战略规划、组织和项目管理、合规管理专业技能等复合能力。除合规管理人员的自身经验储备外，引入富有合规管理经验的外部律师、咨询机构可以为合规管理体系搭建的全过程提供如下专业支持，以提高合规管理体系搭建的效率和效果：(1) 协助为体系搭建进行整体规划；(2) 协助评估和制定具体的实施方案；(3) 协助评估和制定合规管理制度和流程；(4) 为体系搭建过程中的问题提供建议；(5) 协助开展各类内部合规培训；(6) 为合规管理部门人员的技能培养提供支持和培训。

综上，合规管理体系搭建前，企业应为该项工作制定独立的人力和财务预算，以保证该项工作开展所需的必要资源。

五、分步布局

除非监管法规有明确的规定，企业在搭建合规管理体系的方式、范围、时间安排、步骤等方面均具有自主权。合规管理体系搭建的主要困难往往在于企业管理层及各业务部门对合规管理工作的重视和认知、企业现有风险管理体系、内控等管理体系与合规管理体系的协调、合规管理对重点领域现有业务制度和流程的调整、合规管理体系在企业母子公司或总分公司之间的落实等。那么，哪种方式有利于企业相对顺畅地进行合规体系搭建工作？

对于单个企业来说，在总分公司同步启动合规管理体系的搭建，以总公司集中部署，分公司相应落实各项安排的方式进行推进，有利于保持公司整体管理的一致性，提高工作的推进效率。合规管理体系的覆盖范围可以分步推进，先进行总分公司全面的合规管理组织的搭建和运作机制的建立、合规管理基本制度的制定，再挑选部分重点业务领域嵌入合规管理流程，并逐步实现合规管理全面覆盖。

对于企业集团来说，首先在集团总部完成合规管理组织的搭建和合规管理基本制度的制定，并向集团内所有子公司发布，作为此项工作的启动，再在总部逐步完善合规管理组织运作机制并选取部分重点领域嵌入合规管理流程，同时挑选一至两家业务结构相对清晰，管理较为完善的子公司先行试点，并根据积累的经验逐步推进合规管理的全覆盖。

上述分步布局的方式有利于集中资源，及时总结、优化和解决推进中遇到的问题，少走弯路；有利于积累经验、储备及培养专业队伍；有利于通过试点案例的总结和宣导，提升企业整体的合规意识，减少工作推进的阻力。在企业对合规体系搭建的时间安排和部署有较大自主权的情况下，该种分步布局的方式将是相对顺畅的一种路径。

合规管理体系的搭建是一项非常复杂、持久的工作，本文仅尝试对具有一定普遍性的问题和方法进行探讨与总结。合规管理体系搭建工作的具体开展需要先根据企业自身的管理偏好、治理现状、企业文化、机构规模、行业领域等因素进行具体的调研、评估、分析，然后进行决策和部署。

《促进和规范数据跨境流动规定》解读及影响展望

黄春林*

为了贯彻中央经济工作会议有关精神，落实国务院外资24条等政策精神，经广泛征求社会各界意见并认真听取各部委、地方、行业及业内专家意见，2024年3月22日，国家网信办终于正式发布了业界翘首以盼的《促进和规范数据跨境流动规定》（以下简称《数据出境新规》）。

结合前期法律适用、监管实践及项目经验，本文解读《数据出境新规》主要内容及影响。

一、《数据出境新规》主要内容解读

本文结合我国数据出境立法与监管的历史沿革、前期安全评估与备案实践，以及各界在《规范和促进数据跨境流动规定（征求意见稿）》（以下简称《征求意见稿》）发布后的主要关切及建议，解读主要内容如下：

（一）补齐了"第四条路径"，豁免了部分场景的三类责任，降低了企业合规成本

《个人信息保护法》第38条规定了四种数据出境路径，《数据出境新规》细化了前三种路径，并明确了下列场景的豁免路径——"第四条路径"：

（1）不包含个人信息或者重要数据的"非监管数据"，本条属于依法本

* 黄春林合伙人。

来就应当豁免的情形。

（2）境外收集和产生的、传输至境内处理且未添附境内监管数据后向境外提供的“来料加工数据”，本条在前期申报实践中即可以豁免申报。

（3）个人合同所必需跨境的，与《征求意见稿》基本一致。

（4）跨境人力资源管理必需跨境的。本条变化比较大，首先对齐了《个人信息保护法》第 13 条的规定，即需要以“依法制定的劳动规章制度和依法签订的集体合同”作为支撑，这需要企业开展相应的劳动合规改进；同时明确必须是“跨境人力资源管理”且满足“确需向境外提供”，因此，根据前期申报实践及监管意见，同时满足前述两个条件的人事子场景、主体身份及字段范围将比较有限。

（5）个人紧急安全必需跨境的，与《征求意见稿》基本一致。

（6）非 CIIO 当年累计跨境一般个人信息（不含 SPI）低于 10 万人的。相较于《征求意见稿》，《数据出境新规》本条标准一松一紧。“松”在将原来的 1 万人提高到 10 万人，“紧”在排除了敏感个人信息及被认定为重要数据的个人信息的适用。此外，本条数量为去重的人头数量，计算周期为当年 1 月 1 日起至评估之日。

（二）提高了安全评估的适用阈值，提高了制度的审慎性、包容性和科学性

此前，由于适用 100 万人的存量标准，导致很多仅传输较少个人信息出境的企业被迫开展安全评估，不仅增加了企业的合规负担，也极大地增加了监管部门的评估负担，各方意见很大。本次《数据出境新规》提高了安全评估的适用阈值，仅规定如下情形需要开展安全评估：

（1）CIIO 出境个人信息的，与旧政策基本一致。

（2）向境外出境重要数据的，与旧政策基本一致。不同的是，《数据出境新规》明确了“依法管理、被动申报”的原则。即《数据出境新规》只解决出境申报问题，不解决识别、申报等问题，后者仍应当遵守所在行业、地区关于重要数据的识别规则、年报申报等管理要求。

（3）当年出境 100 万人+一般个人信息的，与《征求意见稿》基本一致。

（4）当年出境 1 万人+敏感个人信息的。立法部门吸取了征求意见过程中的意见，填补了《征求意见稿》的一个漏洞，回到了《数据出境安全评估办

法》的轨道上。

值得注意的是，不同于旧政策的上一年度起算日期，《数据出境新规》计算周期为当年 1 月 1 日起至评估之日。此外，根据前期项目经验，监管部门明确答复，采用加密、脱敏等措施处理属于去标识化手段而不是匿名化手段，因此，去标识化处理后的个人信息仍是个人信息，应当计算在前述统计范围内。最后，立法部门吸取了征求意见过程中的意见，本条的计算数量可以刨除豁免场景的数量（例如，跨境人力资源管理的数量）。

为此，安全评估适用阈值降档后，只有如下两种情形需要开展标准合同备案或认证：

（1）当年出境 10 万人至 100 万人一般个人信息的。根据前期数据出境项目实践，大多数企业可能会降档到该区间。考虑到当前标准合同备案的审查尺度、备案效率等监管实践，因此新政对绝大多数企业合规负担的降低还是显而易见的。

（2）当年出境 1 万人以内敏感个人信息的。绝大多数企业的人力资源管理子场景、部分主体及部分字段不满足豁免条件的，大概率还是要走标准合同备案路径。

最后，根据前期类似项目经验，监管部门明确，符合《个人信息保护法》第 3 条第 2 款情形，在境外处理境内自然人个人信息符合前述条件的，应当依法开展安全评估或备案。

（三）赋予了自贸区先行先试“负面清单”的权利，为进一步完善制度积累经验

《数据出境新规》明确自贸区可以制定需要开展申报、备案及认证的数据清单，即“负面清单”。负面清单以外的数据出境的，自贸区内数据处理者可以走“第四条路径”，即豁免申报、备案及认证。

但是，本次《数据出境新规》提出两点新增要求，即：

（1）负面清单必须服从国家数据分类分级保护制度框架，意味着重要数据不可能有突破，这对自贸区内的汽车、医药、金融机构的影响较大。

（2）负面清单且仅适用于自贸区内数据处理者，意味着可能将大大影响自贸区负面清单政策的适用性。在此之前，部分自贸区政策草案的适用范围扩大到了“在自贸区内开展的数据出境活动”。

（四）优化了申报程序规定，明确了制度衔接及新旧程序安排

首先，《数据出境新规》将安全评估结果的有效期从 2 年延长至 3 年，自评估结果出具之日（注意不是送达之日）起计算。且，不变化项目到期后不再是重新申报，而是延长评估结果有效期申请，这就实质降低了企业的合规成本。

其次，《数据出境新规》发布后，根据法律变化情况及前期监管实践经验，优化了相关的申报及备案指南，发布了《数据出境安全评估申报指南（第二版）》《个人信息出境标准合同备案指南（第二版）》，并优化了相关的自评估模板文件，例如，安全评估的自评估报告不再要求第三方机构盖章，增加了证明性文件要求，优化了风险评估及评估结论的逻辑结构；此外，标准合同备案的自评估模板也大幅简化了内容要求。后续笔者将结合类似项目经验，另行解读模板变化对申报、备案工作的实质影响。

再次，立法部门吸取了征求意见过程中的意见，提高了申报、备案程序的数字化、信息化程度，再次开通了专门的网站 https：//sjcj. cac. gov. cn。

最后，根据有关监管意见，就新旧制度适用等问题，明确如下：

（1）2024 年 3 月 22 日前已经通过安全评估的，继续有效，不受影响。

（2）2024 年 3 月 22 日前未通过或者部分未通过安全评估，企业可以参照适用《数据出境新规》，要么降档为标准合同备案、保护认证，或者走“第四条路径”。

（3）2024 年 3 月 22 日前已经递交的申报、备案项目，企业可以继续按照原程序进行，也可以申请转档或撤回。此前，部分地方网信办已经通知部分企业撤回了不符合新政条件但已在程序中的安全评估申报项目。

二、《数据出境新规》影响展望

结合近期数据出境合规项目经验，本文解读《数据出境新规》主要影响如下：

（1）《数据出境新规》的出台，旨在传达包容、审慎、科学、便利的制度信号，对于进一步优化外商投资环境、提高数据出境便利性和降低企业合规成本具有积极意义，这也将影响后续项目的申报效率、评估尺度和结果科学性。例如，近期部分项目显示，监管部门认定“必要性标准”时采取了更

加务实的态度。

（2）基于此，《数据出境新规》的正式实施是一个不错的政策窗口期。企业应当充分利用这个窗口期，根据新政适用情况，加快推进评估或备案项目进度；对于那些前期未通过安全评估的企业，可以整改后再次申报安全评估或者降档为标准合同备案，且实践中已经有多个成功的案例。

（3）此外，《数据出境新规》一大主要变化是强化企业的自评估责任。因此，为了应对未来不时变化的政策及执法环境，笔者建议企业即便根据新政无需开展数据出境申报、备案或认证工作的，仍应开展数据出境个人信息保护影响评估或数据出境合规自评估工作，或者在个人信息保护合规审计中强化数据出境合规审计，通过评估/审计工作分析合规差距并整改落地，确保增强告知、单独同意等合规责任落地，确保合规工作留痕，推进“以评促建”，逐步建立和完善数据合规体系。

（4）最后，《数据出境新规》明确规定，强化了事前事中事后全链条全领域监管要求，近年来，网信部门也组建了执法部门，加上《反间谍法》《国家情报法》等叠加影响，企业应当加强数据出境合规常态化管理，建立监管执法调查应对机制，完善相应的风险隔离及保险机制，降低企业及其法定代表人、主要负责人、个人信息保护负责人等的潜在法律风险及责任。

三、中国数据出境立法与监管沿革

整体而言，我国数据出境监管政策经历了理论研究、实践探索、改进完善三个阶段。

（一）理论研究阶段

2017 年《网络安全法》正式实施后，我国数据出境监管政策逐渐浮出水面。随后几年，在组织理论研究和比较分析的基础上，国家网信办相继发布了三版数据出境监管细则并向公众征求意见，紧紧围绕重要数据与个人信息分类监管、安全评估的适用阈值及基本框架、出境协议的主要内容、接收方主要责任等问题，旨在研究符合中国特色的数据出境监管政策，为后续细则出台奠定了理论基础。

（二）实践探索阶段

随着 2021 年《个人信息保护法》的正式实施，我国个人信息及重要数据出境的三条路径（即安全评估、标准合同及认证）逐渐清晰。为此，国家网信办先后发布了《数据出境安全评估办法》《个人信息出境标准合同办法》《关于实施个人信息保护认证的公告》及配套的实施细则、实务指南、模板文档等；地方网信办还开启了专门的咨询窗口并组织了多场政策介绍会。

更为重要的是，在该阶段，国家网信办正式开启了数据出境安全评估、个人信息出境标准合同备案的实践探索，全国范围内开展了数百起数据出境安全评估工作，为后续改进完善我国数据出境监管政策积累了宝贵的实践经验。当然，该阶段也暴露出一些新问题，地方及业界提出了一些改进意见及建议。

（三）改进完善阶段

为了回应各界关切及建议，进一步优化外商投资环境，提高我国数据跨境流动管理机制的便利性，国务院及时发布了外资24条等政策，随后国家网信办开展了多场政策沟通会和行业调研会，先后发布了一系列政策旨在改进和完善我国的数据出境监管政策。同时，近段时间以来，评估及备案的程序效率大大提高，相关尺度更加明确统一，评估理由更加透明具体，评估及备案结果的审慎性、包容性和科学性也在不断改进完善。

《数据出境新规》的正式出台，降低了企业的数据出境合规成本，有效平衡了促进数据合理利用与有序自由流动的制度价值，代表着我国数据出境的法律体系基本成型，监管实践日趋成熟。

企业如何开展数据规范化建设落地之实务指引

王小敏*

企业数据规范化管理体系建设是一项系统化的工程，涉及企业高层管理人员等自上而下的全面认知和企业相关部门之间的资源协作与配合，不仅要有清晰的数据规范化管理目标和实施计划，还要遵循事先设定的科学合理的规范化管理目标和计划，切实有效地开展实际落地执行工作，将数据规范化管理贯穿整个企业内部的管理和业务流程。

对广大企业的数据规范化管理部门或数据规范化管理负责人来说，想要构建有效的管理体系，在前期数据规范化管理目标和计划制定完成之后，下一步该如何落地实施和执行将是最重要的课题，也是企业在法规与监管日益趋严的形势下不得不认真面对的工作，这也是企业数据规范化管理实务当中最难的一环。

为高效开展数据规范化管理实务落地工作，本文建议企业可以从数据盘点、数据分类分级、风险识别、专项整改、培训等方面入手，逐步推进企业相关数字产品和业务满足我国数据规范化管理相关法规、标准及监管要求，以保障数据安全和业务连续性。

一、数据盘点

数据盘点即数据资产盘点，数据资产是相对实物资产而言的，是企业或组织从其设立到运营过程中产生或控制的，能给企业或组织带来相关经济利益或竞争优势的一切数据资源，包括企业的生产经营数据、财务数据、销售数据、人力资源数据、供应商及客户数据、用户或消费者数据等，数据不限

---

* 王小敏合伙人。

于电子形式记录的，也可以是其他形式记录的。可以说，数据资产是数字经济时代企业重要的资产之一。

当今时代，互联网、物联网、5G、人工智能等数字技术高速发展，任何一家企业都会沉淀或积累大量的数据，不论其是传统的生产制造企业，还是互联网基因的数字化企业；也不论其是面向 ToB 业务的服务型企业，还是面向 ToC 领域的消费型企业。在数字经济时代，企业往往对自身的数据资产缺乏清晰全面的了解，仅知道自己拥有大量数据，但不知道拥有的到底是些什么数据，是结构化数据还是非结构化数据，是生产经营数据，还是用户个人信息数据等，也不清楚各类型数据的数量到底有多少。

因此，进行数据盘点是企业对自身数据资产进行管理和开发利用的前提，也是企业开展后续数据合规工作的重要基础。也就是说，企业要做数据资产管理或者对数据进行开发利用，或者要进行数据合规体系建设，首先必须清楚自己拥有或控制有什么样的数据。

企业应结合自身所处特定行业、业务范围与类型、商业模式、产品与服务链条等，对企业生产经营或运营过程中产生或控制的数据，进行系统的自查和梳理，摸清自身企业的数据资产现状，以及可能存在的缺陷或问题。

首先，企业应根据自身情况科学合理地设定数据盘点范围，如果企业愿意投入足够的成本或资源，最好是对企业进行全面的数据盘点。如果成本或资源有限，那么可以在企业的核心业务或重要业务范围内进行数据盘点。其次，企业应确定数据盘点的人员，由谁来执行数据盘点的工作往往会影响数据盘点的效果和质量。通常，企业内部的 IT 管理人员或网络安全人员是最佳人选，如果没有相关技术人员或相关技术人员不够，也可以安排相关业务人员负责实施，必要的时候还可以聘请外部专业机构或团队协助。

确定数据盘点范围及人员后，接下来就是具体进行盘点工作了。可以通过人工与相关自动化工具或技术相结合，提升数据盘点的整体效率，同时保障盘点的质量，避免数据盘点耗费大量人力、物力后却达不到预期的效果或成果。

二、数据分类分级

企业数据盘点与数据分类分级密不可分，企业可以根据自身数据梳理和盘点情况，按照科学合理的维度进行数据的分类和分级，以便全面掌握自身的数据资产现状和管理数据资产，并按照数据分类分级情况采取相应的数据安全保护措施和合规动作，这也是企业建立数据合规体系的重要步骤。

我国《数据安全法》对数据分类分级提出了明确要求，第 21 条规定国家建立数据分类分级保护制度，根据数据在经济社会发展中的重要程度，以及一旦遭到篡改、破坏、泄露或者非法获取、非法利用，对国家安全、公共利益或者个人、组织合法权益造成的危害程度，对数据实行分类分级保护。虽然法律提出了数据分类分级保护的原则性要求，但是具体如何进行数据的分类分级，目前仍是行业实践中的难点和痛点。在国家或有关部门制定出台具体的实施细则之前，企业可根据现行法律法规，并结合自身业务和特定行业背景，参照国家标准或某些特定行业的行业标准或指南（如金融、电信、证券期货、网络等），先行先试，探索出一套或多套既满足法规要求又适合自身企业现状的数据分类分级方法。

比如，根据我国《数据安全法》《个人信息保护法》《网络数据安全管理条例（征求意见稿）》《网络安全标准实践指南——网络数据分类分级指引》《信息安全技术　网络数据分类分级要求（征求意见稿）》等相关法律法规和标准指南，企业可以按照数据的重要程度、类型、影响等进行分类。总体上，根据数据一旦遭到篡改、破坏、泄露或者非法获取、非法利用，对国家安全、公共利益或者个人、组织合法权益造成的危害程度，可将数据等级按照从低到高的顺序分为一般数据、重要数据、核心数据三大维度，然后分别对各个维度的数据采取相应的安全技术措施和保护策略，制定相应的合规政策与制度。

表1　我国数据分类分级

一般数据	是指一旦遭到篡改、破坏、泄露或者非法获取、非法利用，可能对个人、组织合法权益造成危害，但不会危害国家安全、公共利益的数据〔1〕
重要数据	是指一旦遭到篡改、破坏、泄露或者非法获取、非法利用等，可能危害国家安全、经济运行、社会稳定、公共健康和安全等的数据，〔2〕具体范围和识别可参照国家有关标准和重要数据识别指南。《网络数据安全管理条例（征求意见稿）》和《网络安全标准实践指南——网络数据分类分级指引》中把“重要数据”定义为“一旦遭到篡改、破坏、泄露或者非法获取、非法利用，可能危害国家安全、公共利益的数据”〔3〕
核心数据	关系国家安全、国民经济命脉、重要民生、重大公共利益等数据属于国家核心数据，实行更加严格的管理制度。〔4〕《网络数据安全管理条例（征求意见稿）》和《网络安全标准实践指南——网络数据分类分级指引》中将“核心数据”定义为“关系国家安全、国民经济命脉、重要民生和重大公共利益等的数据”〔5〕

数据分类是非常复杂的技术性工作，可以具有多种维度和视角，企业应结合自身数据利用和管理的目的等进行具体分类。比如，企业根据自身数据资产的实际情况，参照国标《信息技术　大数据　数据分类指南》（GB/T 38667—2020）开展数据分类工作，该国标提供了大数据分类过程、分类视角、分类维度和分类方法等方面的建议与指导，具有一定的参考价值。〔6〕

在数据分类基础上，可根据企业数据敏感度或重要程度以及数据泄露后对国家安全、民生经济、社会秩序、公众利益和企业经营管理造成的影响及危害程度，对企业的数据资产进行分级。数据分级更多是从数据安全角度来考虑的，行业实践中通常根据企业所属行业以及数据的敏感程度或安全影响的大小，从高到低分为3至5个级别不等，具体分级的方式方法可参照某些特定行业的相关标准和指南。

---

〔1〕《网络安全标准实践指南——网络数据分类分级指引》第2.4条。

〔2〕《数据出境安全评估办法》第19条。

〔3〕《网络数据安全管理条例（征求意见稿）》第73条；《网络安全标准实践指南——网络数据分类分级指引》第2.2条。

〔4〕《数据安全法》第21条。

〔5〕《网络数据安全管理条例（征求意见稿）》第73条；《网络安全标准实践指南——网络数据分类分级指引》第2.3条。

〔6〕《信息技术　大数据　数据分类指南》第3.3—3.7条。

我国目前在金融、证券期货、基础电信、工业等少数重点行业以及政府政务数据方面，都出台有相关数据分类分级的行业标准或指南，如《金融数据安全 数据安全分级指南》（JR/T 0197—2020）、《证券期货业数据分类分级指引》（JR/T 0158—2018）、《基础电信企业数据分类分级方法》（YD/T 3813—2020）、《工业数据分类分级指南（试行）》、浙江《数字化改革 公共数据分类分级指南》（DB33/T 2350—2021）、贵州《政府数据 数据分类分级指南》（DB52/T 1123—2016）等，尤其是金融行业和工业数据的分类分级标准或指南，对其他企业的数据分类分级工作有着较大的示范作用和借鉴意义，还在征求意见阶段的《信息安全技术 网络数据分类分级要求》也具有一定参考价值。

以工信部的《工业数据分类分级指南（试行）》（以下简称《指南》）为例，《指南》分总则、数据分类、数据分级、分级管理共 4 章 16 条，适用于工业和信息化主管部门、工业企业、平台企业等开展工业数据分类分级工作。其所指的工业数据是工业领域产品和服务全生命周期产生与应用的数据，包括但不限于工业企业在研发设计、生产制造、经营管理、运维服务等环节中生成和使用的数据，以及工业互联网平台企业（以下简称平台企业）在设备接入、平台运行、工业 App 应用等过程中生成和使用的数据。[1]

《指南》将工业数据分为两大类（工业企业工业数据和平台企业工业数据），其中，工业企业工业数据分类维度包括但不限于研发数据域（研发设计数据、开发测试数据等）、生产数据域（控制信息、工况状态、工艺参数、系统日志等）、运维数据域（物流数据、产品售后服务数据等）、管理数据域（系统设备资产信息、客户与产品信息、产品供应链数据、业务统计数据等）、外部数据域（与其他主体共享的数据等）；平台企业工业数据分类维度包括但不限于平台运营数据域（物联采集数据、知识库模型库数据、研发数据等）和企业管理数据域（客户数据、业务合作数据、人事财务数据等）。[2]

在数据分级方面，《指南》根据不同类别工业数据遭篡改、破坏、泄露或非法利用后，可能对工业生产、经济效益等带来的潜在影响，将工业数据分为一级、二级、三级 3 个级别，并对各个级别适用的条件进行了列举。结合

---

〔1〕《工业数据分类分级指南（试行）》第 2 条和第 3 条。
〔2〕《工业数据分类分级指南（试行）》第 6 条和第 7 条。

工业数据分级情况，企业分别采取相应的安全保护措施，其中，针对三级数据采取的防护措施，应能抵御来自国家级敌对组织的大规模恶意攻击；针对二级数据采取的防护措施，应能抵御大规模、较强恶意攻击；针对一级数据采取的防护措施，应能抵御一般恶意攻击。[1]

三、风险识别

在做好数据资产盘点和数据分类分级基础工作之后，风险识别将是企业推进数据规范化建设的重要环节，也是企业规避风险，进行整改的前提。风险识别不是最终目的，而是便于后续针对企业各个阶段或场景面临的不同风险，采取相对应的有效整改措施，构建数据规范化管理与建设的流程和体系。

风险的识别包括民事风险识别、行政风险识别、刑事风险识别，贯穿企业数据全生命周期（收集、存储、使用、加工、传输、提供、公开、删除或销毁），涉及企业的商业模式、产品设计开发、内部运营管理、外部合作等多个阶段或场景。

各个阶段或场景中企业均应确保数据处理活动的安全与合法合规，在确保商业模式合法合规的前提下，重点围绕数据全生命周期的安全与合法合规进行风险识别，包括识别出数据在收集、存储、使用、加工、传输、提供、公开、删除或销毁等各个环节面临的法律和合规风险，以及相应的安全风险，特别是在数据收集、使用、加工、提供等环节，不仅要确保企业自身（数据控制者或处理者）遵循法律法规的规定，还要确保数据合作的第三方（如数据提供者或加工者或处理者）遵循法律法规的规定，不得触碰法律红线和合规禁区；在数据存储、传输、公开等环节，企业应特别注意加强数据安全保护措施，通过匿名化、去标识化、差分隐私、同态加密、隐私计算等技术手段，确保数据的安全，避免发生数据泄露、窃取等安全事件。

如果企业业务涉及海外或服务面向全球，还应识别海外相关国家或地区的数据法律风险和合规风险，特别是欧盟 GDPR（《通用数据保护条例》）、美国 CCPA、COPPA 等法案的相关要求。目前，全世界已有 100 多个国家或地区颁布了数据保护或个人信息保护方面的专门法律，业务涉及这些国家或

〔1〕《工业数据分类分级指南（试行）》第 8 条和第 14 条。

地区的企业，还应特别注意识别当地法律的一些特殊规定，如俄罗斯的数据本地化存储等要求。因此，在企业条件允许的情况下，建立国内和国外两套数据合规风险识别机制或体系，对出海企业或跨国企业来说尤为重要。

数据合规风险识别需要结合相关的法律法规、标准指南和监管实践要求来进行，准备和制作相应的合规要素清单，根据合规要素清单对数据全生命周期各环节一一进行尽调核查，识别出相关环节或阶段存在的风险触发点或漏洞，并做好相应的风险识别标记。对识别出的风险按照法律后果的严重程度进行相应的分类分级，如按照可能引发的民事风险、行政风险、刑事风险设定相应的风险等级，并形成书面合规风险评估报告或清单。

以国内 App 个人信息保护合规风险识别为例，可结合我国现行的《网络安全法》《数据安全法》《个人信息保护法》《电子商务法》《未成年人保护法》等法律，以及《儿童个人信息网络保护规定》《App 违法违规收集使用个人信息行为认定方法》《关于开展纵深推进 App 侵害用户权益专项整治行动的通知》等工信部、网信办等相关部委的行政法规或部门规章或规范性文件，《个人信息安全规范》等国家标准或指南，进行个人信息的合规要素清单设计和风险识别，对识别过程中发现的重大合规风险进行标记，划分相关风险等级程度和处理优先级，形成书面合规风险评估报告，以便后续对相关风险标记按照报告进行重点整改。

数据合规风险识别不仅是人工劳动，还应尽可能地采用各种自动化检测工具，提高数据风险识别效率和有效性、全面性，覆盖人工识别无法触及的更深层次的风险或漏洞，弥补人工风险识别的局限与缺陷。以 App 合规检测为例，单纯的人工检测不仅无法有效识别 App 后台权限可能存在的合规风险，如超范围收集用户个人信息、频繁过度索取用户权限等，也无法满足企业数量庞大的产品合规检测需求。因此，善用自动化系统或技术工具是识别企业数据合规风险的有效途径和必备手段。

四、风险整改

风险整改与风险识别密不可分，风险识别完毕后，企业就应制订相应的整改计划并按计划启动具体的整改工作，对照风险评估报告将前期风险识别阶段发现的各种数据违法违规风险，分阶段、分批次一一进行整改，以使企业的业务运营和数据处理活动达到合法合规状态。

风险整改涉及企业的业务、产品、技术、管理甚至商业模式等多个方面，需要企业内部多部门联动，不是仅靠法务或数据合规某一个部门就能单独完成，而是需要业务、技术、安全等其他部门人员相互配合，共同协作推进。因此，整改工作只有由法务或数据合规部门牵头主导，同时必须加入安全、技术、业务等其他部门人员，以及取得企业高层领导的支持，由高层调配相关部门人员与资源，才能确保整改工作顺利实施和整改措施落实到位。否则，将会极大地影响整改效率，增加整改成本，甚至可能导致整改工作无法正常推进。

风险整改要按照计划逐步进行，结合风险紧急程度设置整改优先级，分阶段、分批次推进，优先解决风险程度高、执法监管严的合规风险点，以尽可能早地降低企业数据不合规可能导致的行政处罚、刑事责任等风险，这也有利于企业将有限的资源或力量集中投入最紧迫、最需要整改的地方，把握好轻重缓急，兼顾规范经营与发展利益相平衡。

风险整改不应只关注企业自身业务或内部合规，还需关注和监督企业的客户或外部合作方或供应商进行整改，通过及时调整和修改与客户或外部合作方或供应商的数据合作协议或数据处理条款，对数据接收方或合作方进行责任义务约束与限制，还可以采取相应措施进行持续监督。例如，发现数据接收方或合作方未按合作协议条款约定，或超出委托处理范围，或违反法律法规处理数据或个人信息的，应立即要求其停止相关行为，并采取有效的补救措施消除企业数据面临的安全和违法违规风险，甚至在必要时还可以解除与数据接收方或合作方的合作关系，并要求其及时返还、删除或销毁获得的企业数据或相关个人信息。

风险整改是一项持续性工作，不是一蹴而就的，也不是解决掉某个问题后就一了百了。企业数据的规范化管理面临的内外部环境随时都可能发生变化，企业数据规范化管理部门或负责人必须及时跟进和识别这些变化，并在风险整改应对工作中及时作出反应和调整。比如，企业内部新产品开发上市或某项产品推出新功能等，都会涉及风险的重新识别与整改应对。而外部环境诸如法律法规的变化、监管的新要求等，都会给相应风险带来新的不确定性。

因此，企业需要充分认识到风险整改是一项日常性工作，要将此工作融入业务流程当中，发现问题随时进行整改。整改完成后，还可以通过数字跟踪技术对数据的使用和变化情况进行实时监控，及时发现违法违规情况，及时启动整改，并降低数据违法违规风险。此外，企业在日常风险整改过程中，还应当密切关注和跟踪数据与个人信息保护相关立法、监管执法、司法判例等方面的动态，根据动态变化及时更新风险识别机制和整改方案。

五、数据合规培训与考核

企业数据规范化管理是一项长期持久的工作，不仅需要有风险识别和整改方面的具体落地实施工作，还需要企业员工具有数据安全和规范化管理意识，特别是企业产品经理、业务或产品开发设计人员、网络或 IT 数据安全人员、商务合作部门人员等，更要具备一定的数据合规与安全意识。

因此，对相关人员进行数据规范化管理培训工作必不可少。至于培训面向的具体人员，企业可以根据自身业务类型、人员组织结构等进行确定，由上至下尽量覆盖尽可能多的员工。企业出于信息安全或业务保密考虑，也可以针对相关特定人员进行小范围的培训或封闭培训。对培训过程中的法务相关人员等也应全程记录并留档，方便以后企业内部开展审计或自查，当发生数据安全或合规事件时，也可以用来回溯追责，或面临政府监管执法时用来作为企业尽到合规义务的免责依据。

培训的目的是增强员工数据安全与数据规范化管理意识，提升相关人员的专业技能水平，从而实现企业整体的数据安全与规范化管理能力水平的提升。所以，除定期或不定期举行数据合规培训外，企业还需结合内部其他培训活动，将数据安全与规范化管理培训融入日常经营管理活动，建立相关的培训机制、人员、课程、手册等，持续地对员工进行相关培训和指导，进一步增强员工的数据安全意识和规范化管理意识，让每个员工都知道数据规范化管理的红线，让数据安全、规范化管理融入企业员工行为规范和企业管理制度当中，最终内化成企业的文化。

通过持续不断地开展定期或不定期培训，也可以提升企业数据规范化管理或法务部门在企业内部的影响力和地位，反过来也有利于数据合规或法务部门后续更好地开展数据合规工作。

最后，企业可以将数据安全与合规遵从纳入企业内部绩效考核管理当中，对数据规范化管理意识及行为遵从积极者进行奖励，对发生数据安全或违规事件的人员进行惩罚，以确保企业数据规范化管理制度和体系的权威性与有效性，保障企业数据规范化管理体系的可持续性和生命力。

全球首部人工智能法案：人工智能监管新纪元

张斯佳[*]

一、欧盟人工智能立法背景及历史沿革

（一）立法背景

继 OpenAI 发布其基于 GPT-3.5（Generative Pretrained Transformer，生成式预训练变换模型）系列大模型的聊天机器人应用 ChatGPT 后，全球人工智能产业研发和创新再次进入迅猛发展期。人工智能在各行各业广泛应用，为环境、健康、公共部门、金融、交通和农业等多个部门带来了广泛的经济和社会效益。然而，新的伦理和法律挑战亦相伴而生，涉及自动决策系统、面部识别技术以及大数据分析等应用的不断增长，引发了社会对这些技术如何影响数据隐私、公平性、透明度、安全和责任的担忧。

在技术日新月异的情况下，人工智能监管成为欧盟的核心关注点。尤其是涉及人工智能在刑事司法、就业市场和社会公平等领域的问题，欧盟加速制定相关法规，以回应社会的期望和需求。欧盟致力于制定人工智能治理规则，旨在平衡技术创新与公民权益之间的关系，实现人工智能与人类伦理在最大程度上的对齐，为人工智能的可持续发展提供明确的法律框架。

（二）历史沿革

自 2016 年起，欧盟就不断探索推进人工智能监管体系的建构。2018 年，欧盟建立人工智能高级专家小组，着手起草人工智能法案。2019 年，欧洲议会发布了一份关于人工智能和数字化的报告，强调了对人工智能伦

* 张斯佳合伙人。

理和法规的迫切需要。该报告提出了一系列建议，包括强调透明度、责任和公正性。与此同时，欧洲各国启动了广泛的公众咨询，征集公众对人工智能法规的看法。2020 年，欧盟委员会发布了《人工智能白皮书》，从卓越生态系统和信任生态系统两个方面建立可信赖与安全的人工智能监管框架。此后，欧盟委员会发布了多项人工智能法规的影响评估、支持研究和提案草案。

2021 年 4 月，《人工智能法案（提案）》正式出台，这是有史以来第一次尝试为人工智能制定横向法规。该法案引入风险分级监管、市场准入制度、监管沙盒等制度，其目的在于应对突出的算法黑箱问题，以确保投放到欧盟市场的人工智能系统及其使用的安全性。在随后的两年内，该法案陆续经过谈判修订，于 2023 年 6 月通过了最终修订草案（以下简称最终修订草案）。最终修订草案进入欧盟委员会、议会和成员国三方的最终谈判协商阶段，最终三方就监管人工智能的里程碑式立法条款达成一致（以下简称终轮谈判）。根据欧盟官方披露，此次终轮谈判对最终修订草案进行了部分实质性修改，包括修改人工智能系统的定义，扩大被禁止的人工智能系统清单，以及对通用人工智能和生成式人工智能模型（如 ChatGPT）施加义务。

本文将在最终修订草案的基础上，融入终轮谈判的相关内容。如经正式发布，该法案成为全球首部有关人工智能监管的法律，为监管 ChatGPT 等生成式人工智能铺设道路。

二、欧盟《人工智能法案》要点探析

（一）法案一览

欧盟《人工智能法案》共计十二章，最为亮眼的是将人工智能系统根据其风险程度划分为四大类，并据此设定针对不同风险等级的具体监管措施，即对人工智能系统进行分级分类监管。

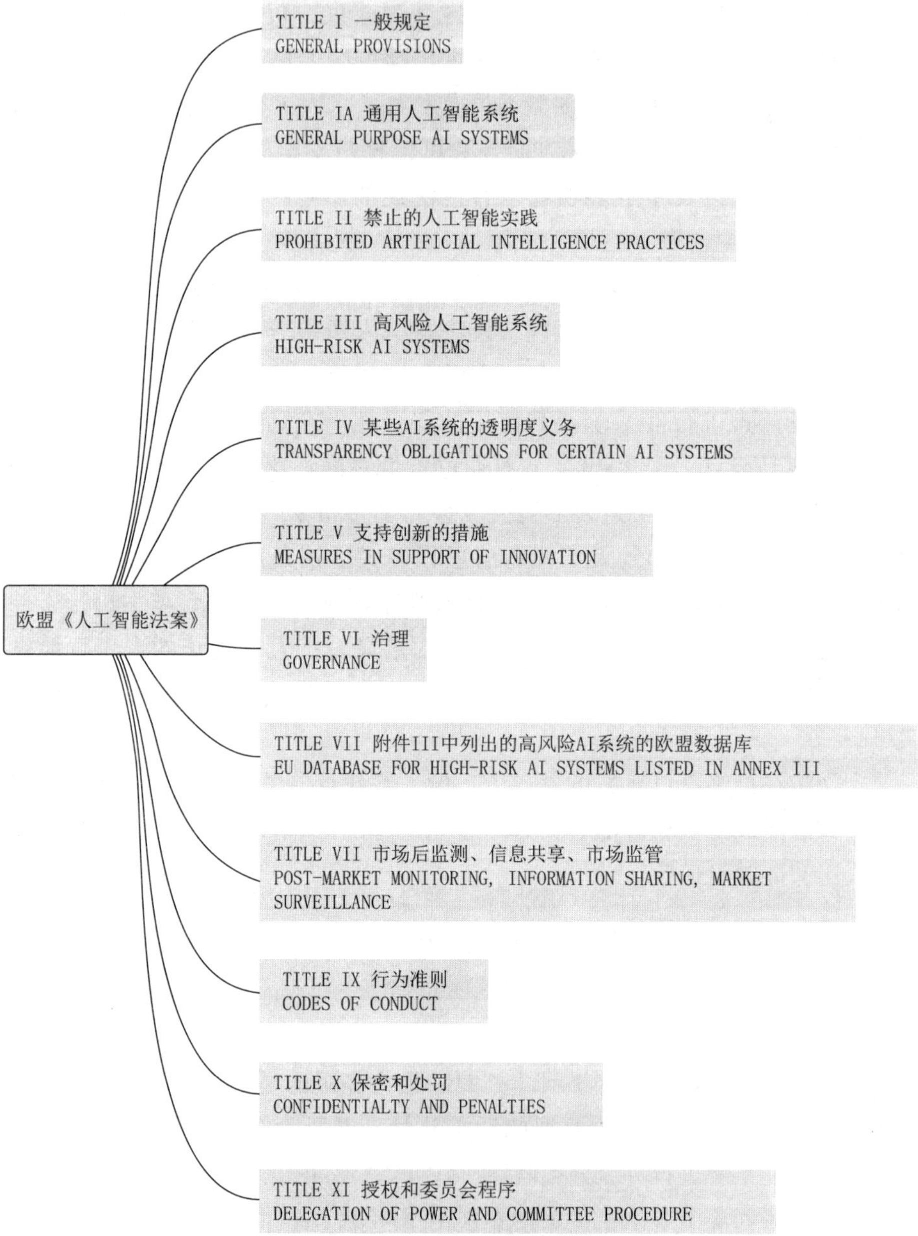

欧盟《人工智能法案》

TITLE I 一般规定
GENERAL PROVISIONS

TITLE IA 通用人工智能系统
GENERAL PURPOSE AI SYSTEMS

TITLE II 禁止的人工智能实践
PROHIBITED ARTIFICIAL INTELLIGENCE PRACTICES

TITLE III 高风险人工智能系统
HIGH-RISK AI SYSTEMS

TITLE IV 某些AI系统的透明度义务
TRANSPARENCY OBLIGATIONS FOR CERTAIN AI SYSTEMS

TITLE V 支持创新的措施
MEASURES IN SUPPORT OF INNOVATION

TITLE VI 治理
GOVERNANCE

TITLE VII 附件III中列出的高风险AI系统的欧盟数据库
EU DATABASE FOR HIGH-RISK AI SYSTEMS LISTED IN ANNEX III

TITLE VII 市场后监测、信息共享、市场监管
POST-MARKET MONITORING, INFORMATION SHARING, MARKET SURVEILLANCE

TITLE IX 行为准则
CODES OF CONDUCT

TITLE X 保密和处罚
CONFIDENTIALTY AND PENALTIES

TITLE XI 授权和委员会程序
DELEGATION OF POWER AND COMMITTEE PROCEDURE

图 1　欧盟《人工智能法案》一览

（二）不同风险层级下人工智能监管思路

法案重点引入了以风险为导向，对人工智能系统实施分级分类监管制度——采用基于风险分析的方法（risk-based approach），提出了四种风险类型的人工智能系统：不可接受风险、高风险、有限风险和极低风险，并针对不可接受风险以及高风险等级的人工智能系统提出了严格的监管措施，同时针对人工智能设计了全生命周期的规制措施，对人工智能系统的开发、市场投放和在欧盟的使用设定了不同的要求与义务。

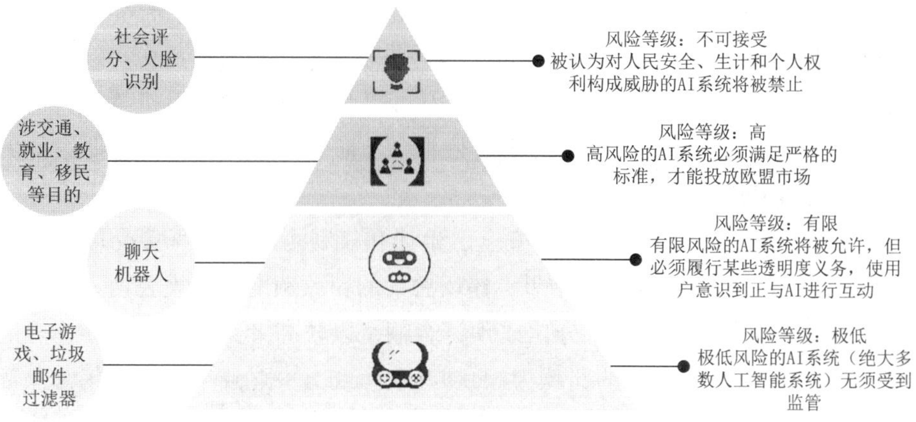

图 2　欧盟《人工智能法案》分级分类监管制度

1. 不可接受的风险（level of risk：unacceptable）——完全禁止

根据欧盟人工智能法案的规定，不可接受的风险包括禁止侵入性和歧视性地使用人工智能。例如：

（1）采用潜意识技术或故意操纵或欺骗技术，使相关人士的行为和能力在被明显损害或实质性扭曲时作出决定（认知行为操纵）。

（2）利用个人或群体可能存在的弱点，特别是在已知或可预测的情形下利用人格特质、社会经济状况、年龄、身体或精神能力，以达到实质性改变个人或群体行为的目的。

（3）将依据敏感或受保护属性（如性别、种族、民族血统、公民身份、宗教、政治倾向）得出或推断出的特征对自然人进行分类并投放市场使用。

（4）进行社会评级（根据人们的社会行为或个性特征进行分类）。

（5）在公共区域使用实时远程生物识别系统。

（6）预测性警务系统（基于分析位置或过去的犯罪行为评估自然人犯罪或再犯罪的风险）。

（7）执法、边境管理、工作场所和教育机构中的情绪识别系统。

（8）从互联网或闭路电视录像中无针对性地抓取面部图像以创建面部识别数据库。

（9）事后远程生物识别系统，但必须为执法必要目的以追踪严重犯罪且得到司法授权后。

在终轮谈判中，谈判的分歧点之一在于，是否应该允许执法部门使用面部识别或其他类型的生物识别技术来实时/回顾性地识别人员身份。这一点在此前公布的最终修订草案中，被列为“不可接受风险”而被严格禁止，但在此次谈判中，该条款最终因打击儿童犯罪、恐怖袭击等严重恶性犯罪案件的理由而得到“执法例外”的部分豁免。

法案禁止了被认为对人们的安全、生计和权利构成“不可接受风险”的某些 AI 实践。根据终轮谈判结果，违反法案的罚款额度为违规公司上一财政年度全球年营业额的一定百分比或预订金额，以较高者为准。其中，违规启用不可接受风险 AI 系统的罚款为 3500 万欧元或上一财政年度全球年营业额的 7%。不过，此次终轮谈判还另外规定了中小型企业和初创企业在违反法案的条款时的行政罚款上限。

2. 高风险（level of risk：high）——需严格符合标准

法案规定的高风险 AI 系统包括：

（1）在欧盟统一立法规制范围内旨在用作产品的安全组成部分或者本身就属于附件二所列的产品，且必须接受第三方符合性评估。[1]

（2）属于附件三所述关键领域的独立系统，且可能对自然人的健康、安全或基本权利构成重大损害风险：

①利用生物识别数据对个体进行推断的系统（除生物识别验证系统外）；

②拟用作公路、铁路和空中交通管理和运营的安全组成部分；

③可能决定人的受教育机会或职业培训；

---

〔1〕 Regulation（EC）No. 765/2008.

④可能影响人的就业、在职管理；

⑤可能影响人的公共援助福利和服务；

⑥评估自然人信誉或进行信用评分；

⑦可能影响人的基本权利的执法活动；

⑧移民、庇护、居留及边境管制管理；

⑨司法和民主程序（如替代性争议解决、选举、大型社交媒体在线平台推荐）。

此外，如果分销商、进口商或用户对一个未被指定为“高风险”的AI系统进行了重大修改，那么该AI系统将自动成为高风险AI系统。

由上述分类可知，欧盟对于“高风险”的划分原则注重对健康、安全、基本权利、民主以及法治的高度保护。在关键领域（如医疗、交通或司法）使用的AI系统，由于伤害风险显著，这些系统将受到严格的合规和安全标准的约束。欧盟目前对于法案中所提出的风险分类的具体方式仍处于斟酌阶段，但从各草案的修改大抵可以看出，欧盟对于人工智能可能带来的算法歧视、算法黑箱等问题，仍持较为谨慎的态度。

高风险AI系统将受一系列新规则的约束，包括：

（1）投放前合格评估要求：高风险AI系统的供应商在将其投放市场或投入使用之前，必须于欧盟委员会管理的数据库系统中进行注册。[1]受现有产品安全法规管辖的人工智能产品和服务都将归入现有的第三方合规性框架（如医疗设备）。目前不受欧盟立法管辖的AI系统供应商必须自行进行合格评估（自我评估[2]），以证明自身符合合规要求，并可使用CE标志。只有用于生物识别的高风险AI系统才需要由“指定机构”进行合格评估。

（2）其他要求：此类高风险AI系统必须遵守一系列要求，特别是风险管理、数据治理、技术文档、记录留存与可追溯性、透明度、人为监督、准确性、稳健性和网络安全（最终修订草案第8~15条）。概括来说，高风险AI系统的提供商、进口商、分销商和部署方必须履行一系列义务。例如，来自欧盟以外的提供商需要在欧盟有一个授权代表，以在需要时进行合格评估，

〔1〕附录III中第1点、第6点和第7点提到的在执法、移民、庇护和边境控制管理领域的高风险人工智能系统，以及附录III第2点提到的高风险人工智能系统除外。

〔2〕自我评估在法案中原文为“conformity assessment”。

建立上市后监测系统，并在必要时采取纠正措施。在终轮谈判中，欧洲议会议员成功地将强制性基本权利影响评估也纳入其他要求中。

（3）面部识别特别要求：除现有的适用立法（如数据保护和不歧视）外，欧盟《人工智能法案》的修改草案还建议引入新的人脸识别技术规则，并根据其“高风险”或“低风险”的使用特征对其进行区分规制。而在终轮谈判中，考虑执法部门的特殊性以及在其重要工作中使用人工智能的必要性，会议同意引入一种紧急程序以允许执法机构在紧急情况下部署未通过合格评定程序的高风险 AI 系统，同时引入了一种确保基本权利得到充分保护、防止人工智能系统被滥用的机制；此外，在进入欧盟市场之前，必须进行合格评定并符合安全要求，以用于执法目的以外的各种人脸识别技术（如边境管制、市场、公共交通、学校等）。

3. 有限风险（level of risk：limited）——需履行透明度义务

法案规定的有限风险 AI 系统大致包括：

（1）与自然人互动的系统（如聊天机器人）。

（2）生物识别分类系统和情绪识别系统。

（3）生成或操纵图像、音频或视频内容的系统。

有限风险 AI 系统将受透明度义务的约束，“透明度”要求确保人工智能系统的开发和运作方式应做到具有一定的可追溯性和可解释性。第一次交互时，系统必须以清晰、可辨的方式通知用户系统运行情况，并确保设计和开发方式能够使用户知晓他们正在与 AI 系统互动。此外，生成或操纵图像、音频或视频内容的系统除要遵守以上规定之外，还需要明确公开内容已被 AI 生成或操纵（“深度伪造”），揭示可能会提供虚假或者不真实的结果。

4. 极低风险（level of risk：minimal）——不干预

针对风险等级为极低的其他 AI 系统，相应主体可依据自由意志部署和使用，无须遵守任何额外的法律义务。但最终修订草案提出可设定非强制性的行为准则，鼓励非高风险 AI 系统的提供商自愿适用高风险 AI 系统的合规要求。

三、出海企业合规指引

首先，欧盟《人工智能法案》所规制的 AI 模型参与者包括：提供商、进口商、分销商和部署方。换句话说，涉及 AI 模型的开发、使用、进口、分销或制造的各方都将一并承担相关责任。基于此，无论是自研还是他方采购，拟出海的企业都应当开始着手调查、评估正在使用和开发的 AI 模型，并将已识别的 AI 模型列入模型库中。

其次，根据我们的理解，基于成本的考量，在实践中，针对不同市场重新训练特有模型的效率不高，因此，企业在特定场景中可能会采用多人工智能系统耦合的方式为客户提供服务。根据法案的规定，所涉人工智能系统可能分属不同的风险等级，因此，出海企业有必要重新定义特定场景下人工智能系统的风险等级，尤其是当高风险与低风险的人工智能系统同时存在时，应采用“木桶原理”，适用更加严格的风险监管规制。

最后，以 GPT-4 为代表的通用 AI（General Purpose AI，GPAI）的界定仍存在争议，其对应的监管力度亦未彻底落实，虽然大语言模型等 AI 基础模型本身并未被纳入“高风险”之中，但学者普遍认为大语言模型等 AI 基础模型即通用人工智能系统需创建一个单独的风险类别，并受制于适合其特征的法律义务和要求，如类似于数字服务法（DSA）下的系统风险监控系统，包括透明度、风险管理和非歧视的义务，如 DSA 的内容调节规则，包括通知和行动机制，以及受信任的标记者。[1]立法者面临的难题是过限的定义必定会限制 AI 技术的革新和发展，而模糊的定义可能导致监管漏洞，无法有效控制风险。我们建议保持对法案的密切关注，在统一的欧盟标准发布之前，可以依靠行业行为准则来遵守合规义务。

---

〔1〕 https://epthinktank.eu/2023/03/31/general-purpose-artificial-intelligence/.

金融与证券

回购型股权对赌的协议履行及纠纷解决

符　标　林泽昕*

一、"回购型股权对赌"的定义及类型

所谓"回购型股权对赌"，是指投资方与融资方在进行股权投资交易并达成股权融资协议时，为了能够解决交易双方对所投资的目标公司未来发展的不确定性以及信息不对称等问题，而在股权融资协议当中所设计的当目标公司出现协议中所约定的情形时，投资方有权要求相关主体以一定的对价将投资方所持有的股权进行回购的相关条款。

关于此类股权融资协议，协议中所约定的可回购情形主要包括：(1) 目标公司无法在约定期限内完成上市；(2) 目标公司无法在约定年度内完成当年度的业绩指标；(3) 目标公司的主要经营业务出现重大变化；(4) 目标公司的创始股东或管理人员在公司经营过程中出现重大个人诚信问题；(5) 目标公司的创始股东或管理人员未勤勉尽责导致公司出现重大损失；(6) 目标公司所承诺的并购或融资计划无法完成等。

关于此类股权融资协议，进行股权回购的主体一般包括：(1) 投资方可要求目标公司进行回购；(2) 投资方可要求目标公司的股东或实际控制人进行回购；(3) 投资方可同时要求目标公司及目标公司的股东或实际控制人进

* 符标合伙人，林泽昕合伙人。

行回购等。

二、“回购型股权对赌”的裁判规则

在司法实践中，关于股权回购所产生的纠纷层出不穷，实务界也多有讨论，此前的“海富案”及“华工案”更是引起学术界和实务界的广泛关注。而关于股权回购条款所涉及的效力及履行问题，最高人民法院在2019年所颁布的《全国法院民商事审判工作会议纪要》（以下简称《九民纪要》）进行了明确的规定和回应。根据《九民纪要》第5条的规定：

【与目标公司“对赌”】投资方与目标公司订立的“对赌协议”在不存在法定无效事由的情况下，目标公司仅以存在股权回购或者金钱补偿约定为由，主张“对赌协议”无效的，人民法院不予支持，但投资方主张实际履行的，人民法院应当审查是否符合公司法关于“股东不得抽逃出资”及股份回购的强制性规定，判决是否支持其诉讼请求。

投资方请求目标公司回购股权的，人民法院应当依据《公司法》第35条关于“股东不得抽逃出资”或者第142条关于股份回购的强制性规定进行审查。经审查，目标公司未完成减资程序的，人民法院应当驳回其诉讼请求。

投资方请求目标公司承担金钱补偿义务的，人民法院应当依据《公司法》第35条关于“股东不得抽逃出资”和第166条关于利润分配的强制性规定进行审查。经审查，目标公司没有利润或者虽有利润但不足以补偿投资方的，人民法院应当驳回或者部分支持其诉讼请求。今后目标公司有利润时，投资方还可以依据该事实另行提起诉讼。

基于该等规定，针对此类股权回购条款的效力及履行问题，《九民纪要》明确了以下两点裁判规则：（1）投资方所签署的股权融资协议当中，要求目标公司在出现约定情形时应当履行回购义务的条款并不当然无效；（2）投资方要求目标公司履行回购义务的请求是否予以支持，取决于目标公司是否已完成减资程序。《九民纪要》第5条之规定不仅为股权融资协议当中的股权回购纠纷的司法裁判提供了明确的指引思路，其所体现的裁判规则也适用于一般意义上的公司股权回购案件。

三、"回购型股权对赌"的履行方式

（一）履行减资程序的具体流程

自《九民纪要》第 5 条确立投资人与目标公司对赌的裁判规则后，"回购型股权对赌"是否能够履行最为关键的一环即为目标公司是否已履行了相应的减资程序，而是否履行减资程序属于目标公司的意思自治范畴，由目标公司股东会进行决策。因此，当目标公司在公司经营过程中出现了股权融资协议所约定的回购情形时，投资方应当首先要求目标公司履行相应的减资程序，具体步骤如下：

1. 由董事会制定减资方案

根据《公司法》第 67 条第 2 款之规定，"董事会行使下列职权：……；（五）制订公司增加或者减少注册资本以及发行公司债券的方案……"因此，当投资方要求目标公司履行减资程序时，首先应当由董事会制定具体的减资方案，包括减资的数额，各个股东具体的减资比例，已出资的返还日期等具有可执行的具体减资方案。

2. 召开股东会会议

根据《公司法》第 62 条之规定，股东会会议分为定期会议和临时会议。定期会议应当依照公司章程的规定按时召开。代表十分之一以上表决权的股东、三分之一以上的董事或者监事会提议召开临时会议的，应当召开临时会议。根据《公司法》第 64 条之规定，召开股东会会议，应当于会议召开十五日前通知全体股东；但是，公司章程另有规定或者全体股东另有约定的除外。因此，在召开董事会制定减资方案时，应当由董事会同时确定股东会会议的召开时间，并在股东会会议召开前十五天向全体股东进行书面通知。或者董事会无法通过减资方案时，可由投资方（代表十分之一以上表决权的股东）自行提议召开股东会会议并提交减资方案。

3. 由股东会作出减资决议

根据《公司法》第 59 条第 1 款之规定："股东会行使下列职权：……（五）对公司增加或者减少注册资本作出决议……"根据《公司法》第 66 条之规定："股东会的议事方式和表决程序，除本法有规定的外，由公司章程规定……股东会作出修改公司章程、增加或者减少注册资本的决议，以及公司合并、分立、解散或者变更公司形式的决议，必须经代表三分之二以上表决权的股东通过。”因此，在董事会制定减资方案的基础上，由股东会进行表决，超过三分之二表决权股东同意的，即可实施该等减资方案。

4. 编制资产负债表和财产清单

根据《公司法》第 224 条之规定，公司需要减少注册资本时，必须编制资产负债表及财产清单。因此，在由股东会会议通过减资方案并实施时，应当编制资产负债表及财产清单以确认公司的资产负债情况。

5. 通知和公告

根据《公司法》第 224 条之规定，公司应当自股东会作出减少注册资本决议之日起十日内通知债权人，并于三十日内在报纸上或者国家企业信用信息公示系统公告。债权人自接到通知书之日起三十日内，未接到通知书的自公告之日起四十五日内，有权要求公司清偿债务或者提供相应的担保。通知债权人和登报公告所适用的主体并不相同，前者适用于明确的债权人，后者适用于未知的债权人，缺一不可。在进行通知和公告后，收到通知的债权人有权要求公司清偿债务或者提供担保，目标公司应当基于保证债权人合法权益的原则，向债权人先行清偿债务或者提供足够的担保。

6. 办理减资的工商变更登记

根据《公司法》第 34 条之规定，公司增加或者减少注册资本，应当依法向公司登记机关办理变更登记。目标公司在完成通知债权人程序且在规定期限内未有其他债权人要求公司清偿债务或者提供担保后，目标公司应当依法向工商部门办理减资的工商变更登记。

（二）需要关注的问题

1. 定向减资是否需要全体股东一致同意

虽然根据《公司法》第 66 条之规定，减少注册资本的决议，应当经过三分之二以上表决权的股东通过。但是，由于股权融资协议项下因股权回购而履行的减资程序一般属于“定向减资”，与一般减资程序并不是完全相同，故存在部分司法案例认为应当由全体股东一致同意才可通过定向减资决议。

例如，在上海市第一中级人民法院的（2018）沪 01 民终 11780 号案件中，虽然原一审法院认为 2018 年《公司法》第 43 条第 2 款并未就定向减资作出明确规定，也并无相关法律规定此类情况应当由全体股东一致同意才可通过，故对于原告确认股东会决议无效的请求不予支持。但是，在二审过程中，法院认为定向减资与一般的减资程序存在显著差别，定向减资会直接突破公司设立时的股权分配情况，如只需经过三分之二以上表决权的股东通过即可作出不同的减资决议，实际上是以多数决形式改变公司设立时经发起人一致同意所形成的股权架构，故对于定向减资，在全体股东或者公司章程另有约定的除外，应当由全体股东一致同意。

但是也仍然存在部分司法案例认可经过三分之二以上表决权的股东通过的定向减资协议有效，如在浙江省杭州市余杭区人民法院的（2017）浙 0110 民初 9063 号案件中，法院认为案涉减资决议的表决符合公司章程关于减资需经代表三分之二以上表决权股东通过的规定，完全合法有效，因此驳回了原告的诉讼请求。而在上海市高级人民法院作出的（2018）沪民申 1491 号案中，法院同样认为，强求达成一致意见才能对注册资本进行增减，显然有违 2018 年《公司法》第 43 条规定的初衷。

因此，由于《公司法》中未对定向减资及一般减资程序作出明确区分，司法机关对于定向减资决议的效力进行审查时的裁判思路存在较大的不确定性，投资方在推进减资程序时对此应当予以重点关注。

2. 资本公积金能否通过减资方式直接返还

在股权融资交易中，投资方对于目标公司的投资款项通常只有很少一部分会被纳入注册资本的范畴，其余部分一般都是根据《公司法》的规定作为资本溢价纳入公司的资本公积金。而根据《公司法》第 214 条之规定，公司的公积金用于弥补公司的亏损、扩大公司生产经营或者转为增加公司资本。但是，资本公积金不得用于弥补公司的亏损。因此，已经计入资本公积金的投资款是否能够在履行减资程序时直接予以返还仍然存在一定的争议。

根据《中国注册会计师协会专家技术援助小组信息公告第 8 号》当中的明确回复，经股东会决议，企业能否将“资本公积（资本溢价）”退还股东？根据企业出资者签署的与出资有关的协议或合同，如果出资者共同约定将某出资者超过其注册资本所占份额的部分作为所有者权益，则企业确认为“资本公积（资本溢价）”；除非因企业减少注册资本而相应地减少“资本公积（资本溢价）”，否则企业不能将“资本公积（资本溢价）”退还股东。即上述规范性文件的回复认为，计入“资本公积（资本溢价）”的出资可以退还给股东，但应以注册资本的相应减少为前提（注册资本减少应经减资程序），即计入资本公积的出资款项，能够通过减资程序直接冲减。

并且，在上海市浦东新区人民法院的（2018）沪0115民初32686号案件中，法院同样认为，资本公积金不得用于弥补公司的亏损的规定而无效，但该规定针对的是法定公积金在公司内部经营管理中的用途和限制，并不排斥公司经合法决议程序将股东溢价投资所转成的资本公积金退还给原股东的情形。

但可惜的是，浦东新区人民法院的上述判决被上海第一中级人民法院的（2018）沪01民终11780号二审判决推翻，二审法院认为，根据公司资本维持原则的要求，公司在存续过程中，应维持与其资本额相当的实有资产，为使公司的资本与公司的资产基本相当，切实维护交易安全和保护债权人利益，公司成立后，股东不得随意抽回出资。而最高人民法院所作出的（2013）民申字第326号判决同样认为，计入资本公积金的出资已经成为公司资产，依据公司资本维持原则，股东不得请求返还。

因此，在司法实务对于资本公积金能否通过减资方式直接返还的认定存在不确定性的情况下，投资方在推进减资程序时对此同样应当予以重点关注。

四、“回购型股权对赌”的纠纷解决

当然，在股权融资协议当中所约定的回购情形被触发时，目标公司的经营情况多多少少都已经出现问题。在此情况下，希望通过公司自治的方式要求其他股东配合履行减资程序，存在较大的难度和障碍。在这种情况下，投资方一般也只能通过诉诸法律的方式以主张自己的权利，而这时根据所约定的回购主体不同，可能出现的裁判思路也存在如下几种不同的方式。

第一，当股权融资协议中只约定由目标公司履行回购股权义务的，由于目标公司未完成减资程序，因此对投资方要求目标公司回购股权的主张，人民法院不予支持。例如，浙江省杭州市中级人民法院审理的（2020）浙01民终3044号案件中，法院认为，因案涉《公司内部股权转让协议》签订之前，八亿客公司未提前完成减资程序，且案件审理过程中八亿客公司至今也未能完成减资程序，上诉人谢强未举证证明本案的股权回购存在符合2018年《公司法》第142条中规定的其他例外情形，故对其要求八亿客公司回购其股权，继续支付 1 050 000 元股权回购款，缺少法律依据，原审法院驳回其诉讼请求，适用法律正确，并无不当。

第二，股权融资协议中只约定目标公司的股东履行回购股权义务的，因该回购行为不影响公司注册资本变动，故对投资方要求目标公司股东回购股权的主张，人民法院予以支持。例如，陕西省高级人民法院的（2020）陕民终 898 号案件中，法院认为，该条款系海怡公司作为投资方与九州公司、胡某某、金某某作为融资方在达成对目标公司的增资协议时，为解决目标公司未来发展的不确定性而进行的包含股权回购内容的约定，性质上系目标公司股东与投资方海怡公司签订的“对赌协议”条款。从该条款内容上看，赋予了九州公司在约定条件成就时，回购海怡公司持有的项目公司股权的义务。在海怡公司履行《增资协议书》对目标公司进行增资并成为目标公司股东后，该回购行为系目标公司股东九州公司与目标公司股东海怡公司之间的股权转让行为，九州公司支付价款受让股权后，海怡公司退出目标公司。因该回购行为并不影响目标公司注册资本的变动，故九州公司关于该条款违反《公司法》中关于股东不得抽逃出资规定的主张，法院不予支持。

第三，当股权融资协议中约定目标公司的股东回购股权、目标公司承担连带责任的，人民法院在支持股东承担回购责任的基础上，会进一步审查目标公司的担保条款是否有效。例如，河南省高级人民法院的（2020）豫民终 547 号案件中，法院认为，根据《股权投资协议》的约定，游某坤履行股权回购义务后，将取得濮阳佳华公司相应的股权权益，获得实际收益，故游某坤的回购义务并非职务行为，亦非附条件的回购义务。股权回购义务的承担者是游某坤个人，中州蓝海公司取得该股权回购款系基于其前期对公司进行了投资，并非无偿行为，中州蓝海公司虽系濮阳佳华公司的股东，但濮阳佳华公司的股东游某坤、郭某芹均在《股权投资协议》上签字确认了濮阳佳华公司为游某坤的股权回购义务提供担保，中州蓝海公司已经尽到了审慎注意和形式审查义务，濮阳佳华公司提供担保并不存在法定无效事由，该情况亦不应认定属于抽逃出资。

第四，当股权融资协议中约定目标公司承担回购股权义务、目标公司股东对此承担连带保证责任的，人民法院对二者承担义务的请求均不予支持。例如，最高人民法院的（2020）最高法民申 2957 号案件中，法院认为，根据

2018 年《公司法》第 35 条、第 142 条的规定，投资方银海通投资中心与目标公司新疆西龙公司“对赌”失败，请求新疆西龙公司回购股份，不得违反“股东抽逃出资”的强制性规定。新疆西龙公司为股份有限公司，其回购股份属减少公司注册资本的情形，需经股东大会决议，并依据 2018 年《公司法》第 177 条的规定完成减资程序。现新疆西龙公司未完成前述程序，故原判决驳回银海通投资中心的诉讼请求并无不当。并且，银海通投资中心针对新疆西龙公司的诉讼请求为“在新疆西龙公司不能履行回购义务时向银海通投资中心支付股权回购价款 13 275 000 元”，其诉求的该义务属于担保合同义务，而担保合同义务具有从属性，即履行担保合同义务的前提条件是主合同义务履行条件已成就。现新疆西龙公司的减资程序尚未完成，股份回购的主合同义务尚未成就，故新疆西龙公司的担保义务未成就，银海通投资中心要求判令新疆西龙公司承担责任的再审申请理由不成立。

第五，当股权融资协议中约定目标公司承担回购股权义务，当目标公司无法承担回购义务时由目标公司股东承担回购义务，鉴于目标公司未完成减资无法承担回购义务，人民法院只支持由股东承担回购责任。例如，浙江省高级人民法院的（2019）浙民初 39 号案件中，法院认为，经审查，银润公司并未完成法定减资程序，故对华数元启公司要求银润公司支付股权回购款的诉讼请求，不符合法律规定，难以支持。《股权转让和增资协议》第 4.5 条约定：无论银润公司因何种原因不能按期足额回购华数元启公司所持有的公司股权的，陈某荣有义务按 4.1 条约定的价格回购华数元启公司届时所持有的银润公司全部股权，并最迟在不晚于华数元启公司作出书面确认回购要求后的十八个月内付清全部回购价款，逾期未付清回购价款的，则应按年利率 20%（每日万分之五点五）的标准另行支付违约金。故陈某荣应依约承担回购华数元启公司持有的银润公司股权的义务。

基于前述多类案例的比较，可以明确发现股权融资协议中所约定的回购主体不同，所对应司法机关的裁判逻辑都会存在显著的差异。如前所述的第 3 项及第 4 项情形，只是承担回购义务及连带责任的主体进行了互换，所得到的裁判结果就会完全不同，司法机关会在目标公司未履行减资程序的情况下，直接支持股东承担回购义务并由目标公司承担连带担保责任，但在主体进行互换之后，投资方对于任何一方的主张都可能无法得到支持。

在目标公司对赌失败后，由目标公司履行股权回购义务、支付回购款，在实际履行上会遭遇很大的困难，如果期待目标公司主动完成减资程序，基本上已经不可能实现。在此情况下，投资方如果希望能够通过减资方式退出的，为了避免目标公司无法通过公司自治方式履行减资程序，造成投资方无法退出并导致重大损失的，应当在订立股权融资协议时尽量不要约定股权回购方式为“目标公司支付股权回购款，目标公司的股东或者实际控制人对其承担连带责任”，而应当尽可能地约定“目标公司的股东或者实际控制人支付股权回购款，目标公司对其承担连带担保责任”。

劳动与人力资源

十三薪和年终奖的九大误区

洪桂彬*

除劳动合同约定的基本工资以外，企业向员工支付十三薪、年终奖、年终绩效奖金、年薪年底部分等较为常见，有些在录用通知中约定、有些在劳动合同中明确之，有些则通过规章制度予以设置，有些则无任何约定。从约定清晰度角度，有些约定了具体数额或相对于几个月的工资；有些则约定了区间，如0~50 000元，有些则约定了公司可根据公司业绩、个人表现等发放奖金。那么，在上述奖金条件或发放标准的确定过程中，很多员工存在误解，由此导致争端，有些无权获得却坚持维权，浪费了时间，有些则是明明有权获得，却选择了放弃。

误区之一：发放惯例可以作为奖金计发依据

在劳动争议处理实务中，员工依据往年获得年终奖的惯例进而主张离职前年终奖的情况并不少见。通常，员工能够举证银行流水，显示在往年的次年初公司额外发放了一笔奖金。而员工工作满1年后选择离职，公司未予发放奖金。员工认为自己辛苦工作了1年，没有功劳也有苦劳，年初设定的业绩目标已经达到，为何公司不能正常发放年终奖呢？

---

* 洪桂彬合伙人。

假使双方劳动合同并无年终奖约定，员工仅是依据过往发放惯例主张年终奖，且过往发放的金额也不固定，则该类案例下，员工诉请大概率会被驳回。从请求权依据角度，主要分为依据法定、依据约定或依据规定，由于劳动法并未规定用人单位应当支付年终奖，故员工只得依据约定或规定主张，据此司法实践按照“谁主张谁举证”原则分配举证责任，即劳动者有义务举证证明双方对年终奖存在约定或规定，如劳动者无法举证，则其诉请缺乏支持依据，过往发放年终奖的惯例并不能证明双方对年终奖存在约定或规定，据此主张年终奖难以获得仲裁或法院支持。

误区之二：十三薪属于工资，用人单位不得附加条件

有些用人单位与劳动者在录用通知或劳动合同中明确约定了十三薪，但同时约定了十三薪的考核条件或提前离职不予发放。该等附加条款仍属于企业自主权，劳动者则往往主张十三薪属于工资薪资，用人单位不得随意附加条件，否则属于排除劳动者权利的条款无效。该等主张通常难以获得法院的支持，在双方事先就十三薪发放条件达成一致的情况下，劳动者的十三薪发放条件仍应按照相关的合同条款判断。

误区之三：年度内提前辞职年终奖应按比例折算

有些公司与员工在劳动合同中明确约定公司可根据经营需要、员工业绩表现自主发放员工的年终奖，但未约定具体数额。员工于年度内提前辞职，但工作未满1年，员工主张按比例折算年终奖。公司方则抗辩员工提前离职不应享受年终奖，员工则反驳称，劳动合同、录用通知均未明确约定提前离职不可享受年终奖，故从合理性角度应按比例折算。

该类纠纷中，由于年终奖未约定具体数额，在双方未明确约定提前离职需按比例折算的前提下，劳动者的诉请无法获得支持。即使双方明确约定了年终奖的数额，劳动者诉请按比例核算也无依据。通常认为，年终奖多基于年度绩效评估，如劳动者提前离职导致用人单位无法对员工的全年工作进行评估，相应的不利后果应当由劳动者自行承担。

误区之四：发放时不在职则不享受年度奖金

发放时不在职取消奖金发放的条款较为常见，如合同或制度无此规定，用人单位提出该项口头抗辩难以获得支持。但在制度明确规定的前提下，劳动者仅主张奖金是工资的一部分，用人单位不得随意克扣或附加条件也难以获得支持。特别是在上海、浙江等地的司法实践中，倾向于肯定用人单位的自主权。但需要特别指出的是，如果用人单位的奖金性质重点在于对员工未来的期许，而非对过去工作的肯定，其性质更接近留任奖、递延奖、在职激励奖，则发放时需在职的条款设置更显合理。

但需要特别指出的是，如劳动者明知即将发放奖金仍选择辞职可视为其主动放弃。但是，如果劳动合同系用人单位违法解除导致，又或者非劳动者过错的原因导致解除终止，则此时视为用人单位故意阻却其条件成就，应承担不利后果，该等情形法院仍将判决用人单位支付奖金。对于员工在年度考核周期内提前离职的情况，如系用人单位原因导致，法院也倾向于按比例折算。

误区之五：绩效奖金的绩效结果应双方确认

大多数公司对奖金的发放均设置了绩效考核的条件，因此绩效考核结果成立与否将直接导致奖金发放条件是否成就。就绩效考核结果的举证而言，显然用人单位主张员工不符合奖金发放条件的，应承担举证责任。但究竟需要举证到什么程度呢？有些劳动者主张只要考核结果没有本人签字确认，则考核结果不成立。

依笔者的观察，在绩效奖金类案件和不胜任解除案例中，人民法院行使自由裁量的程度有所不同，前者更倾向于肯定用人单位的自主权，后者则对用人单位的举证较为严苛。即使后者，法院也不要求绩效考核结果必须员工签字才生效。通常，如果用人单位能够举证已设置相应的目标、严格按照规定程序进行考核、告知考核结果，劳动者一方主张考核结果不成立，法院也可能要求劳动者举证并以员工无法提供反证为由判决员工败诉。

误区之六：年薪制的年底部分必须发放

年薪制多适用于高级管理人员，包括基础年薪和年底考核薪资。对于年底考核薪资通常也约定了具体数额，但如果双方明确约定需考核后发放，则用人单位若能举证员工考核不达标，则仍可能存在减少或取消发放的情形。

实践中，年薪制争议较大的是高级管理人员提前离职是否需折算“年薪”问题。通常，该类问题首先按照“有约定从约定”的规则执行，如双方约定提前离职按比例折算或者提前离职不予发放，则一般从其约定，高级管理人员难以主张该等规则无效。但如果双方无任何约定，此时用人单位通过董事会决议的方式取消奖金发放，考虑高级管理人员应适用公司法的规定，法院仍倾向于认可董事会关于薪酬发放的决议，特别是该类决议体现公平性的前提下（如所有高级管理人员不予发放）。在其他提前离职的情形下，法院仍会结合员工离职的原因、有无考核等综合判断。应当特别指出的是，年薪的“年”一般仍按自然年度理解，而非从入职之日起起算一年。这也意味着，年中入职的员工，自然年度年底企业也应进行考核，否则需承担不利后果。

误区之七：录用通知和劳动合同不一致以前者为准

实践中，确实存在录用通知和劳动合同对奖金发放约定不一致的情形，劳动者往往主张在先的录用通知。据此应当分类讨论，如录用通知和劳动合同对同一项目的奖金作出不同的约定，则应当按照在后签署的文件执行，即双方通过协商一致的方式确认奖金发放条件发生变化，以劳动合同约定为准。但也存在录用通知约定了某项奖金，但劳动合同未作约定，该等冲突视为取消了奖金约定在司法实践中存在的争议。笔者倾向于认为应当结合实际履行情况判断，如果劳动合同约定以后用人单位仍按往年录用通知发放奖金，可视为录用通知系对劳动合同的补充，相关奖金条款对用人单位仍具有约束力，但若用人单位签署劳动合同后再也未发放奖金，员工也未提出异议，事后再主张奖金则面临较大的风险。

误区之八：约定奖金不可通过规章制度予以变更

通常，在劳动合同和规章制度不一致的前提下，按照相关司法解释应优先适用对劳动者有利的条款，如适用劳动合同的约定。但如果企业出现经营困难，如因疫情原因遭遇较大的经营压力，通过职代会决议、集体合同、与职工民主协商等方式就取消十三薪、奖金达成一致或方案，则该等变更仍可能被法院支持。员工可能主张规章制度、集体合同等不能对抗录用通知或劳动合同的约定，该等理解过于片面。法院仍可能结合取消或调整奖金的必要性、公平性等角度进行综合审查，而非一律以劳动合同为准。

当然，如果奖金本来就是通过规章制度设置，用人单位通过修改规章制度取消奖金发放则无法律依据。

误区之九：奖金必须次年发放用人单位不得缓发

有些用人单位与劳动者在录用通知或劳动合同中仅约定了奖金，但并未约定具体发放时间。则应当认为发放时间仍属于企业的自主权，而非一定要按照过往惯常的发放时间执行。例如，用人单位因疫情原因延缓十三薪、奖金的发放，该等做法未违反合同约定，如果与公司经营实际相符，法院不轻易否定用人单位的自主权。

当然，用人单位决定奖金发放的具体时间仍需履行与员工沟通的程序，听取员工的意见并告知员工。实践中，用人单位未严格履行劳动合同法的民主程序作出相关奖金决定，未必直接导致该行为无效，法院还需结合员工有无提出异议、有无实际履行、是否存在歧视个别员工等综合判断。

“一带一路”中劳务合作法律规制制度研究

周开畅*

人才互联互通是“一带一路”战略的核心部分。随着“一带一路”倡议的加快实施，我国对外投资、承包项目、劳务合作等各类对外投资合作外派人员日益增多，与此同时，外国人在中国境内的劳务活动亦急剧增加。然而，“一带一路”劳务合作中的用工模式多样、法律关系复杂，更严峻的是，“一带一路”各个国家法律制度不尽相同，劳务合作的法律适用问题成为阻碍人才互联互通的主要问题，存在巨大的法律风险。[1]为有效保障“一带一路”劳务合作中劳动者的权益，本文拟全面分析“一带一路”劳务合作的用工模式、法律适用问题，并提出“放宽就业准入、强化契约优先、分类适用标准”的规制思路。

一、“一带一路”劳务合作的用工模式

（一）现状：行政上分类调控

1. 我国对外劳务合作形式

我国商务部从方便对派出人员管理的角度，将境内用人单位、劳务合作企业或中介组织统称为“对外投资合作企业”，对外投资合作企业的派出人员则统称为对外投资合作在外人员，包括劳务人员、对外承包工程外派人员和对外投资外派人员。其中，劳务人员是指根据《对外劳务合作管理条例》由

---

* 周开畅合伙人。

〔1〕“一带一路”劳务合作中涉及政治风险（战争、动乱、政党或政府更替和国际冲突等）、社会风险（文化、风俗、治安、工人结社和运动、政策变化导致的冲突等）和法律风险（集体劳动关系或工会稳定，笔者更倾向于属于社会风险）。本文探讨的主要是法律风险。

对外劳务合作企业组织赴其他国家或者地区为国外的企业或者机构（以下简称国外雇主）工作的人员；对外承包工程外派人员是指对外承包工程企业向其在境外承揽的工程项目派遣的人员；对外投资外派人员是指对外投资企业向其境外企业派出的人员。

针对中国对外劳务合作活动，有学者从海外劳工权益保护的视角将对外劳务合作概括为三种形式：(1) 境内用人单位将与之签订劳动合同的劳动者派遣至境外劳动，包括两种类型，一是境内用人单位将其劳动者派遣至境外雇主处工作；二是境内用人单位在国外承揽业务，然后将其员工派遣海外履行劳动义务；(2) 境内的外派劳务企业与境外雇主签订劳务合作合同，然后将与其建立劳动法律关系的劳动者派遣至境外工作；(3) 境内就业中介机构将我国劳动者介绍到境外就业。〔1〕

2. 外国对内劳务合作形式

根据我国出入境管理法和外国人的就业管理规定，外国人在中国境内的劳务合作活动，可以分为两大类：一类是在中国境内就业的外国人（此类人员一般持有 Z 字签证入境，若有互免签证协议的，按协议办理），即指没有取得定居权的外国人在中国境内依法从事社会劳动并获取劳动报酬的行为；另外一类是劳动报酬来源于境外，受境外雇主指派在中国从事商业贸易活动的外国人（此类人员一般持有 M 字签证入境）。

根据《外国人在中国就业管理规定》，在中国境内就业的外国人又可以细分三种类型：第一种是与境内用人单位签署劳动合同并办理就业证的外国人；第二种是免办就业许可和就业证的外国人，主要是持有外国专家局签发的《外国专家证》《外国人在中华人民共和国从事海上石油作业工作准证》、《临时营业演出许可证》的外国人；第三种凭 Z 字签证及有关证明直接办理就业证的外国人，主要是按照我国与外国政府间、国际组织间协议、协定，执行中外合作交流项目受聘来中国工作的外国人和外国企业常驻中国代表机构中的首席代表、代表。

需要说明的是，在国际劳务活动中，非法的劳务合作形式也是一种普遍的客观存在。在中国，这类非法的劳务人员与雇主之间建立的关系通常被认

---

〔1〕 花勇：《"一带一路"建设中的海外劳工权益法律保护》，载《云南社会主义学院学报》2016 年第 2 期。

定为雇用关系或劳务关系。本文研究的对象是国际合法的劳务合作行为，故不涉及非法的劳务合作活动。

（二）问题：学理上的三元结构

如上分析，我国法律政策对涉外劳务合作形式主要是从行政管理的思路来分类的，但这并不能反映法律关系的本质，当然也无法对其法律适用问题作出清晰的界定，进而也无法有效地规制“一带一路”劳务合作活动。

笔者以为，从法律关系的性质上看，按照学界比较认可的三元结构分析思路，当前“一带一路”劳务合作行为可以概括为以下三种模式。〔1〕

1. 标准劳动关系

标准劳动关系的法律主体仅限于用人单位与劳动者，两者之间具有较强的从属性，完全受劳动法调整。在中国，《劳动合同法》主要调整的就是标准劳动关系，用人单位与劳动者需要签署书面的劳动合同。目前，我国对外承包工程外派人员可以纳入标准劳动关系中予以规范，而与境内用人单位签署劳动合同并办理就业证的外国人、持有《外国专家证》的外国人同样可以纳入标准劳动关系中予以规范。

2. 非标准劳动关系

非标准劳动关系尽管本质上也具有标准劳动关系的从属性特征，但这种从属性相对较弱或者劳动关系主体产生分化或异化。其中，劳务派遣等三角用工是非标准劳动关系的主要形式。此类用工涉及的法律主体不再局限于单一的用人单位，还涉及其他关联公司、分支机构或第三方主体，而劳动者的身份也多样化，亦不再局限于同一劳动者同时、同地为同一雇主服务。在内容上，非标准劳动关系也更为复杂、多样、多变，具有较强的灵活性。此类关系尽管主要受劳动法调整，但很多情况下也会受到民法、行政法等部门法的规范。

目前，我国对外劳务合作中，由对外劳务合作企业通过劳务派遣形式向外国雇主（主要是在国外依法注册的中资企业或机构）输出劳务人员属于典型的非标准劳动关系——劳务派遣法律关系；而对外投资企业可向其境外企业派出已经与其签订《劳动合同》的自有员工，并为外派员工办理符合派驻

---

〔1〕 为便于表达，此类概括是从中国国内法的角度来分析或归类的。

地法律规定的工作手续，这实际上是双重劳动（雇用）法律关系，也属于非标准劳动关系的一种。

相反，外国人接受外国企业指派并在常驻中国代表机构中担任首席代表、代表，或者按照我国与外国政府间、国际组织间协议或协定，执行中外合作交流项目受聘来中国工作，或者持有《外国人在中华人民共和国从事海上石油作业工作准证》《临时营业演出许可证》来中国工作，这类人员或者受双重管理，或者根据项目协议或协定来完成特定工作，不同于标准劳动关系，也可以被认为是一种非标准劳动关系。

3. 非劳动关系

非劳动关系，是相对劳动关系而言的，主要是民事法律关系。其中，外包特别是人力资源服务外包是其典型代表。外包从法律架构上已经超越了劳动法的规则范围，它把用工演化为一种颠覆性的商业模式，并进入民法调整的领域。当然，发包人和承包人内部仍会存在标准劳动关系、非标准劳动关系等用工形式。外包不仅有利于横向上提高资源配置效率，在纵向上也增强了专业化程度。当然，除外包之外，一些正常的商贸活动所产生的民事法律关系也属于非劳动关系，这其中也会涉及劳务活动。

根据《对外劳务合作管理条例》第23条的规定，对外劳务合作企业应当与劳务人员订立书面服务合同；未与劳务人员订立书面服务合同的，不得组织劳务人员赴国外工作。服务合同应当载明劳务合作合同中与劳务人员权益保障相关的事项，以及服务项目、服务费及其收取方式、违约责任。这实际上就是学者界定的一种非劳动关系的形式——“境内就业中介机构将我国劳动者介绍到境外就业”。境内就业中介机构与劳动者之间不构成劳动关系，但在这些劳动者与境外雇主之间的劳务合作关系则属于标准的劳动关系或雇用关系。这种包含关系也是非劳动关系的特征之一。

再根据商务部《关于加强对外投资合作在外人员分类管理工作的通知》第5条之规定，“……对外投资企业的境外企业可作为国外项目业主，与对外承包工程企业合作，由对外承包工程企业承揽其工程项目，并外派项目所需人员”，这属于业务外包形式，也属于非劳动关系。当然，如果纵深观察对外承包企业外派人员完成承揽工程的行为，从法律性质上仍属于标准劳动关系。

相反，受境外雇主指派在中国从事商业贸易活动的外国人与中国的用人单位之间发生的劳务行为可以被认为是一种非劳动关系。这种非劳动关系中，包含着境外雇主与外国人之间的标准劳动关系或雇用关系。

二、“一带一路”劳务合作的法律适用[1]

《最高人民法院关于适用〈中华人民共和国涉外民事关系法律适用法〉若干问题的解释（一）》第1条规定：“民事关系具有下列情形之一的，人民法院可以认定为涉外民事关系：（一）当事人一方或双方是外国公民、外国法人或者其他组织、无国籍人；（二）当事人一方或双方的经常居所地在中华人民共和国领域外；……（四）产生、变更或者消灭民事关系的法律事实发生在中华人民共和国领域外；（五）可以认定为涉外民事关系的其他情形。”根据该规定，“一带一路”劳务合作法律关系可以定性为涉外民事关系，有关其法律适用，应根据我国的《涉外民事关系法律适用法》来确定。

根据《涉外民事关系法律适用法》的规定，“一带一路”劳务合作的法律适用可以概括为以下四个方面。

（一）标准劳动关系模式下的法律适用：单边适用

《涉外民事关系法律适用法》第43条规定，劳动合同，适用劳动者工作地法律；难以确定劳动者工作地的，适用用人单位主营业地法律。从法律条文字面意思，可以得出这样的结论：如果外国人在中国就业，原则上建立的是劳动合同法律关系，应适用中国法律；如中国劳动者（主要是对外承包工程外派人员）到“一带一路”国家工作，应适用工作地的法律，但工作地点难以确定的情况下，也可以适用用人单位所在地（主营业务地）法律。因此，标准劳动关系模式下，法律适用可以概括为“单边适用”。

不过，笔者以为上述规则仍过于笼统。实际上，中国劳动者到“一带一路”国家工作有两种形式，其一是直接与国外雇主签订劳动合同，其二是直接与中国用人单位签署劳动合同后再派往“一带一路”国家工作。对于前一种形式，适用工作地法律不会有任何问题，但对于后一种形式，则会涉及《涉外民事关系法律适用法》中所强调的“强制性规定”问题，下文将详细

---

〔1〕鉴于各国法律制度的差异和研究范围限制，本文仅从国内法和冲突法的角度对“一带一路”劳务合作的法律适用问题进行论述。

论述。

（二）非标准劳动关系模式下的法律适用：双边适用

《涉外民事关系法律适用法》第43条规定，劳务派遣，可以适用劳务派出地法律。因此，外国人接受外国法人派遣来中国提供劳务的，原则上可以适用外国法律，而中国人被派遣至外国法人处（无论是中资还是外资），则可以适用中国法律。但涉外劳务派遣法律关系中，接受劳务方的所在地法律如有特殊规定的，将会面临劳务派出地法律和劳务接受地法律的冲突问题，这个问题的解决一直是国际司法领域非常棘手的难题。

我国《对外劳务合作管理条例》第15条规定，对外劳务合作企业、劳务人员应当遵守用工项目所在国家或者地区的法律，尊重当地的宗教信仰、风俗习惯和文化传统；第29条规定，劳务人员在国外实际享有的权益不符合用工项目所在国家或者地区法律规定的，对外劳务合作企业应当协助劳务人员维护合法权益，要求国外雇主履行法律规定的义务、赔偿损失。由此可以判断，中国对于非标准劳动关系模式下的外派劳务人员采取的是双重保护思路，即要适用中国法律，也要遵守用工项目所在国家或地区的法律。除中国之外，"一带一路"沿线绝大部分国家基于对本国劳动力市场的保护和法制的权威性，一般也要求强制适用本国的法律。因此，非标准劳动关系模式下，法律适用可以概括为"双边适用"。

（三）非劳动关系模式下的法律适用：协议适用

非劳动关系领域，从表层的法律结构上来看，不涉及劳动者的合法权益保护问题。因此，各国对此基本上都采取意思自治的原则来予以规范。在中国，当事人"意思自治"已经从传统的合同领域扩展到涉外民事关系法律适用的诸多方面。《涉外民事关系法律适用法》第41条规定，当事人可以协议选择合同适用的法律。当事人没有选择的，适用履行义务最能体现该合同特征的一方当事人经常居所地法律或者其他与该合同有最密切联系的法律。因此，非劳动关系模式下，法律适用可以概括为"协议适用"。

但协议选择合同适用的法律如何在实践中具体操作，包括当事人何时可以选择法律、以何种方式选择、可选择的法律范围等，都需要进一步明确。《最高人民法院关于适用〈中华人民共和国涉外民事关系法律适用法〉若干问题的解释（一）》第4条规定，中华人民共和国法律没有明确规定当事人可以选择涉外民事关系适用的法律，当事人选择适用法律的，人民法院应认定该选择无效。第5条又规定，一方当事人以双方协议选择的法律与系争的涉外民事关系没有实际联系为由主张选择无效的，人民法院不予支持。

（四）强制性规定的法律适用

《涉外民事关系法律适用法》第4条规定，中华人民共和国法律对涉外民事关系有强制性规定的，直接适用该强制性规定；第5条又规定，外国法律的适用将损害中华人民共和国社会公共利益的，适用中华人民共和国法律。其中，对于“涉及劳动者权益保护的”内容，《最高人民法院关于适用〈中华人民共和国涉外民事关系法律适用法〉若干问题的解释（一）》第8条明确，人民法院应当认定为《涉外民事关系法律适用法》第4条规定的强制性规定。按此规定，中国劳动者与境内用人单位建立劳动合同关系后被派往境外工作的，原则上仍应当适用中国法律，而不是适用工作地法律。至于中国劳动者和境外雇主建立劳动合同关系的，且劳动合同履行地在境外，根据国际私法或冲突法规则，原则上中国法律无管辖权，除非存在双边协议或各方都认可的国际条约对此有明确规定。

即使如此，笔者以为，所谓的“涉及劳动者权益保护的”还是比较宽泛的，具体执行上存在争议。实践中，劳务合作过程中，既有通过劳动合同、集体合同、服务合同等形式固定的权利义务，也有基于国家强制性规定而产生的权利义务。是不是所有基于劳务合作而产生的权利义务都属于“强制性规定”，理论界和实务界一直存在争论。

在我国，针对外国人的法律适用，《外国人在中国就业管理规定》第22条给出的答案是：“在中国就业的外国人的工作时间、休息、休假劳动安全卫生以及社会保险按国家有关规定执行。”笔者以为这一部门规章就带来如下问题：除工作时间、休息、休假劳动安全卫生以及社会保险之外，有关无固定期限劳动合同、解雇保护制度、赔偿金制度等规范是否也适用外国人？司法实践中，关于外国人在中国就业的法律适用主要存在两种审判思路：

（1）强化意思自治。例如，《上海市高级人民法院关于审理劳动争议案件若干问题的解答》（沪高法民一（2006）17号）第2条规定：“在国内就业的外国人适用中国劳动标准的问题：（一）原劳动部、公安部、外交部、原对外贸易经济合作部等四部门颁布的外国人在中国就业管理规定（劳部发（1996）29号）第二十二条、第二十三条规定的最低工资、工作时间、休息休假、劳动安全卫生、社会保险等方面的劳动标准，当事人要求适用的，劳动争议处理机构可予支持；（二）当事人之间在上述规定之外约定或履行的其他劳动权利义务，劳动争议处理机构可按当事人的书面劳动合同、单项协议、其他协议形式以及实际履行的内容予以确定；（三）当事人在上述（一）、（二）所列的依据之外，提出适用有关劳动标准和劳动待遇要求的，劳动争议处理机构不予支持。”由此可见，上海的司法实践主张外国人在中国就业除《外国人在中国就业管理规定》规定的最低标准外应按照意思自治原则来进行规范。

（2）强化国家管制。例如，《广东省高级人民法院、广东省劳动争议仲裁委员会关于适用〈劳动争议调解仲裁法〉、〈劳动合同法〉若干问题的指导意见》第18条规定：“外国人、港澳台地区居民在中国内地就业产生的用工关系应按劳动关系处理。外国人、港澳台居民未依法办理《外国人就业证》、《台港澳人员就业证》的，应认定有关劳动合同为无效劳动合同。外国人、港澳台地区居民已经付出劳动的，由用人单位参照合同约定支付劳动报酬。”由此可见，广东省的司法实践是外国人在中国就业应当适用包括《劳动合同法》在内的法律法规。

由于对外国人在中国劳务合作关系在适用法律的问题上存在分歧，导致实践中经常出现观点或方向不同的判例，损害了法制的权威性，也难以发挥出法律应有的指引功能。

综上分析，“一带一路”劳务合作中，有关标准劳动关系，无论是对内的劳务合作关系，还是对外的劳务合作关系，原则上都适用中国法律，即单边适用；对于非标准劳动关系，原则上适用劳务派出国法律，但是也会涉及需要适用用工项目所在国家或地区的法律问题，即双边适用；对于非劳动关系，因不直接涉及劳动者权益保护问题，可以由当事人协议选择所适用的法律，没有协议或约定不明的，适用最密切联系地法律，即协议适用。

三、有关“一带一路”劳务合作法律规制制度的思考

理清“一带一路”劳务合作的用工模式及法律适用制度后，笔者建议劳务合作法律规制制度应在以下三个方面予以构建或完善。

（一）放宽就业准入

目前，世界各国普遍没有放开各自的劳动力市场，即大部分国家都有自己的就业准入制度，很多国家还有对外国劳工的比例或配额限制制度。根据普华永道的统计，“一带一路”沿线四十多个主要国家中，只有马尔代夫、格鲁吉亚两个国家没有实行外国人就业证件管理制度。

在我国，对内劳务合作中，除对外国人就业资格的限制之外，我们还限制外国人通过劳务派遣的形式进入中国境内的用人单位工作。对外劳务合作中，我国要求对外劳务合作企业必须具备特定的资格才能从事对外劳务合作业务〔1〕，其中600万元实缴注册资本金远高于《劳动合同法》对劳务派遣企业规定的200万元注册资本金的要求。

笔者以为，上述对劳务合作的准入限制阻碍了人才或劳动力的市场流动，并不利于“一带一路”战略的推进实施。因此，笔者建议，在充分考虑各国国情的基础上，各国应逐步弱化国家管制，放宽准入制度限制。我国作为“一带一路”倡议的发起国、倡导国，可以先行先试，按照促进劳动力资源跨境自由流动与合作共享原则，积极推进跨境劳动力市场一体化建设，打破阻碍劳动力生产要素跨境流动的边界屏障效应及体制机制障碍，特别是在对外劳务合作企业设立和运营等方面予以放开，建立健全的跨境劳动力人才市场及法律体系。

（二）强化契约优先

“一带一路”劳务合作中，意思自治、契约优先已经成为各类用工模式的基本原则。这不仅可以保证劳动力的有序流动，也可以明确各方的权利义务，便于维护劳动者的合法权益。

在我国对外劳务合作过程中，各类合作协议、服务合同、劳动合同已经成为国家监管的重点。《外国人在中国就业管理规定》规定用人单位与被聘用的外国人应依法订立劳动合同。《对外劳务合作管理条例》规定，对外劳务合作企业应根据不同情况与国外雇主订立书面劳务合作合同、与劳务人员订立

---

〔1〕《对外劳务合作管理条例》第6条规定：“申请对外劳务合作经营资格，应当具备下列条件：（一）符合企业法人条件；（二）实缴注册资本不低于600万元人民币；（三）有3名以上熟悉对外劳务合作业务的管理人员；（四）有健全的内部管理制度和突发事件应急处置制度；（五）法定代表人没有故意犯罪记录。”

服务合同或劳动合同或者协调国外雇主与劳务人员签订劳动合同。

为确保实现当事人的意思自治，我国《对外劳务合作管理条例》还从以下几个方面来推进契约优先。

（1）培训义务。《对外劳务合作管理条例》第12条规定，对外劳务合作企业应当安排劳务人员接受赴国外工作所需的职业技能、安全防范知识、外语以及用工项目所在国家或者地区相关法律、宗教信仰、风俗习惯等知识的培训；未安排劳务人员接受培训的，不得组织劳务人员赴国外工作。劳务人员应当接受培训，掌握赴国外工作所需的相关技能和知识，提高适应国外工作岗位要求以及安全防范的能力。

（2）告知义务。《对外劳务合作管理条例》第24条规定，对外劳务合作企业与劳务人员订立服务合同或者劳动合同时，应当将劳务合作合同中与劳务人员权益保障相关的事项以及劳务人员要求了解的其他情况如实告知劳务人员，并向劳务人员明确提示包括人身安全风险在内的赴国外工作的风险，不得向劳务人员隐瞒有关信息或者提供虚假信息。对外劳务合作企业有权了解劳务人员与订立服务合同、劳动合同直接相关的个人基本情况，劳务人员应当如实说明。

（3）报备义务。《对外劳务合作管理条例》第26条规定，对外劳务合作企业应当自与劳务人员订立服务合同或者劳动合同之日起10个工作日内，将服务合同或者劳动合同、劳务合作合同副本以及劳务人员名单报负责审批的商务主管部门备案。负责审批的商务主管部门应当将用工项目、国外雇主的有关信息以及劳务人员名单报至国务院商务主管部门。商务主管部门发现服务合同或者劳动合同、劳务合作合同未依照本条例规定载明必备事项的，应当要求对外劳务合作企业补正。

（4）协调义务。《对外劳务合作管理条例》第27条规定，对外劳务合作企业应当负责协助劳务人员与国外雇主订立确定劳动关系的合同，并保证合同中有关劳务人员权益保障的条款与劳务合作合同相应条款的内容一致。第29条第1款规定，劳务人员在国外实际享有的权益不符合合同约定的，对外劳务合作企业应当协助劳务人员维护合法权益，要求国外雇主履行约定义务、赔偿损失。

劳务人员在国外实际享有的权益不符合用工项目所在国家或者地区法律

规定的，对外劳务合作企业应当协助劳务人员维护合法权益，要求国外雇主履行法律规定的义务、赔偿损失。

（5）连带责任。《对外劳务合作管理条例》第 27 条规定，劳务人员未能从国外雇主那里得到应有赔偿的，有权要求对外劳务合作企业承担相应的赔偿责任。对外劳务合作企业不协助劳务人员向国外雇主要求赔偿的，劳务人员可以直接向对外劳务合作企业要求赔偿。第 29 条规定，因对外劳务合作企业隐瞒有关信息或者提供虚假信息等原因，导致劳务人员在国外实际享有的权益不符合合同约定的，对外劳务合作企业应当承担赔偿责任。

笔者以为，目前在"一带一路"劳动合同过程中，《对外劳务合作管理条例》所确立的契约优先制度值得肯定和推广。未来在外国人在中国就业的制度设计上可以考虑强化协议管理和控制的作用，并相应弱化国家管理和控制的影响。

（三）分类适用标准

在"一带一路"劳务合作过程中，如何落实各国的强制性规定是劳务合作能否顺利开展的关键。笔者以为，应对强制性规定进行适当的分类并加以推进落实。

1. 与劳动过程相关的强制性标准

劳动基准，与劳动过程直接相关联，例如，劳动安全与卫生、最低工资、工作时间（含工间休息、休息日）、工伤和意外保险、女工与未成年工保护等，这些标准都涉及劳动者的基本生存权问题，涉及人类普适性的价值观。对于这类标准，世界各国一般都坚持雇主或用人单位应遵守劳动合同或劳务合同履行地的法律制度。与此同时，各国并不排斥，甚至鼓励雇主或用人单位提高劳动基准，主要是通过约定的方式，例如，签署集体合同或劳动合同、雇用协议等。因此，关于和劳动过程相关的劳动基准的适用问题，可以概括为"强制适用（履行地标准）为原则、约定从高（非履行地标准）为补充"。

2. 与劳动过程不相关的强制性标准

与劳动过程没有直接关联关系的强制性标准，例如，社会保险（除工伤保险之外）、休假、医疗期（区别工伤医疗期）、解雇保护等，这些标准的适用往往与各国的政治、经济和社会制度密切相关，具有一定的国别或地区个性。对于这类标准，笔者以为应适用"约定优先为原则，强制适用为例外"。

但实际情况是，绝大部分国家都不愿放弃对此类强制性规定的管辖权，以至于很多纠纷都会涉及双重适用问题，即劳务派出地和用工项目所在地的法律都需要遵守，这无疑提高了劳务合作的成本和风险。目前比较有效的做法是签订双边协议，以相互豁免各自的强制性标准。例如，在社保领域，我国就和很多国家（韩国、德国、丹麦、加拿大、芬兰、瑞士、荷兰、法国、西班牙、卢森堡、日本）达成了豁免协议，只是目前与“一带一路”沿线国家基本没有签署此类互免协议。作为“一带一路”的倡导国、推进者，中国未来可以进一步推进与“一带一路”沿线国家的双边协议，以进一步降低劳务合作的壁垒。

正如最高人民法院所指出的那样，“必须强调的是，这里的强制性规定，与我国合同法上的所谓效力性或管理性强制性规定不同，一定是适用于涉外民事关系的那类强制性规定，对此要从立法目的上考察。强制性规定的直接适用，与公共秩序保留条款一样，都是能够达到排除外国法适用目的的一项制度，因此，对于强制性规定的理解应当严格、谨慎，如果滥用，将会大大折损国际私法的积极作用，甚至带来消极后果”。〔1〕

3. 兼顾国际劳工标准、条约和企业社会责任

在国际间的劳务合作中，有关劳工问题的国际劳动标准、条约和企业社会责任等，尽管只具有软法功能，但因其国际或社会的影响力，仍一直发挥着作用。除国际劳工组织确立的劳动标准之外，还存在 TPP（Trans-Pacific Partnership Agreement，TPP）劳工条款、SA8000 以及很多跨国公司自己推出的社会责任标准。在中国大力推进“一带一路”倡议及亚洲基础设施投资银行、丝路基金、金砖国家新开发银行等推动下，尽管目前我国已与俄罗斯、新加坡、马来西亚、巴林等多国签署了双边劳务合作协定或备忘录，但较于中资企业新一轮海外投资、基础设施互联互通的持续性扩展战略布局，我国国际劳务合作的成果仍难以对海外劳工权益保护产生实质影响。由于国际合作协定数量较少、范围局限，缺少对有关工时、工资、劳动安全、社会保障、对外劳务管理等方面达成合作共识的统一标准，中资企业仍须在熟悉国际贸易和劳动法律的专业人士帮助下，高度关注、研究各国劳工条款，适时调整“一带一路”国家的劳工战略。因此，笔者认为，我国应秉持开放合作的态

〔1〕 参见最高人民法院民四庭负责人就《关于适用〈中华人民共和国涉外民事关系法律适用法〉若干问题的解释（一）》答记者问。

度，积极推进与他国签订双边劳务协定及加强国际劳工公约参与度，如确定统一工时、工资标准，细化劳动者权益保障体系，对国际公约适用情况加以规定等，充分借鉴“一带一路”各国的劳工制度，强化国际劳工政策及法律制度的衔接，加快涉外劳动法治进程，建立中国特色跨境劳务合作标准及法律体系，从而实现真正的人才互联互通。

企业人力资源突发事件的应对与处理

周开畅*

我国目前劳资关系的运行正处于由个别劳动关系向集体劳动关系转变、由权利争议向利益争议转变的过程，最突出的特点就是人力资源突发事件频发。人力资源突发事件在全媒体时代背景下具有传播性广、舆论性强和社会影响大等特点，如不加以有效控制则会给企业带来巨大的负面影响。因此，如何有效地应对与处理人力资源突发事件是企业面临的一大难题及挑战。

企业虽然不能完全预料和避免人力资源突发事件的产生，但是通过对人力资源突发事件的提前认知以及加强企业内部劳动人事合规管理能够做到未雨绸缪。为此，本文拟通过对人力资源突发事件进行解读以及对典型案例进行分析，系统地归纳出企业人力资源突发事件的应对与处理流程，希望对企业有所指引。

一、人力资源突发事件的识别

突发事件并非严格意义上的法律概念，但在人力资源管理或劳资关系领域，突发事件多指企业在组织运行过程中暴发的各类危机，如重大劳动安全卫生事故、员工集体罢工或请愿、高层行为腐败或丑闻曝光、核心人才集体跳槽、企业机密或技术专利泄露等。

综观各类突发事件，人力资源突发事件一般具有三大特征和五大类型，如表1和表2所示。

---

* 周开畅合伙人。

表 1　突发事件三大特征

特征	解读
群体性	突发事件通常并不仅涉及个别劳动者，而是会对处于同一条件下的其他劳动者造成影响，或者对其他劳动者的情绪造成影响
社会性	突发事件如重大舆情事件、群体性事件在社会上的影响范围较大，容易引起公众的广泛关注
冲突性	突发事件往往伴随劳资关系中的企业与劳动者的价值取向或利益相矛盾或冲突，且该冲突并未得到及时调和

表 2　突发事件五大类型

类型	解读
重大劳动安全卫生事故	因企业未能有效执行国家劳动卫生规定，致使较多的劳动者发生职业危害或其他重大的劳动卫生事故，如有毒有害物质危害、粉尘危害、噪声和强光刺激、电磁辐射危害、中暑、冻伤，以及职业病防治不力等导致的突发事件；因企业安全生产设施或生产条件不符合国家规定，导致劳动者发生重大伤亡事故或造成其他严重后果
重大劳动争议	包括重大的集体劳动争议和团体劳动争议，特别是订立、变更集体劳动合同争议以及履行集体合同争议
群体性突发事件	或称劳资冲突，是指有一定人数参加的，通过没有法定依据的行为对企业的生产经营及社会秩序产生一定影响的事件。这类突发事件绝大部分属于劳动者为维护自己的合法权益而采取的集体抗争行为，如员工集体性消极怠工、罢工、示威、请愿等
重大舆情事件	如企业高层行为腐败或丑闻曝光
其他突发事件	劳动关系的当事人或负有重大职责的职工不履行或不适当履行劳动合同、集体合同或内部劳动规则规定的义务，违反法律法规而给企业带来重大影响的事件，如企业机密或技术专利泄露

基于突发事件的三大特征，企业在人力资源管理过程中必须准确预判或积极化解突发事件问题，而对人力资源突发事件进行清晰分类则可以帮助管理者切中要害，找到合适的应对风险或化解矛盾的方法。

二、人力资源突发事件的成因

通过对经手处理的 156 件突发事件进行梳理发现，人力资源突发事件的争议焦点主要有三种：经济条件（主要是劳动报酬）之争、工作环境（工作时间、工作地点、劳动强度、劳动条件等变化）之争以及身份地位（股权关系、管理关系、缔约主体等变化）之争。尽管争议的焦点各有不同，但引发突发事件的原因更值得企业管理者重视。根据实践经验，我们观察到突发事件的成因主要有以下三种，如表 3 所示。

表 3　突发事件的成因

成因	解读
比较中出争议	中国传统文化中，“不患寡而患不均”的思想根深蒂固，折射到现代，就是员工对待遇差别日益敏感，特别是歧视性管理措施容易引发集体纠纷。尽管司法实践中，对“歧视”的界定标准非常严格（性别歧视、信仰歧视、种族歧视、残疾歧视等），但从触发人力资源突发事件的角度，不合理的差别待遇足以引发群体性事件，如新旧员工有别、长合同短合同有别、正式工劳务工有别、与管理者亲疏有别等
冲突中出争议	企业的基本制度与法律规定存在冲突，容易导致人力资源突发事件。比如，社会广泛讨论的“全员劳务派遣”“末位淘汰制”“996”“异地代缴社保”等问题，都因与现行劳动法律制度产生冲突导致了许多突发事件。当然，很多企业执行的企业文化、管理理念等方面也会引发突发事件，如陪酒文化、体罚文化等
变动中出争议	企业改制、兼并、重组、外迁、股权或管理层变化、裁员等是企业劳动关系最不稳定的时期，也是劳资纠纷的一个集中爆发期。以“通钢事件”为例，通钢员工因不满企业的改制重组方案而进行了大规模的聚集抗议，导致建龙集团总经理被抗议人员围打致死，吉林省人民政府宣布终止重组方案，建龙集团退出，永不再参与通钢重组

三、人力资源突发事件的应对与处理

（一）事前：加强劳动人事合规管理

企业人力资源突发事件虽然无法完全预料和避免，但通过加强企业内部的劳动人事合规管理可以有效预防突发事件的发生。目前企业在劳动人事合规管理上主要存在劳动合规风险管理意识薄弱、劳动相关的合规管理制度建设缺失、劳动合规文化缺失三大问题。在“阿里女员工事件”中，阿里 CEO 在公布阶段性内部调查结果和处理决定时称“这种现象的背后是 HR 文化体系和能力的建设出现了重大问题”，这一问题实则是企业劳动人事合规管理建设存在缺陷。

2018年7月1日，由中国标准化研究院牵头制定的《合规管理体系指南》正式颁布实施，为企业构建合规管理体系、准确识别合规风险、改善内部管理流程、提高各类风险防控能力提供了有效指导。同年11月，国资委印发的《中央企业合规管理指引（试行）》明确要求中央企业在劳动用工领域加强合规管理。鉴于此，本文认为企业宜设定与企业的价值观、目标和战略一致的合规管理要求和问责机制，构建全体员工共同遵循的价值理念、职业道德行为规范准则的劳动合规文化，此举有利于巩固企业与员工之间关系契约的稳定状态，从而有效预防人力资源突发事件的发生。

在企业用工日益多元化的今天，企业劳动人事合规管理的重点是强化各种用工模式的分类管理。根据企业配置人力资源方式的复杂性，按照从简单到复杂的次序，企业用工模式可分为标准劳动关系、非标准劳动关系和非劳动关系三个维度。其中，标准劳动关系涉及的法律主体仅限于单一的用人单位与劳动者，完全受劳动法调整，法律适用比较单一，突出特点是从属性和稳定性。非标准劳动关系包括劳务派遣、非全日制用工等，用工涉及的法律主体以及劳动者的身份均存在多样化，具有较强的灵活性。而在非劳动关系中，外包和平台用工是典型代表，此类模式的用工具有更强的灵活性。上述三种用工模式的组合运用已经成为企业构建弹性雇用体系的必由之路，但是如果运用失当，往往会引发突发事件。以笔者处理的“王某触电死亡事件”为例，王某在A公司从事维修工作，因A公司结算款项需要王某开具发票，王某挂靠在B公司代开发票，同时王某与环卫所协议保留劳动关系。A公司将其餐饮外包给C公司，C公司因厨房断电自行联系王某（正常流程是C公司上报A公司HR，由HR联系王某进行维修），后王某在维修过程中触电死亡，王某家属围堵A公司索要赔偿，A公司面临着高额停运损失与连环违约风险的困境。在该项突发事件的处理上，由于A公司与其他外包主体的协议约定不明、各项法律关系不清楚、责任主体不明确，而王某家属又将矛头直指A公司，A公司为稳定事态不得已先行赔偿，后续还陷入对其他关联主体追责的诉讼漩涡。这一突发事件对于企业采取灵活用工模式的合规启示是，企业要选择有资质的供应商、加强流程管控、明确各方主体的责任承担方式。

（二）事中：预防突发事件“五步法”

在协调或处理可能引发人力资源突发事件的事项过程中，根据以往经验，企业如遵循“合法、分流、选择、平衡、配套”的“五步法”，则可以有效预防或化解突发事件的负面影响。

第一步，合法，即企业采取的行动与流程需符合国家法律法规的规定。这是企业人力资源管理的基础，也可以说是底线。以企业经济性裁员为例，根据《劳动合同法》的相关规定，企业裁员需要具备前置条件（一次性裁减20人或1/10的员工）、履行必要程序（提前说明情况、听取职工或工会意见、向劳动行政部门报告），并且还要符合严格的实体条件（《劳动合同法》第41条第1款第1~4项），三者缺一不可。

第二步，分流，即企业在设计争议解决方案时需考虑如何拆解员工之间不合理的利益拉拢或抱团，通过向员工提供多条解决路径让员工作不同选择，从而避免员工矛盾集中爆发。分流是成功预防或化解人力资源突发事件的关键。以企业经济性裁员为例，我们一般会建议先清退不必要的劳务工、临时工，同时对合同到期终止、即将到期终止、符合法定退休条件的员工进行处理，以减轻经济性裁员的压力；还要搞清楚哪些是不可以裁减的人员（《劳动合同法》第42条第1款第1~6项），哪些是需要优先留用的人员（《劳动合同法》第41条第2款第1~3项），以便合理规划裁员方案。

第三步，选择，即企业事先要与员工进行沟通，并在设计方案时考虑员工的差异化合理需求，以便员工可以结合自身情况选择适合自己的解决方案。比如，裁员日期确定在2个月之后，那么是不是有部分员工可以提前协商解除劳动合同？针对法定补偿之外的奖励或额外补偿是统一标准（如统一N+3）还是考虑立即协商解除的N+3，一个月后协商离职的N+2，2个月之后裁员的只有N+1？

第四步，平衡，即企业在设计员工安置方案时需考虑不同群体的利益相对平衡，即使是根据员工的差异化需求设计的方案，不同方案所涉及的员工利益也应相对平衡。比如，部分操作工基本工资就是最低工资，而加班报酬是其工资的主要组成部分，如果仅按照法定标准即最低工资来计算经济补偿金，此时大部分员工会不接受，此时就应该考虑适当提高报酬基数或增加补偿年限等方式以平衡这部分员工的利益。

第五步，配套，即企业在预防或协调人力资源突发事件过程中需配套一些人性化的措施以构建更加和谐的劳资关系。例如，裁员过程中对员工的心理辅导、再就业帮助，对突发事件的沟通场景设置、安保措施、现场急救等。

（三）事后：妥善采取危机公关手段

在全媒体时代，任何人力资源突发事件都有可能引爆舆论，从而给企业带来超出用工管理问题的危机。因此，当企业面临人力资源突发事件时需要尽快采取危机公关手段，尽可能减少突发事件给企业带来的负面影响。

危机公关的处理流程可以分为危机准备、危机处理和形象重塑三个阶段，不同阶段的实施要点各有侧重。

以“阿里女员工事件”为例，阿里针对这一突发事件所采取的一系列应对举措遵循了危机公关的处理流程，具体如下：

第一，危机准备阶段：三步走。第一步，成立危机公关小组；第二步，收集舆情和理清问题；第三步，制定策略及行动方案。在“6000 名阿里人关于 8.07 事件的联合倡议”中，超 6000 名阿里员工成立“勇敢牛牛员工帮助小组”（成立危机公关小组）；认为公司的组织治理存在系统性漏洞，对员工特别是女性员工权益保护机制缺失（收集舆情和理清问题）；倡导建立女性员工职场反性骚扰、反性侵制度等保护机制（制定具体的解决方案）。

第二，危机处理阶段：执行力。企业在危机处理阶段需做到及时回应、表明立场、确保信息公开透明、掌握事态发展的主导权。阿里在突发事件发生后的 48 小时内，先后采取了官方回应、展开内部调查、高层回应、公布阶段性调查结果与处理决定以及宣布行动与反思等系列举措，遵循了危机公关处理原则中的承担责任、真诚沟通、速度第一与系统运行原则。

第三，形象重塑阶段：促改进。企业人力资源突发事件的发生往往与企业劳动人事合规管理建设存在缺陷有关，企业在形象重塑阶段需就相关问题进行改进，以预防类似突发事件的再次发生。针对“阿里女员工事件”所暴露的问题，阿里决定将设立专业团队强化组织保障、制定《反性骚扰行动准则》并建立常态工作机制。此举引发的社会效果，为将个案问题转化为社会性思考，即企业管理如何更好，企业文化如何更健康。

此外，舆情监测与引导是贯穿危机公关的重要环节，可以为危机公关的决策提供重要参考。企业在监测舆情走向时可以借助专业的技术监测平台对舆论热点进行采集与分析、确定舆论应对方案，通过及时、准确、透明的信息公开引导舆论的良性传播，为突发事件的成功处理奠定良好的基础。

四、结语

在全媒体时代以及复杂多变的市场环境中，人力资源突发事件对企业造成的影响不容小觑。虽然企业不能完全预料和避免人力资源突发事件的产生，但是人力资源突发事件本身是可预防、可控制和可化解的。企业通过事前加强劳动人事合规管理体系建设、事中遵循“合法、分流、选择、平衡、配套”五步法以及事后妥善采取危机公关手段可以有效预防和化解人力资源突发事件给企业带来的负面影响。

环境资源与能源

拥抱新理念：提升 ESG 表现
谨防“绿漂”现象

张秀秀律师团队*

一、什么是 ESG？

ESG（Environmental，Social and Corporate Governance），即环境、社会与公司治理。2015 年，联合国提出了 17 项可持续发展目标（Sustainable Development Goals，SDG），旨在倡导国际社会就环境问题、经济社会发展不平等、基础设施建设不完善等问题采取措施、作出行动，并在 2030 年建成更加可持续的人类社会。

图 1　联合国提出的 17 项可持续发展目标

* 张秀秀合伙人。

近年来，可持续发展理念深入人心，逐渐进入主流讨论。ESG 是衡量一家公司社会责任感的重要指标，评价企业在环境、社会和公司治理方面的表现，而非局限于财务表现。

二、ESG 评价的效力与作用如何？

ESG 评价不具有强制力，但具有较强作用力，尤其是对于品牌企业、公开发行股票企业的可持续发展。“ESG”一词最早出现在 2004 年的报告《Who cares Wins》中。该报告由 20 家受时任联合国秘书长安南邀请的管理资产总额超过 6 万亿美元的金融机构发布并公开认可，就如何更好地将环境（E）、社会（S）和公司治理（G）这三个环节纳入资产管理、证券经纪服务及相关研究制定了指导方针与建议。报告重点提出了针对不同金融细分行业的一系列建议，寻求将 ESG 价值驱动因素纳入金融市场的研究、分析和投资考量。另外，这份报告通过案例说明了整合 ESG 要素的企业会有更加出色的财务表现。因此，近 20 年来，ESG 逐渐成为评价企业表现和主导投资的重要标准。尽管该指标不具有强制力，但是对企业的品牌、可持续发展起着至关重要的作用。

三、ESG 具体衡量哪些标准？

不同的评级机构，ESG 评价标准有所区别。借鉴世界银行国际金融中心 ESG 评价指南（IFC ESG Guidebook，以下简称 IFC 指南），公司 ESG 信息披露报告应描述公司面临的物质环境和社会因素。公司应描述其评估重大环境和社会因素的方法，包括对内部和外部利益相关者的影响以及它们如何影响公司的整体业绩、战略和风险状况。此类评估应根据公司的运营和地理位置分析公司如何受到私营部门面临的一系列公认的核心环境和社会问题的影响。

根据 IFC 指南的实例，环境（E）、社会（S）和公司治理（G）包含的具体评价要素如下：

（1）Environmental（环境）。

温室气体排放、水资源利用和能源消耗情况，以及对促进生物多样性和改善气候变化所做的努力等。

（2）Social（社会）。

①员工因素：维护员工的健康、安全和经济福利，以确保平等对待，避免性别、种族或其他歧视，并将公司运营及其供应链中强迫劳动和使用童工的风险降至最低。

②产品和消费者因素：最大限度地提高产品和服务的社会效用，并在产品使用阶段减少对消费者或其他人的社会和环境影响，包括消费者安全、使用阶段和报废期间的污染，以及（如适用）客户隐私和数据安全。

③道德伦理因素：确保整个公司的道德行为，包括遵守法律、依法足额缴纳税款、保证政治捐款的透明度以及避免腐败和贿赂，尤其是在腐败感知指数较高的国家开展业务时。

④社区和人权因素：与周边社区，尤其是少数群体社区保持健康的关系。避免在运营和供应链中牵涉侵犯人权的行为。

⑤采购和供应链因素：最大限度地减少供应链中的环境和社会影响，包括监测直接供应商的工作条件和环境影响，使用可回收和可再生原材料以及限制关键材料的采购。

（3）Governance（公司治理）。

对环境、社会和治理的承诺，董事会的结构和职能，公司内部治理结构（内部控制系统、内部审计职能、风险治理与合规），披露和透明度，少数股东待遇等。

对于 E 和 S 相关的指标，报告应包括对公司在每个已识别的重大环境和社会问题上的表现进行的分析，并体现相关 E 与 S 因素对公司运营和财务业绩的影响。分析还应包括关键绩效指标（KPI）呈现的对绩效和结果的衡量。

四、为什么 ESG 对完善市场监管很重要？

完善的市场监管体系，并不是仅依靠政府行政管理就能完成的，需要多元参与。以环境保护领域为例，2015 年以来，我国的生态环境监管趋严，改变了粗放型经济发展时期的松弛管理模式，对市场主体施以更加严格的管理。而强监管的“命令—控制”模式，即政府主导的对市场主体的监管模式，存在局限性。我国市场范围大、主体多，而监管力量则是有限的，各地执法水平也参差不齐，大多数时候只能在发现问题后采取补救性的监管措施，缺乏未雨绸缪的预防性监管手段。而 ESG 方式强调使用“私域管理”（Private Sector Governance）的理念进行监管，引入投资者、消费者等对于企业生存至关重要的利益相关方对企业施加压力，使企业在生产经营过程中主动履行社会责任、主动披露风险，实现私域管理和多渠道管理的良性循环，大幅降低政府的监管成本。

五、ESG 评价如何影响企业？

（1）ESG 实践是风险管理实践。ESG 评价影响企业品牌及市场可信赖度，影响企业风险管理。例如，实施有效 ESG 计划的公司可能较少受供应链中断和其他 ESG 争议的影响，能够更好地规避“黑天鹅”一类的风险。

（2）ESG 能够降低企业成本，因为有效的 ESG 计划可以通过多种方式减少业务开支。例如，可持续发展理念的实践可以显著减少能源和水的使用，并限制包装成本和公司产生的废物量。对于人力资源部门来说，拥有良好 ESG 实践的公司可以通过限制与离职相关的费用并从更广泛的潜在员工中吸引人才来降低成本。

（3）越来越多的研究表明，ESG 实践可以带来更好的财务业绩和增加股东价值。例如，Sustain Alytics 的一项研究表明，ESG 评级最优的公司投资组合的表现优于全球股票市场的 11%。公司还可能通过开拓新市场（如千禧一代或具有环境或社会意识的消费者）实现财务增长。

六、为什么 ESG 对投资者/消费者来说很重要？

随着全球负责任投资的风潮深刻影响投资消费行为，企业必须注重其 ESG 表现。对于投资者和消费者来说，选择一家公司，不仅意味着认可其产品和盈利能力，还代表着对该公司的价值观认同。对于消费者来说，他们不希望自己的资金被用于支持一家公司去进行违背自己信仰或者道德上不认可的商业行为。

从长远考虑，投资者/消费者希望公司能够在气候变化、社会多样性、平权、公司治理等方面采取负责任且可持续的措施，而不是仅盲目且短视地追求过高的利润，牺牲社会公共福祉。因此，对于企业来说，履行好企业的社会责任并做好 ESG 信息披露，可以向消费者和投资者展现企业的社会责任感和长期发展的确定性，提振其对企业的信心。

七、中国对于 ESG 体系的探索进程如何？

中国对"E"即环境保护、绿色发展的强调，尤为突出。这和我国生态文明建设及五位一体的体系布局相关。"节约资源、保护生态环境"成为《民法典》基本原则之一，绿色发展成为中国经济发展的主旋律。

"十四五"规划以来，国家正在不断强调"双碳"目标和共同富裕，强调企业的环境和社会责任感。

2022 年 2 月 8 日起施行的《企业环境信息依法披露管理办法》及《企业环境信息依法披露格式准则》，重点排污单位、实施强制性清洁生产审核的企业、符合规定情形的上市公司和发债企业等，也应该依法披露环境信息。

2022 年，国务院国资委制定印发《提高央企控股上市公司质量工作方案》，其中包括贯彻落实新发展理念，探索建立健全 ESG 体系。部署中央企业集团公司要统筹推动上市公司完整、准确、全面地贯彻新发展理念，进一步完善环境、社会责任和公司治理（ESG）的工作机制，提升 ESG 绩效，在资本市场中发挥带头示范作用；立足国有企业实际，积极参与构建具有中国特色的 ESG 信息披露规则、ESG 绩效评级和 ESG 投资指引，为中国 ESG 发展贡献力量。推动央企控股上市公司 ESG 专业治理能力、风险管理能力不断提高；推动更多央企控股上市公司披露 ESG 专项报告，力争相关专项报告披露"全覆盖"。

八、国内企业 ESG 体系探索面临哪些问题？

首先，最核心的是，从价值体系来说，监管者以及市场参与主体对于可持续发展新理念的接收—融合—接受—行为方式改变，需要先行者和倡导者。当前，社会的普世观念在更新方面仍然面临一定挑战。对于企业社会责任表现的外在监督，需要公民、投资者在观念中存在公共道德价值体系，如果市场上广泛的监督者自身缺失可持续发展价值认同，或者价值根基不牢固，那么对于企业 ESG 表现的外在监督，可能只会徒增企业的负担，企业管理者对于不真诚的监督，也容易造成对形式主义监管的敷衍。

其次，对于国内企业来说，当前的 ESG 表现，仍然主要基于政策和法律影响。例如，ESG 信息披露、环境信息披露管理体系，仍处于非常初级的阶段，也并不是所有企业都被强制要求披露可持续发展信息。对于一些规模大、实力强、参与全球市场竞争、对外部投资需求较大的企业来说，ESG 披露往往是必要的，如我国部署的央企上市公司于 2023 年前完成 ESG 披露全覆盖工作。而一些中小型地方企业往往还未受到此类强制性信息披露的制约。对于一些中小型上市公司，或所在领域不是热门和新兴行业，而是传统制造业的公司，ESG 信息披露带来的正向收益可能较少，于是其披露的主观意愿就会相对较弱。

最后，目前公司的 ESG 报告严重偏向于流程和程序，而不是其实际绩效。据估计，约 70%的 ESG 分数被用于衡量公司是否制定了相关政策，但制定政策并不能衡量公司实施该政策的程度。同时，许多企业的 ESG 信息披露缺乏量化的、可以查证的数据做支撑，尽管辞藻华丽，但往往缺乏能够判定其公司治理能力的有价值的内容。这样的 ESG 报告往往会对投资人和消费者产生误导。由于缺乏统一的 ESG 披露行业规范，评级机构经常出现将同一组指标用于不同地区、不同行业、不同业务实践的公司的情况。该实践往往造成最后的 ESG 评级失去比较价值。

九、什么是 ESG 绿漂?

1986 年，美国环境学家杰伊·韦斯特维尔德（Jay Westerveld）提出了“绿漂”（Greenwash）一词，用以形容旅店经营者宣称为减少对生态造成影响而鼓励游客重复使用毛巾，实际目的是节约运营成本的现象。自此，“绿漂”被开始用于形容企业和金融机构在信息披露中的“虚假环保”现象。具体来看，企业和机构通过刻意披露一些虚假、有误导性的信息，夸大其在环保方面的投入和贡献，使投资人或利益相关方对该公司产生误判。“绿漂”的表现形式有很多，如企业释放一些无关紧要的道德信号，内容空洞、言之无物，这在国内的 ESG 报告中较为常见。另外，某些企业的碳中和策略中过度依赖碳抵消，表面看起来是符合“碳中和”的要求，但实际上都是依靠购买碳积分进行抵消。

据中央财经大学绿色金融国际研究院的观察，目前绝大多数国家尚未就 ESG“绿漂”行为予以明确，ESG 投资绿漂不受惩处或违规成本极低。少数公司信息披露部门和基金经理人在隐性的高额利润的驱使下，利用 ESG 数据披露规范不统一、ESG 数据质量和评级标准暂时较模糊等空间，出现了实际投资行为与策略不符但还是给产品贴上绿色标签、重仓股票与基金主题不符、基金管理人风格偏移，或对投资者夸大产品的环境效益、可持续发展及抗风险能力等行为。

上述以“伪 ESG”吸引注重可持续理念的投资者的行为会对经济社会造成不利影响。“绿漂”行为会使大量资金投入一系列名不副实的公司和金融产品中，造成资源错配和浪费，与可持续发展理念背道而驰。同时，“绿漂”会使大量资金流向风险系数高的“伪 ESG”企业，深刻危害投资安全。

十、如何防止“绿漂”行为，完善 ESG 合规管理？

ESG 新理念探索过程中，“绿漂”现象如何防微杜渐，企业如何集约地完善 ESG 合规管理？这里简要分享三点。

一是为使新瓶装旧酒，利用好已有管理资源和社会责任传统。

以“完善”思路代替“构建”思路，实现资源循环利用。建议企业将已有的合规管理制度、管理实践、履行社会责任的优良传统，识别并纳入 ESG 框架中。如何进行识别和归类，可以通过独立第三方的尽职调查，对已有的实践进行识别、对标。在生态环境、社会责任和公司治理三大一级指标的基础上，根据企业行业属性和行为特点，吸收国际通用的第三方标准的相关指标，结合目标可达性、结果可量化等因素，设计符合本集团/企业的 ESG 标准。

例如，有的地方龙头企业，在逢年过节时，给毗邻的村民发放礼品、节日礼金。在合法合规的前提下，既减少了投诉，又维持了企业与周边社区的友好关系。大部分国有企业，根据相应的党中央的扶贫政策，设立帮扶项目、采购当地农产品等。这些都具有本土特色的优良传统实践，不但可以纳入 ESG 评价范围，还可以宣传、推广为示范实践。

二是为有余粮酿新酒，强化企业合规的基本功。

良好的社会责任、环境信息披露管理，也可以说是企业具有良好的合规管理。因此，企业在做好常规的合规管理时应着眼于未来、提升 ESG 管理的基础。对于企业如何做好环境合规、完善合规体系，汇业律师事务所在各重点领域都具有深耕多年的专业律师团队，除可以为企业 ESG 合规管理出谋划策之外，还可以协助企业提升企业合规管理水平。

三是拥抱可持续发展新理念。

资本是追求利润的，管理是引导从善如流的。管理的关键在于制度，更在于优秀卓越的管理者。优秀的企业管理者，是主动拥抱可持续发展未来、保持观念更新和进步的。

企业管理者的 ESG 认知水平，可以说是企业可持续发展的天花板。笔者在承办业务过程中，有的制造业管理者缺乏全生命周期责任概念。例如，有的产废单位管理者对危险废物全过程监管的必要性和强制规范要求缺乏认知。对于法律强制要求，需作为外部规范要求。而对于责任意识和道德修养，只能求于具体的管理者。企业管理者要提升 ESG 认知水平，建议多参与企业的具体生产行为，主动参与内在行为检视，强化 ESG 行为表现对照，将可持续发展观念内化影响，从而强化企业“内在道德”。

ESG 有赖于市场主体多方参与的行为，施加过多的强制培训和任务派发，可能难以实现理想效果，也与 ESG 内在理念难以吻合。为此，从顶层设计和监管者的角度，要为市场参与和创新充分做好放松和放手的准备。

房地产与建设工程

以房抵工程款法律风险防控提示

王　刚　赵立冬*

近年来，受房地产调控等多方因素的影响，不少房地产公司出现资金问题而影响工程款支付。在此情况下，多数房地产公司选择将房屋作为工程款抵给建筑公司以消灭工程款债务；而建筑公司也有可能再将抵工程款的房屋再抵给下游供应商。因建筑企业资金问题和抵债涉及多方主体，因以房抵工程款而发生的纠纷呈“多发性”特点。以“以房抵工程款”为关键词在聚法案例平台检索，2013 年至 2022 年内共有 6935 件纠纷案件（如图 1 所示），2013 年至 2019 年，每年明显呈上升趋势，在 2019 年达到顶峰共 1664 件。

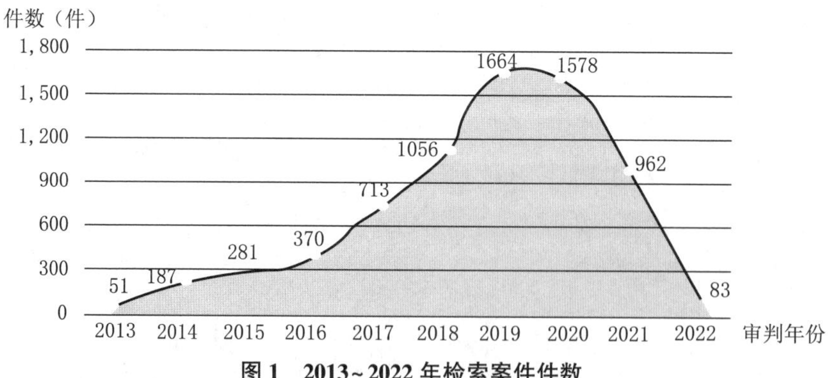

图 1　2013~2022 年检索案件件数

---

* 王刚合伙人，赵立冬律师。

就具体案由而言，首先涉及建设工程施工合同纠纷，其次为执行异议纠纷。

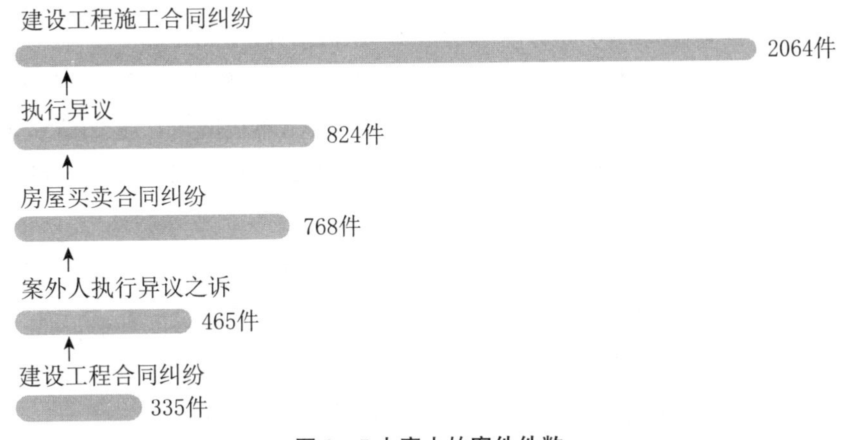

图2　5大案由的案件件数

注：图2数据仅包含5大案由相关统计，并不涵盖所有案件。

为降低以房抵工程款法律风险，依据相关法律法规、裁判规则并结合以往服务经验，本律师团队总结如下法律风险防控提示事项供参考。

提示一：建议债务履行期届满后再签订“以房抵工程款”协议

《全国法院民商事审判工作会议纪要》（以下简称《九民纪要》）第44条规定，债务履行期届满后达成的“以房抵工程款”协议，双方意思表示真实，未损害第三人合法权益的，该协议有效。

提示二：在“以房抵工程款”协议中不要约定消灭原有债权债务关系

（1）根据《九民纪要》第45条的规定，对于债务履行期届满前达成的“以房抵工程款”协议，以房抵工程款的内容属于流押条款，违反《民法典》[1]物权编关于禁止流押的规定，系无效条款。虽然以房抵工程款条款无效，但可以将协议认定为让与担保，债务人（建设单位）不履行付款义务时，债权人（施工单位）可以通过对不动产折价、拍卖、变卖等方式进行清偿，不动产已经变更登记在债权人名下的，债权人（施工单位）对拍卖所得价款享有优先

〔1〕为了行文方便，本书中涉及的我国法律法规，均省略“中华人民共和国”字样。

受偿权。

（2）《九民纪要》采用了新债清偿说，即“以房抵工程款”协议生效后，同时存在新旧两债，新债即以房抵工程款协议之债，旧债即建设工程施工合同之债，旧债及其之上的担保不因新债的产生而消灭。

（3）故在“以房抵工程款”协议中不要约定消灭原有的债权债务关系，当建设单位不配合履行以房抵工程款协议时，施工单位既可以选择请求对方履行“以房抵工程款”协议及责任承担，也可以选择请求对方按照建设工程施工合同的约定履行给付工程款、利息的义务。

提示三：签订抵债协议前全面审查抵债房产情况

在签订协议前，应全面审查抵债房产上是否取得《预售许可证》或《房地产权属证明书》，是否为可销售房产、是否已被抵押或被查封、是否存在其他共有权人、是否有租赁备案、是否有出租、是否设有居住权等情况，避免因抵债房屋存在权利瑕疵而引发纠纷。

提示四：协议内容要明确、具体，具有可履行性

（1）以“以房抵工程款”协议的内容要具有可履行性，协议不明确、不完整，则可能视为缔约双方的意思表示未能达成一致而合同不成立。

（2）应当将抵债的不动产、折抵的债权范围进行明确、具体的约定（最好是具有资质的专业房地产估价机构的估值报告），使协议具有可履行性，建议以法定建筑安装工程费用项目确定用以抵房的债权总额，防止“以房抵工程款”协议因损害其他债权人或第三方的利益而被主张全部或部分无效。

（3）明确房屋毛坯及装修情况、合同网签、合同备案、预告登记、过户登记的时间和方式、实际占有的时间和方式、各类税费承担方式、违约责任、存在权利障碍（如抵押权、租赁等），应明确障碍消除的方式。

提示五：施工单位应考虑建设工程价款优先受偿权期限

在签订“以房抵工程款”协议时，施工单位应当考虑建设工程价款优先受偿权期限（施工单位应当在合理期限内行使建设工程价款优先受偿权，但最长不得超过 18 个月，自建设单位应当给付建设工程价款之日起算），对房屋交付时间进行限制，以保证在确定建设单位无法按约过户的情况下可以解除合同并及时向建设单位主张建设工程价款优先受偿权以保护自身利益。

提示六：施工单位应享有自主选择受让方的权利

（1）在签订“以房抵工程款”协议时，约定施工单位可自己购买本合同中约定的商品房，同时也有权指定其他施工单位或第三人作为购买人购买该商品房；施工单位在寻找实际购房人时可依据实际情况确定最终购买价格；“以房抵工程款”协议约定的房屋价格不受任何最终购买价格的影响，超出或低于部分，均由施工单位负责；施工单位在确定购买人及购买价格后，需通知建设单位，建设单位在收到通知后同实际购买人签署《商品房买卖合同》。

（2）施工单位指定第三人作为购买人购买该商品房，由于“债权人转让债权，未通知债务人的，该转让对债务人不发生效力”，所以在债权转让时，需签订三方协议，避免因未通知而使债权转让对建设单位不产生效力。实际购买人将购房款支付给建设单位后，建设单位将发票开具给实际购买人，建设单位按实际收到的售房款向施工单位支付资金。

提示七：协议生效后，应尽快办理相关登记手续并及时主张权利

（1）尽快办理合同网签、合同备案，办理预告登记、过户登记。

（2）具备交房条件的应尽早履行交房手续，进而实际占有并排除执行。

（3）建设单位不履行交付义务，不配合办理变更登记的，施工单位既可以选择请求对方履行“以房抵工程款”协议，也可以选择请求对方直接履行主债的工程款给付义务。

（4）在未办理完过户手续，且房地产企业破产的情况下，应积极主张建设工程价款优先受偿权，避免优先债权沦落为普通债权，提高受偿比例。

房地产并购过程中的政府行为所致法律风险分析

顾军贤*

现实中房地产项目并购通常有两种方式，一种是资产并购，即以房地产的土地房产为标的签订买卖合同；另外一种是项目公司并购，即收购方通过受让房地产项目公司的股权而达到并购房地产项目之目的。房地产项目并购并不像一般商品买卖那么简单，其中涉及土地权属、对外债权债务及新旧股权变更等多层法律关系，交易风险较大，一旦有任何环节疏忽都可能会带来投资的巨大损失。因此，了解房地产项目并购中的法律风险并有效地防范对投资方有着深远意义。

本文述及房地产并购过程中的政府行为变更土地使用条件的法律风险，并力求完善其中尽职调查流程，以飨读者。

案例一

某房地产公司（以下简称甲公司）于2015年5月通过招投标取得甲项目地块开发权。2016年4月该市土地规划，应政府要求，甲项目之使用土地容积率与建筑高度调高，并获该市政府规划部门批准，相关政府规划部门亦承诺给予免补地价的非正式回函。2016年6月，某房地产公司（以下简称乙公司）收购甲公司的股份。2018年7月，甲公司收到当地政府补缴土地出让金的通知，该补缴款相当高。甲公司一时无措。

案例二

某市房产开发商（以下简称丙公司），在2011年收购某市地产商（以下

* 顾军贤合伙人。

简称丁公司）的土地项目，以5亿元的价格转让。然而该土地在当地政府出让给丁公司的过程中，单方改变了土地出让合同中的诸如土地用途、容积率等土地规划设计条件。因此该市政府要求丁公司补缴土地出让金（以该地块的公开拍卖成交价为准计算），此亦远远超出丙公司的预算。

以上案例因土地规划条件之情势变更而致地价调高，房地产项目收购过程中，收购方处于因为政府行为之情势变更的不利地位，所以笔者从中梳理出以下风险提示。

一、主体地位不一致无平等协商变更的空间

《国有土地出让合同》是一般平等民事主体之间的合约，但凡有土地容积率、出让金等条款的修改必然需经双方协商平等确认。然而现实往往是地方政府与之商定土地出让合同的民事一方大多存在一定程度的地位不平等，与政府商定土地出让合同的民事一方只能被动接受。其实这里的法理逻辑与时代现实是，国有土地是民生依赖的物质条件，一方是民商主体，所代表的是个人私利；而地方政府作为国有土地的管理者，则代表一方百姓。双方主体本质上就是天然地不在平等线上，也似乎情有可原。

依《城市房地产管理法》第18条的规定，土地使用者需要改变土地使用权出让合同约定的土地用途的，必须取得出让方和市、县人民政府城市规划行政主管部门的同意，签订土地使用权出让合同变更协议或者重新签订土地使用权出让合同，相应调整土地使用权出让金。

然而该法条只是面对受让人欲变更土地用途的情形，即需经土地出让合同的出让人与市、县人民政府城市规划主管部门同意后，再签订出让合同变更协议或者重签土地使用权出让合同，再行调整地价。也就是说，受让人欲要单方变更，需经地方政府同意后变更。而地方政府欲要变更的情形如何，却没有相关规定。

在房地产并购过程中，政府一方在改变土地出让合同条件之后，收购方常常陷于被动无助之局面。

二、行政部门更迭与行政文件效力的不确定性风险

依《城市房地产管理法》等法律法规的规定，改变土地用途、容积率等

涉地价条款的，需报经市、县政府批准，并重签或者补签土地出让合同，合并计算补缴土地使用权出让金。例如，案例一，拟被收购地块的容积率与建筑高度虽经相关规划部门的批准，并有相关免除补缴出让金的回函。然而相关规划部门仅是部门下设的一个非正式部门，其免补地价的回函也仅存于会议纪要这种非正式文件中，当无政府行政行为的法律效力。后来，相关规划部门向被收购者下发补缴地价的要求，也是在情理之中了。

三、因政府行为改变出让条款而致补缴差额标准的不确定风险

依《城市国有土地使用权出让转让规划管理办法》《关于审理涉及国有土地使用权合同纠纷案件适用法律问题的解释》等规定，对于政府行为而致补缴地价的标准还没有一个确定指向，因此，法律边界与内涵的模糊，给收购方带来巨大的风险。例如，案例一，当地政府就要求以通知日同等条件的地块的地价标准计算补缴出让金，然而合同项下容积率、建筑高度调高是数年前的事了，早已时过境迁，地价不知涨了多少倍。再如，案例二，当地政府明文要求被收购者以项目地块的公开拍卖价计算补缴出让金。然而，因为竞价因素，公开拍卖价肯定比基准评估价高得多。因此，在房地产项目并购中，应查知各地规定与普遍做法，再行评估并购可能性与风险大小，避免并购不符合预期的代价损失。若拟收购公司在收购房地产项目之前，未审慎查明政府行为的不确定性，今后可能会遇到不可逆转的巨大债务风险。

以上仅分析政府行为而产生的房地产项目并购法律风险，然而在房地产并购实务操作中，不单是政府行为所致风险。诸如，项目公司担保债务风险、重大诉讼仲裁风险、工程款所涉债务而致项目权属不清的风险、项目公司间接并购中的子公司公司治理机会主义风险等，这些都是在房地产并购过程中不可忽视的风险。如何有效地控制与降低风险，需要收购者在事前做好尽职调查，并做好各项风险准备并将风险可控，以避免其他债务负担。

建设工程施工索赔的目标和方法

何四为*

建设工程施工索赔面临两大难题：业主单位施工条款越来越苛刻，施工企业利润微薄，风险极大，结款困难；分包商，特别是劳务分包商受政策和法律的保护，施工企业谈判难度增大，成本和风险无法分担。为此，本文总结了施工过程中索赔的两个目标、三个步骤、五个原则，以帮助施工企业提高索赔能力，缓解经营压力。

一、施工索赔的背景

在正常的商业环境下，供给方和需求方是相互依赖并共同获益的。但是，自2013年中国经济进入下行阶段以后，房地产行业突飞猛进，而建筑市场进入一个周期性的萧条阶段，利润越来越低、风险越来越大、企业难以为继。

建设工程施工企业，在目前商业环境下，面临两个难题，而且短期之内也不可能解决。

（1）业主单位施工条款越来越苛刻，施工利润越来越低。随着建设工程市场的透明化，业主单位实施模拟清单报价，掌控材料来源，压缩施工利润。施工单位曾经为增加利润使用的变更、增量、措施费用调增、材料调差、垫资利息，甚至偷工减料等手段已经被成熟业主通过合同条款的设计和现场施工管理全面化解。不仅如此，业主方通过免赔或限制赔偿条款，将工期延误责任、不利物质条件责任、材料人工上涨风险、施工图深化设计风险、指定分包商违约风险等全面转移给承包人，导致承包人的损失无法得到补偿。

（2）国家对劳务用工的保护越来越严密，施工企业的付款压力不断增大。

---

* 何四为合伙人。

分包商为了争取自己的利益，一般都打着劳务分包、要求支付农民工工资的名义向施工企业主张利益，否则就采取上访、堵门、新闻曝光等不同的方式给施工企业施加压力。近年来，国务院多次就解决农民工工资问题发出文件、地方政府每到年关的时候将其作为一个考核指标、各级人民法院给涉农民工案件设立绿色通道，要求一周结案；要求业主方在合同条款里约定一旦发生农民工上访等群体性事件，不仅有权直接从工程款中拨付农民工工资，而且有权进行处罚，多方施压要求施工单位先行垫付劳务款项。

以上问题决定了施工企业处于两难境地，一方面，业主利润少、付款迟延；另一方面，分包商借助农民工工资名义施加支付压力，导致企业进退两难。

二、施工索赔的意义

在正常情况下，建设工程的利润应该在 8%到 15%之间，安装与装修稍高。但最近几年，施工企业利润已经降低到 5%以内，大部分项目都处于盈亏维持状态。合理采取索赔手段，对企业经营势在必行。施工索赔的意义有两点：

（1）减少损失。提起施工索赔的前提在于施工过程中因为非施工方原因导致损失，包括停工、窝工、材料上涨、人工上涨、不利物质条件以及不可预估的原因导致的损失，如果索赔不能，那么企业将自己承担该损失，项目发生亏损的概率非常大。合理的索赔，至少能够保障合同中预期可以获得的利润。

（2）防止业主方反索赔。业主方对于工期索赔的积极性非常高昂，一方面，工期索赔中业主方操作性比较简便；另一方面，业主方也面临第三方索赔的问题，如小业主因延期对开发商进行索赔、逾期销售回款导致银行贷款逾期遭受的索赔等，所以业主方会尽一切方法向施工单位进行反索赔。施工单位事先进行索赔准备，可以有效抵消业主单位的反索赔冲动。

三、施工索赔的目标

施工索赔的最终目标只有两项：工期和费用。

（1）工期索赔：凡不是由于施工方原因导致的工期延误，都可以要求顺延工期，进行工期索赔。时间就是金钱，效率就是生命，工期在正在施工的项目管理中处于非常核心的位置。比如，房地产工程，早完工和晚完工一天对于业主来讲有重大影响，不仅涉及交付问题，也可能涉及整个房地产市场政策的变化。

（2）费用索赔：经济活动最终是为了实现企业效益。在很多情况下，项目最终是不是能够挣钱，全靠索赔是不是及时、完整、有效。

大部分施工索赔都是不成功的。从各级人民法院的判决情况来看，承包方的索赔很难得到支持，或者只能得到少部分支持。

索赔千万种，核心就两条，左手延工期，右手要费用。

四、施工索赔的基本原则

（1）及时索赔。及时索赔主要基于两点考虑：一是保护现场，防止证据灭失；二是符合合同约定的索赔期限，防止索赔权利的丧失。按照 2017 年标准施工合同的约定，索赔事项发生以后 28 天之内应当发出索赔通知。在实际签署的协议中，业主方为了规避自己的责任，对部分索赔事项的提起时间又进行了缩短，如部分开发商将索赔时间缩短到 14 天，将不可抗力、地质条件异常等因素导致的索赔时间缩短到 7 天。而根据 2018 年《最高人民法院关于审理建设工程施工合同纠纷案件适用法律问题的解释（二）》（以下简称《最高人民法院建设工程司法解释二》），双方约定了工期顺延的索赔时间，施工人没有按照约定时间索赔的，视为工期不顺延。

（2）单项索赔。根据我们的统计，非承包方原因导致的索赔事项大概有 40 项，一些索赔事项可能在同一个时间段出现，施工方面临的选择是单项索赔或是一揽子索赔。笔者建议就单个索赔事项提起索赔而不赞同一揽子索赔。从索赔成功率来看，单项索赔也比一揽子索赔高。单项索赔主要基于以下四个方面的考虑：一是保证索赔的时效性，避免因等待其他事项一起索赔而导致丧失索赔期限；二是考虑施工现场的变化，由于施工进度每天都在变化，后续工程会掩盖索赔现场；三是考虑发包人代表授权权限，成熟业主会限定现场代表的签证权利，如索赔金额超过 10 万元需公司盖章方能同意，一揽子索赔可能导致现场代表丧失签字权；四是考虑业主方的心理承受能力，大额的一揽子索赔会导致业主方审慎或不敢签署索赔意见。

（3）分期索赔。我们建议对已有索赔事项每间隔一个期限就及时提出。对于每一阶段新发生的索赔事项应当进行阶段性总结，对于已经提起索赔但索赔事项仍未结束的，每间隔一个阶段如 28 天应当就持续性的索赔事由继续提出索赔。

（4）分步骤索赔。索赔三步骤：确认原因和期限；确认工程量；确认费用。从目前索赔的案例来看，单独的工期索赔和单独的费用索赔只占一部分，更大比例的是工期和费用同时索赔。为了减少索赔的难度，对于较大金额的索赔我们建议分步骤实施：第一步：发出索赔文件，确认工期延误的原因及延误开始的时间节点；第二步：要求确认延误期间现场状况，包括人、材、机数量和状况，确认工程量；第三步：针对延误时间和现场损失计算费用，提出费用索赔。分步骤索赔的好处在于减少监理和发包人代表确认的难度，即使最终费用未能得到确认，也可以根据前期索赔的确认文书进行评估和鉴定。对此，2018 年《最高人民法院建设工程司法解释二》已经进行了明确。

（5）形成签证。签证是双方就工期和费用索赔达成一致的书面文件，也是双方协商的结果。索赔是一种单方行为，这种行为的最终目的是获得工期和费用的补偿，而签证就是发包人对索赔的一种确认。进行索赔的目的，就是尽量获得甲方签证。

五、施工索赔事项

建设工程施工合同示范文本中涉及承包方索赔的条款大概有 46 个，索赔事项大概有 40 个。承包人的索赔主要来源于以下方面：

（1）发包人违约导致索赔。涉及变更、不具备进场条件、延期付款、不能按时提供材料等。

（2）不利物质条件。例如，岩土级别、地质资料与招标资料不符、地下文物、树木移植等。

（3）不可抗力导致索赔。例如，雨雪、暴风、地震等因素。

（4）第三方原因导致索赔。例如，村民上访、阻拦施工等。

（5）政策、法律变化导致索赔。例如，环保停工等。

六、施工索赔的基本要件

有效的索赔应当具备以下条件：

（1）索赔依据充分。索赔依据包括两种：合同约定和法律规定。在提出索赔之前，应当就该索赔事项是否符合索赔依据进行确认。

（2）索赔事项已经发生。没有发生的事实不能作为索赔事项和理由。

（3）索赔事项发生后导致工期延长或费用增加。

（4）索赔程序正当。索赔应当按照合同约定的期限、程序、资料进行。

（5）索赔资料齐全。主张索赔的一方应当提供相关资料以证实索赔事项的发生及损失大小。只有具备以上条件，索赔才能够被接受，否则，发包人将会拒赔。

七、施工索赔应当注重收集如下资料

现场人员名单、工资发放表、银行工资发放流水、考勤记录；进场前提交的施工进度报告、施工措施报告、施工人员备案、机械设备一览表等。

租赁或购买设备的合同、付款凭证、发票等；现场材料采购、接受、使用资料；承包人向发包人递交的请示报告、情况反映、工作联系单、签证、会议纪要、监理通报、施工日志等；涉及分包人的，包括分包人报送的索赔资料。

在2018年《最高人民法院建设工程司法解释二》实施后，人民法院对于承包人的索赔提出了更高的要求，不仅要提供相应的证据证明损失存在，还必须提供证据证明存在发包人违约或其他可赔理由，以及相互之间的因果关系。

施工索赔，任重而道远。

从建设工程相关司法解释修订过程看施工合同纠纷司法鉴定之变化

柯振岳*

《民事诉讼法》第 79 条规定，当事人可以就查明事实的专门性问题向人民法院申请鉴定。

施工合同纠纷案件中，当事人就工程造价、质量、工期、修理费用等事项，很难达成一致，所以在案件处理过程中经常性地需要委托司法鉴定。

2004 年，最高人民法院公布的《关于审理建设工程施工合同纠纷案件适用法律问题的解释》（以下简称旧《建设工程司法解释（一）》，现已失效）第 15 条、第 19 条涉及鉴定问题，但均未对司法鉴定程序和实体要求进行展开。

最高人民法院《关于审理建设工程施工合同纠纷案件适用法律问题的解释（二）》（以下简称《建设工程司法解释（二）》，现已失效）于 2019 年 2 月 1 日起施行，其中第 12 条至第 16 条共五条专门解决司法鉴定问题。

为配合《民法典》施行，最高人民法院整合了旧《建设工程司法解释（一）》与《建设工程司法解释（二）》，于 2020 年 12 月 29 日通过《关于审理建设工程施工合同纠纷案件适用法律问题的解释（一）》（以下简称新《建设工程司法解释（一）》），于 2021 年 1 月 1 日起施行，其中第 28 条至第 34 条共七个条款涉及司法鉴定问题。

新《建设工程司法解释（一）》，相对于《建设工程司法解释（二）》增加了“固定价结算合同，不予鉴定”及“仅对有争议事实进行鉴定”内容。

从以上三个司法解释关于司法鉴定条款数量的变化（从两个增加到五个、

* 柯振岳合伙人。

再增加到七个），可以看到建设工程合同纠纷案件中司法鉴定的重要性在逐渐提高，对司法鉴定的程序及实体的法律适用也越来越规范。

本文整理新《建设工程司法解释（一）》中关于施工合同纠纷司法鉴定的相关规定及延伸理解，要点如下。

一、已有结算协议情况下，不得启动司法鉴定

（一）降低司法手段的过度干预

之前的司法实践中，有的法院以各种理由，尤其是曲解旧《建设工程司法解释（一）》第19条“当事人对工程量有争议的，按照施工过程中形成的签证等书面文件确认”的规定，在当事人已有结算协议的情况下，仍然强行启动司法鉴定，由此造成当事人无法服判息讼。

新《建设工程司法解释（一）》第29条规定“当事人在诉讼前已经对建设工程价款结算达成协议，诉讼中一方当事人申请对工程造价进行鉴定的，人民法院不予准许”。该条强调诚信原则、尊重当事人意思自治的效力，降低司法手段的过度干预。

（二）何谓“结算协议”？

施工合同履行中，经常有当事人认为最终双方签字盖章的《结算报告》才对双方具有约束力，其他的文件均不能算作结算协议。

但是，按照一般的诉讼规则，施工合同当事人就工程价款及与之相关的工程量、工期、费用等问题，经协商后形成的协议、备忘录、会议纪要等文件，只要具备了“共同确认”的意思表示，即应当作为结算协议来对待；当事人就部分事项达成的一致，或就“存在争议项”达成的一致，虽然不是完整的结算报告，但仍然就达成一致部分具有直接影响最终结算结果的效力。

而且，《结算报告》通常只包含工程造价，不包含损失、违约金、各种费用和罚款等内容。所以，本条所指“结算协议”与《结算报告》在覆盖范围上也不相同，“结算协议”通常还具备财务清算功能。

（三）“诉讼中达成的结算协议”是否具有约束力

笔者认为，本条规定目的在于解决司法实践中的普遍性问题，强调当事

人的意思自治。当事人在诉讼中达成结算协议的情况虽不常见，但只要不违反法律法规的强制性规定，仍然应当具备约束力。

因此不可依本条规定得出“诉讼中达成结算协议、一方当事人申请工程价款鉴定的，法院应当准许”的结论。

（四）有效结算协议不以工程竣工或质量合格为前提

在工程未竣工的情况下，双方签署结算协议，应视为对原合同的变更(实践中更多是施工合同解除、提前结算)，因此结算协议不以工程竣工为前提。

结算协议是当事人对自身权利的处分，应予尊重；法律法规亦无规定工程质量不合格禁止结算付款。发包人签署结算协议的行为，应为放弃“质量不合格、不予支付工程款”主张，因此，即使工程质量不符合合同约定，只要发包人签署协议，即为合法有效。值得注意的是，结算协议无效或被撤销，仍有机会申请造价鉴定。

二、诉前委托的造价咨询，并不代表接受咨询意见的约束，除非双方明确表示接受咨询意见约束

单方委托的造价咨询结果，对其他当事人无约束力，当无异议。

根据新《建设工程司法解释（一）》第 30 条的规定，在双方共同委托的情况下，仍然排除咨询结果对委托人的约束力，除非是双方共同明确表示受该咨询意见约束。

三、委托司法鉴定时，需明确鉴定内容

施工合同案件审理过程中，法官往往有“将所有专业问题抛给鉴定机构”的倾向，甚至根本不组织对鉴定材料的质证，造成司法资源浪费，也加重了当事人的负担，更难以保证纠纷依法公平处理。

新《建设工程司法解释（一）》第 31 条、第 33 条明确规定，仅对有争议的事实进行鉴定；法院应当根据当事人申请及查明案件事实的需要，确定委托鉴定的事项、范围，同时还要确定鉴定的期限，并组织对有争议的鉴定材料进行质证。

四、有争议的鉴定材料需经质证

新《建设工程司法解释（一）》第 33 条、第 34 条均述及，对有争议的鉴定材料需经质证。经质证认为不能作为鉴定依据的，根据该材料作出的鉴定意见不得作为定案依据。

司法鉴定是由鉴定人就专业问题提供咨询意见。而鉴定人通常是在非诉讼情况下接受工程施工合同当事人委托、按照惯例规则提供咨询意见。因此，司法鉴定人可能在专业问题上很专业，但对诉讼法的各种程序性规定未必会很了解，这也造成其在司法鉴定中按其惯常经验自行其是，将未经双方质证的鉴定材料作为鉴定依据，甚至改变合同约定的计算规则，严重侵犯当事人的权益。

新《建设工程司法解释（一）》明确未经质证或经质证不能作为鉴定依据的，其鉴定意见不得作为定案依据。相信基于此规定，司法鉴定人也不会再以此类鉴定材料作出鉴定意见。

五、一审未申请鉴定、二审中能否申请？审判监督程序中能否申请？

2012 年《民事诉讼法》修正后，对于逾期提供的证据，并非一概不予采纳；通常在具备合理理由的情况下，为查明案件事实确有必要的，二审中也会接受鉴定申请。在此情形下，为保证双方当事人的诉讼权利，通常会将案件发回一审法院重审并委托鉴定。

按照 2022 年最高人民法院《关于适用〈中华人民共和国民事诉讼法〉的解释》第 397 条规定，一审、二审中都没有申请鉴定，在审判监督程序中提出的鉴定申请，法院不予准许。

房屋出现质量问题但已过“保修期”，业主方如何维权？

刘知瑜*

一、提出问题

随着中国城镇化建设的高速推进，建设工程行业的发展势如破竹。但行业的“野蛮生长”也带来了层出不穷的问题，房屋出现质量问题的情况屡见不鲜。本文将结合相关司法案例，就“房屋出现质量问题但已过‘保修期’的，业主方如何维权”这一问题进行解读。

二、案例分析

（一）典型案例：（2013）浦民一（民）初字第41540号

基本案情：案涉工程于2008年12月20日竣工，竣工后不久即出现渗漏问题，双方就此多次沟通协调，被告也多次予以维修，但均未彻底解决争议。

法院观点：本院认为，原、被告签署的移交备忘明确工程于2008年12月20日竣工并自该日起计算保修期，根据质量保修书约定及庭审中双方陈述，涉案争议的屋面、墙面防水保修期为5年，地坪保修期为2年。而从往来函件内容来看，针对屋面、墙面渗漏问题，原告在涉案工程竣工后不久就提出异议，双方就此多次进行沟通协调，被告也多次予以维修，但均未彻底解决争议。针对停车场空鼓、开裂问题，2010年4月14日被告函复中明确原告在此之前就地坪碎裂问题提出异议。综合上述事实，涉案工程质量问题未

* 刘知瑜合伙人。

超过保修期，被告对涉案工程质量问题仍负有保修义务。

（二）典型案例：（2020）沪 0115 民初 3513 号

基本案情：涉案工程于 2013 年 8 月 22 日竣工验收合格，自该日起计算保修期。原告提起本案反诉之日，已经超过竣工验收之日起 5 年或 2 年，但确有证据证明原告在相应保修期内向被告提出了保修要求，而被告未修复。

法院观点：建设工程在保修范围和保修期限内发生质量问题的，施工单位应当履行保修义务；建设工程的保修期，自竣工验收合格之日起计算。涉案工程于 2013 年 8 月 22 日竣工验收合格，自该日起计算保修期。本案原、被告未对具体的保修期限作出约定，应根据《建设工程质量管理条例》和《房屋建筑工程质量保修办法》规定的最低保修期限确定，其中屋面防水工程、有防水要求的卫生间、房间和外墙面的防渗漏，为 5 年；电气管线、给排水管道、设备安装和装修工程等为 2 年。至毓阳公司提起本案反诉之日，已经超过竣工验收之日起 5 年或 2 年，但确有证据证明毓阳公司在相应保修期内向苏州建筑公司提出了保修要求，苏州建筑公司未修复的，仍应承担相应的保修责任。

（三）典型案例：（2012）沪一中民二（民）终字第 864 号

基本案情：案涉工程于 2009 年 2 月 27 日竣工，根据 B 厂、B 公司签订的《建设工程施工合同》约定，系争工程中除地基基础工程和主体结构工程为设计文件规定的该工程合理使用年限外，其余工程质量保修期均为 1 年。而根据建筑行业规范，在框架结构工程中，基础、梁、柱、板、承重墙、楼梯间、屋面、墙体都属于主体工程。司法鉴定单位经鉴定后所出具的质量检测报告和修复方案中列举的存在质量缺陷并需修复部位的均属主体结构工程存在的质量缺陷，现 B 厂提出对该部分进行保修。

法院观点：法院认为，B 公司主张其不应承担第 3 项外墙修复及外墙面涂料工程修复费用的理由是外墙已经超过保修期，但质量鉴定人员在原审中明确表示工程质量问题并非过了保修期后使用不当所造成的，故工程质量问题不考虑保修期，超过保修期还是能反映当时施工质量问题，因此在系争工程经鉴定确实存在质量问题的情况下，B 公司以外墙超过保修期为由主张其不应承担该部分修复费用缺乏依据。B 公司主张其不应承担第 6 项楼板修复工程费用的理由是楼板开裂的原因是混凝土存在质量问题，而混凝土系 B 厂自行购买的，故不应由 B 公司承担修复责任，然鉴定人员在原审中表示经现场取样，厂房楼面混凝土强度是达标的，裂缝是由于施工操作及收缩引起，现 B 公司确认混凝土是由其进行施工，也未能举证证明混凝土确实存在质量问题，故其拒绝承担该部分修复费用缺乏依据。综上，B 公司要求在审价结论中扣除部分费用的主张不能成立，其应当按照审价结论向 B 厂支付修复费用 2 282 129 元。

（四）典型案例：（2020）沪 0113 民初 3626 号

基本案情：系争工程于 2017 年 4 月取得竣工验收备案证书，自 2017 年 5 月起双方就维修问题多次进行沟通，二十冶公司至今未修复。

法院观点：关于反诉部分，争议焦点在于二十冶公司对系争工程的施工是否存在质量问题，应否承担保修责任并赔偿相应损失。对此，法院认为，建科院质检站出具的鉴定意见书及补充修复方案系鉴定机构依照相关规范作出的，其意见具有客观性和科学性，应予以采信。本案审理中根据现场情况进行鉴定，鉴定意见指出，系争工程中地坪裂缝、楼板裂缝和内外墙裂缝的问题中施工原因均占有一定的比重，故二十冶公司作为施工方应承担相应责任。且根据本案查明的事实，系争工程于 2017 年 4 月取得竣工验收备案证书，自 2017 年 5 月起双方就维修问题多次进行沟通，二十冶公司虽两次组织人员进行维修，但从沟通情况来看，维修过程确实一再拖延，直至 2018 年 12 月 31 日二十冶公司以修复完毕为由申请撤场，兴盛消防公司回复因二十冶公司未及时按计划要求完成全部施工内容，故同意撤场，后续质量问题自行安排完善等。故兴盛消防公司另行委托 B 公司进行质量问题维修符合合同约定，其要求二十冶公司赔偿修复费用并要求赔偿 B 公司已支付的维修费用，合法有据，法院予以准许。二十冶公司关于已过保修期不应承担保修责任的抗辩，于法无据，法院不予采纳。

（五）典型案例：（2014）松民三（民）初字第 3159 号

基本案情：涉案工程于 2005 年 11 月 16 日竣工，原告多次进行回访，但因厂房的柱梁与墙体交接处存在不均匀收缩，造成裂缝与渗漏。原告多次派人进行维修但均未彻底修复，被告遂自行邀请第三人对前述质量问题进行维修。

法院观点：本案涉案工程自交付使用以来一直存在墙面、屋顶、窗台渗水、漏水等工程质量问题，被告搜鹿公司在保修期限内多次要求原告保修。虽然，原告于2006年8~12月进行了全面翻修，也于2010年11月邀请第三人惠虹公司对涉案工程屋面进行翻修做防水工程，但原告没有证据证明对涉案工程墙面、窗台渗水、漏水等工程质量问题进行了维修，且已经彻底解决了渗水、漏水问题。因此，法院依法认定在被告松云公司和原告不能履行保修义务情况下，被告搜鹿公司于2012年9月邀请第三人民朴公司对涉案工程墙面、窗台渗水、漏水等工程质量问题进行维修，并不违反法律规定，有关维修费用应当由被告松云公司和原告承担，并应从工程保修金中予以扣除。关于原告提出的已经超过了5年保修期的意见，因本案涉案工程自交付使用以来一直存在墙面、窗台渗水、漏水等工程质量问题，法院不予采纳。

三、律师建议

针对建筑工程出现的质量问题，本文主要围绕质量问题的性质、保修期、保修期内是否提出过修复请求等进行分析。

（一）明确建筑工程质量问题的性质，区分主体结构质量问题与非主体结构质量问题

根据《建设工程质量管理条例》第40条之规定，若质量问题属于地基基础工程和主体结构工程，保修期限为设计文件规定的该工程的合理使用年限。若质量问题非主体结构问题，则保修期限相对较短，屋面防水工程、有防水要求的卫生间、房间和外墙面的防渗漏，为5年；供热与供冷系统，为2个采暖期、供冷期；电气管线、给排水管道、设备安装和装修工程，为2年。其他项目的保修期限由发包方与承包方约定。建设工程的保修期，自竣工验收合格之日起计算。

根据《建筑结构可靠性设计统一标准》（GB50068—2018）和《民用建筑设计统一标准》（GB50352—2019）中的规定，建筑结构和民用建筑的设计使用年限分为四类：

（1）临时性建筑，其设计使用年限为5年。

（2）易于替换结构构件的建筑，其设计使用年限为25年。

（3）普通房屋/建筑和构筑物，其设计使用年限为 50 年。

（4）纪念性建筑和特别重要的建筑/标志性建筑与特别重要的建筑结构，其设计使用年限为 100 年。

（二）判断质量问题出现在保修期内还是保修期外

若质量问题出现在保修期内，则承包人需要承担保修责任；若质量问题出现在保修期外，则承包人一般不需要承担保修责任，但也存在例外情形，即保修期内出现的质量问题一直未修复或未彻底修复，承包人对久拖未决并延续到保修期外的质量问题仍需承担保修责任。

（三）保修期内是否提出修复请求

若保修期内未提出修复要求，则很难证明非主体结构的质量问题发生在保修期内，因此不能要求承包人承担修复责任；若保修期内提出过修复要求，但一直未彻底修复，那么承包人仍需承担保修责任。

综上，房屋/建设工程在保修期内出现质量问题，业主方已经提出修复要求但总包方尚未完全修复，在保修期已过的情形下，只要业主方能证明其在保修期内及时提出异议或修复请求，即便承包人怠于修复或尚未完全修复质量问题，保修期外仍可要求承包人承担修复或赔偿责任。

破产与不良资产处置

出租人破产后未履行完毕，租赁合同上装饰装修物的处理

罗雪红律师团队*

房产行业下行背景下，出租人破产案件渐多，出租人破产后关于租赁合同中的装修投入问题也日益引起各方重视，尤其是对于一次性签署租赁周期较长、装修投入较大的大型商超、餐饮、酒店类企业，因其装修残值较高，如何妥善处理，考验着每一个个案破产管理人的智慧。

对于经出租人同意对租赁房屋所做的装饰装修，区分租赁合同的效力是首要的，其次在租赁合同有效情形下再考虑合同解除的原因、装饰装修物是否已形成附合、出租人是否同意利用再进行个案认定。上述因素在案件中均需逐个考量分析，不可偏废（未经出租人同意装修的，法律规定较为明确，直接由承租人自行拆除装饰装修物并将房屋恢复原状，本文不再论述）。

一、租赁合同无效情况下装饰装修的处理

（一）租赁合同无效的情形

根据《民法典》《商品房屋租赁管理办法》《最高人民法院关于审理城镇房屋租赁合同纠纷案件具体应用法律若干问题的解释》，实务中常见的租赁合

---

* 罗雪红合伙人。

同无效情形有：

（1）租赁期限超过二十年的，超过部分无效。

（2）出租人就未取得建设工程规划许可证或者未按照建设工程规划许可证的规定建设的房屋，与承租人订立的租赁合同无效。但在一审法庭辩论终结前取得建设工程规划许可证或者经主管部门批准建设的，人民法院应当认定有效。

（3）出租人就未经批准或者未按照批准内容在城镇土地上建设的临时建筑，与承租人订立的租赁合同无效。但在一审法庭辩论终结前经主管部门批准建设的，人民法院应当认定有效。

（4）租赁期限超过临时建筑的使用期限，超过部分无效。但在一审法庭辩论终结前经主管部门批准延长使用期限的，人民法院应当认定延长使用期限内的租赁期间有效。

另外还包括两类虽不常见，但确因违反公序良俗而被认定无效的情形，即公共租赁住房转租及危房租赁（指导案例 170 号：最高人民法院（2019）最高法民再 97 号饶某礼诉某物资供应站等房屋租赁合同纠纷案）。

（二）租赁合同无效后，区分租赁房屋中的装饰装修是否形成附合以及出租人是否同意利用进行不同处理

（1）在装饰装修物未形成附合时：

①出租人同意利用的，可折价归出租人所有。

②出租人不同意利用的，则可由承租人拆除。因拆除造成房屋毁损的，承租人应当恢复原状。但需留意的是，若是因出租人原因导致无效的，并不影响承租人向出租人主张损害赔偿的权利。

（2）在装饰装修物已形成附合时：

①出租人同意利用的，可折价归出租人所有；

②出租人不同意利用的，由双方各自按照导致合同无效的过错分担现值损失。

二、租赁合同有效情况下，装饰装修的处理

在租赁合同有效情形下，首先应区分租赁合同提前解除的原因，再根据租赁房屋中的装饰装修物是否形成附合、出租人是否同意利用来确定不同的

处理方式。

（一）租赁合同履行过程中，承租人，出租人可以请求解除合同的情形

1. 承租人解除合同的情形

一般情况下，除租赁合同符合《民法典》第563条合同法定解除条件外，在实践中，如存在如下情形之一，导致租赁房屋无法使用的，承租人亦可以请求解除合同：

（1）租赁房屋权属有争议，以致承租人无法占有、使用房屋，行使租赁权的；

（2）租赁房屋被司法机关或者其他有权部门查封的；

（3）租赁房屋具有违反法律、行政法规关于房屋使用条件强制性规定情况的；

（4）租赁房屋客观状况使租赁房屋无法通过相关审批，导致约定的使用目的无法实现，如环评、消防评定；

（5）租赁房屋不具备正常使用的条件，如存在危及承租人的安全或者健康的情况，如危楼、违建存在安全隐患的房屋等。

2. 出租人请求解除合同的情形

同理，除租赁合同符合《民法典》第563条法定解除条件外，实践中，如存在下列情形的，出租人亦可以请求解除合同：

（1）承租人未经出租人同意擅自转租，出租人事后也未追认的；

（2）承租人未按照约定的方法或租赁的性质使用租赁物，致使租赁物受到损失的；

（3）不定期租赁的，出租人可以随时请求解除；

（4）承租人未经出租人同意，擅自对房屋进行改、扩建，出租人提出异议并要求承租人恢复原状或赔偿损失的，承租人不予恢复或赔偿的；

（5）承租人使用租赁物从事非法生产、加工、储存、经营爆炸性、毒害性、放射性、腐蚀性物质或传染病原体等危险物质和其他违法活动的。

（二）合同解除后，根据租赁房屋中的装饰装修物是否形成附合，并结合出租人是否同意利用以确定不同的处理方式

（1）在装饰装修物未形成附合时：

①如双方有约定的，应当按照合同约定处理；

②如双方没有约定的，则可由承租人拆除取回，且不以出租人同意为必要条件。但承租人在拆除装饰装修物时，不得对租赁房屋造成毁损，一旦因拆除造成租赁房屋毁损的，承租人应恢复原状或进行损害赔偿。承租人不拆除的，也无法向出租人要求补偿。

（2）在装饰装修物已形成附合时：

①如双方有约定的，同样按照约定处理；

②如双方对已形成附合的装饰装修如何处理没有约定的，可按照下列情形分别处理：

其一，因出租人违约导致合同解除，承租人请求出租人赔偿剩余租赁期内装饰装修残值损失的，应予支持。因为，在出租人违约导致租赁合同解除情况下，承租人无法按照租赁合同约定的租赁期限使用房屋，不能完全享用附合的装饰装修剩余期限的价值。因此，出租人承担违约责任，赔偿损失也并无不当。

其二，因承租人违约导致合同解除，承租人请求出租人赔偿剩余租赁期内装饰装修残值损失的，不予支持。但出租人同意利用的，应在利用价值范围内予以适当补偿（即属于出租人对自身权利的处分）。

其三，因双方违约导致合同解除，剩余租赁期内的装饰装修残值损失，由双方根据各自的过错承担相应的责任。如何确定出租人与承租人的责任比例，实务中相对较为复杂，通常会根据双方违约行为的性质、违约具体原因、违约时主观心态等综合认定。

其四，因不可归责于双方的事由导致合同解除的，剩余租赁期内的装饰装修残值损失，由双方按照公平原则分担。不可归责于双方的事由，主要是不可抗力，即不能预见、不能避免并不能克服的客观情况，如自然灾害中的洪水、地震，社会事件中战争、政变等。

三、承租人装修损害赔偿款债权的性质——破产债权还是共益债务

出租人违约导致的合同解除，出租人需对承租人的装饰装修残值进行损害赔偿，另外在出租人破产管理人就双方均为履行完毕租赁合同行使《企业破产法》第 18 条特别解除权时，根据《企业破产法》第 53 条的规定，承租

人也可以因合同解除所产生的损害赔偿请求权申报债权，那么该部分债权仅是普通破产债权还是共益债务，实务中却不乏争议。

其实对于该问题，可以参照最高人民法院第二巡回法庭法官会议纪要中对破产后承租人预付租金中的处理思路进行解决〔1〕。最高人民法院第二巡回法庭法官会议纪要认为，在出租人破产，管理人解除的租赁合同存在承租人预付多余租金的情况下，承租人预付的该部分租金其实是为履行将来居住使用房屋的合同权利而预先支付的价款，但在合同解除后，承租人继续支付租金的合同义务已经消灭，承租人当然有权要求返还。另，从出租人角度看，其收回房屋后再占有承租人预付的租金也无法律上的根据，构成不当得利，因而承租人有权基于不当得利之债而要求出租人返还。由于出租人的该项不当得利债务发生于人民法院受理破产申请之后，根据《企业破产法》第42条的规定，因债务人不当得利所产生的债务为共益债务，因此承租人要求从破产财产中随时优先清偿的，并无不当。

同理，在判断房屋装修装饰物残值损失债权性质时，是否认可该部分装修残值属于不当得利，则同样成了问题的关键。如认可承租人该部分装修损失对出租人而言属于不当得利的，则该部分债权应属于共益债务，反之，则是普通破产债权。

实务中已有不少类似认可不当得利及共益债务的案例。如在上海市青浦区人民法院审理的陆某其与意帝皮毛科技公司破产债权确认纠纷一案中〔2〕，法院认为：是否享有优先受偿权，争议的焦点在于对出租人破产导致房屋租赁合同解除的情况下房屋装修装饰物残值的性质认定，如认为相关装修装饰物残值是承租人即原告基于房屋租赁合同约定的预期的房屋使用权所作的配套投入，在合同解除后管理人赎回装饰装修物所有权而未支付对方的补偿款应属于获得不当得利，由此产生的债权属于被告的共益债务。或者认同装饰装修物附合部分的残值被纳入破产财产价值即厂区评估拍卖价值中，使得破产程序中厂房拍卖时，对于厂房上的附合装修装饰物价值有所体现并增加破产财产价值，这一增值的补偿款未支付原告即属于被告不当得利，这将有利

---

〔1〕参见贺小荣主编：《最高人民法院第二巡回法庭法官会议纪要（第二辑）》，人民法院出版社2021年版，第404页。

〔2〕案号：（2020）沪0118民初20732号。

于全体债权人的共同利益以及破产程序顺利进行，则应认定其为被告的共益债务。

类似案例还有威海广汇信息工程有限公司与威海市城郊场站发展公司普通破产债权确认纠纷案〔1〕、广西快菱电梯有限公司与广西奥斯玛电梯有限公司破产债权确认纠纷案〔2〕、东亚银行（中国）有限公司杭州分行与台州恩都酒店有限公司破产债权确认纠纷案〔3〕等。

结　语

正所谓对症下药，方能有的放矢。本文仅是未履行完毕租赁合同上装饰装修物处置的常规思路，实务中还包括诸多细节点，每一处细节事实的差异都会导致案件适用结果的不同。如，管理人作为出租人行使合同解除权的限制问题（即未履行完毕合同，管理人是否均可解除）、装修残值评定问题、解除涉及双方过错时，公平原则的适用问题等，不一而论，每个细节均需灵活处理，对管理人而言，每个个案对各方而言也均是一场修行。

〔1〕 案号：(2022) 鲁1002民初3401号。

〔2〕 案号：(2021) 桂民终84号。

〔3〕 案号：(2017) 浙1021民初4960号。

上市公司被申请破产重整影响之法律分析

章祺辉　冯娇阳*

近年来，在中国经济结构转型升级的背景下，受内外部政策环境、金融环境、市场环境变化的影响，无论申请（被申请）破产重整的上市公司数量，还是法院裁定受理破产重整的上市公司数量均大幅增加。破产重整不同于破产清算，是对企业的保护措施，破产企业可以选择多元化的债务偿还方式，持续经营，并提高对债权人的清偿率。破产重整已经成为上市公司化解风险的主要方式，下文将对破产重整的流程（如图1所示）及其法律效果予以介绍。

一、债权人申请债务人破产重整到法院受理的程序概览

根据《企业破产法》及相关司法解释、《最高人民法院关于审理上市公司破产重整案件工作座谈会纪要》，债权人申请债务人破产重整的，(1) 法院会审查债权的真实合法性、是否具备重整原因、重整必要性和可行性等；(2) 审查过程中还需获得省级人民政府、中国证监会并逐级报最高人民法院的审查支持；(3) 另上市公司重整实施前一般需先实施预重整。因此，法院在收到债权人提出的重整申请到作出受理裁定，尚须履行的主要程序有：预重整备案→预重整→重整受理；在法院审查过程中，法院将结合上述流程综合判断公司是否符合重整条件、是否具备重整价值和重整可能，并依法裁定是否受理。

* 章祺辉合伙人，冯娇阳律师。

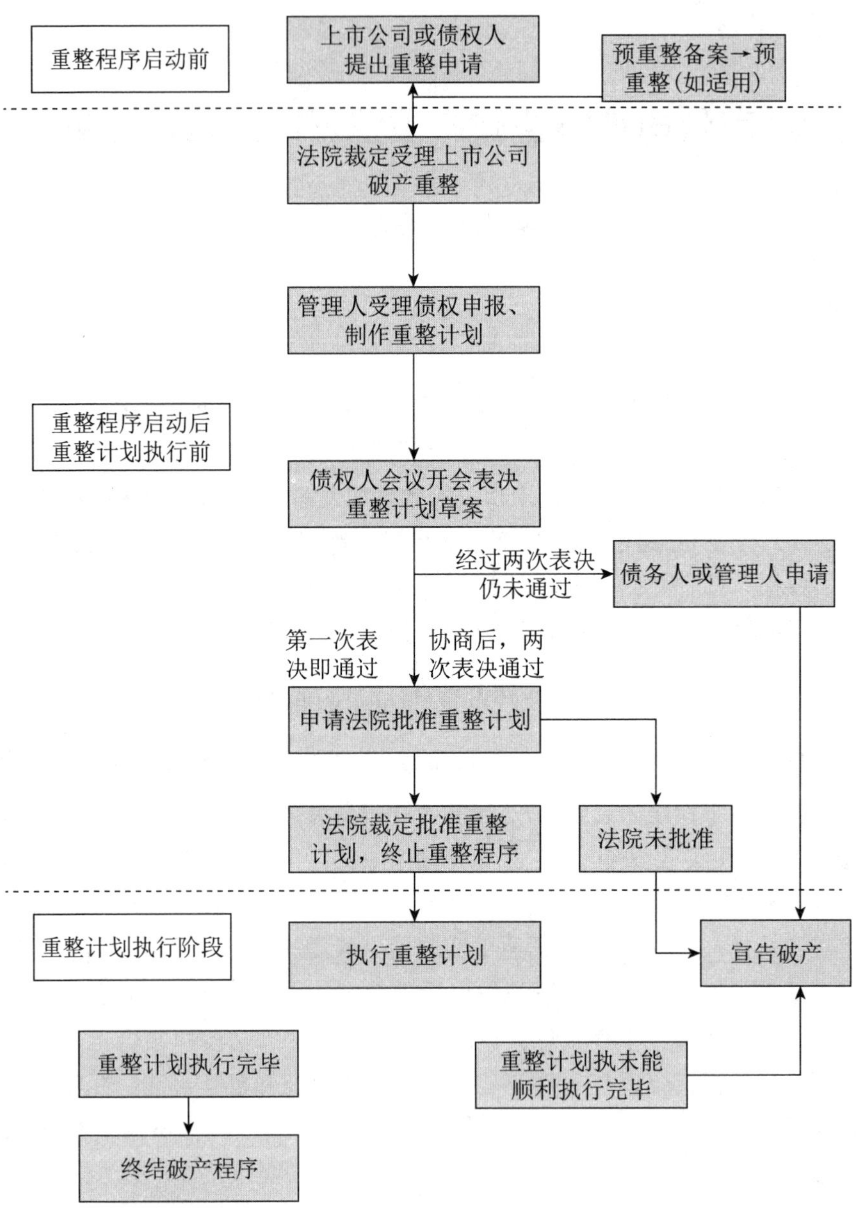
重整程序启动前
上市公司或债权人提出重整申请
预重整备案→预重整(如适用)
法院裁定受理上市公司破产重整
管理人受理债权申报、制作重整计划
重整程序启动后重整计划执行前
债权人会议开会表决重整计划草案
经过两次表决仍未通过
债务人或管理人申请
第一次表决即通过
协商后，两次表决通过
申请法院批准重整计划
法院裁定批准重整计划，终止重整程序
法院未批准
重整计划执行阶段
执行重整计划
宣告破产
重整计划执行完毕
重整计划执未能顺利执行完毕
终结破产程序

图 1　破产重整流程

法院会组织听证审查，听证期间不计入重整申请审查期限。具体如表 1 所示。

表 1　听证审查内容

审查内容	1. 债权的真实合法性 申请人的债权已被人民法院、仲裁机构生效法律文书，或者具有强制执行效力的公证债权文书确认，且债务人未予清偿的，可认定申请人享有未获清偿的到期债权；申请人的债权未被人民法院、仲裁机构生效法律文书，或者具有强制执行效力的公证债权文书确认的，人民法院应对申请人的相关债权凭证进行实质审查，以判断债权的真实性和合法性。经审查难以作出判断的，可引导申请人先行提起民事诉讼或依法申请仲裁，以明确其对被申请人是否享有未获清偿的债权
	2. 债务人是否具备重整原因 根据《企业破产法》第 2 条的规定，债务人不能清偿到期债务，并且资产不足以清偿全部债务；或者债务人不能清偿到期债务，并且明显缺乏清偿能力；或者债务人有明显丧失清偿能力可能的，应当认定为具备重整原因
	3. 重整必要性和可行性审查 重整对象应当具有重整价值和可能。对于债务人具有重整价值的证据材料，应结合国家产业政策、行业前景、企业发展前景等情况，从债务人重整的社会价值、经济效益等方面进行实质性审查。对于债务人重整的可行性报告或重整方案，应结合债务人的资产及负债状况、经营管理、技术工艺、生产销售情况，以及企业陷入经营困境的主要原因、提出的初步方案是否有针对性和可操作性、重组方是否具有重组能力等进行实质性审查。对于明显不具备重整价值或者虽有重整价值但不具备重整可能性的，应裁定不予受理。人民法院对债务人重整必要性和可行性进行审查时，一般应听取行业主管部门、金融监管机构、国有资产监管机构、税务机关等相关部门的意见，也可以要求债权人、债务人、出资人提交相关文件资料并接受询问
审查内容	4. 申请上市公司重整的，人民法院在受理前应按照《最高人民法院关于审理上市公司破产重整案件工作座谈会纪要》的规定，逐级报送最高人民法院审查批准
听证参加人员	（1）重整申请人； （2）债务人的股东、实际控制人、法定代表人及高管人员、财务管理人员、职工代表； （3）已知的主要债权人：主要担保权人、主要经营性债权人及主要金融债权人。已成立金融债权人委员会的，应通知金融债权人委员会派员参加； （4）当地政府已经成立清算组或工作组的，应通知清算组或工作组人员参加； （5）人民法院认为应当参加听证的其他人员

续表

其他	1. 与执行案件协调衔接 法院裁定受理重整申请前，应在案件管理系统中查询以债务人为被执行人的执行案件，了解主要资产现状，为判明是否具备重整原因、重整价值、重整可行性提供依据。协调相关执行案件的工作进度，把握重整申请受理时机，充分利用执行评估拍卖成果，依法高效推进重整工作。 2. 与政府部门协调沟通 债务人涉及金融债权较多、金额较大，易引发系统性金融风险的，人民法院应与金融监管部门及时沟通，做好金融风险的预判及防范预案。对申请房地产企业、建筑企业、关联企业重整的案件，或者债权人、债务人职工人数众多的重整案件，以及在当地有重大影响的重整案件，人民法院在裁定受理前应通过“府院协调机制”与当地人民政府沟通，协调人民政府对重整案件涉及的维稳、税收、工商登记等问题提供综合保障

二、裁定受理破产重整对债权人所持债权的影响

（一）裁定受理破产重整对仲裁的影响

（1）根据《企业破产法》第 20 条的规定，人民法院受理破产申请后，已经开始而尚未终结的有关债务人的民事诉讼或者仲裁应当中止；在管理人接管债务人的财产后，该诉讼或者仲裁继续进行。

（2）《〈全国法院民商事审判工作会议纪要〉理解与适用》[1]一书对接管财产所需时间作出说明：接管财产时间长短因案而异，简单案件的管理人可以迅速接管财产，复杂案件的财产接管工作则会耗时较长。但不论时间长短，对恢复既有民事诉讼时间的把握还应以不影响管理人参加诉讼并能够行使诉讼权利为原则。具体标准可以是管理人已经掌握诉讼材料，若管理人已经掌握诉讼材料，应可推断其已接管财产，至于接管财产的工作进行了多少，在所不问。

（3）司法实践中（案例见表 2），一种观点认为，依据《企业破产法》第 20 条，法院受理破产重整申请后，诉讼/仲裁应中止；相反观点认为，《企业破产法》第 20 条只适用于破产清算，破产重整不应中止诉讼/仲裁。也有法院虽认可《企业破产法》第 20 条适用于破产重整，但由于受理破产的法院已

〔1〕 参见最高人民法院民事审判第二庭：《〈全国法院民商事审判工作会议纪要〉理解与适用》，人民法院出版社 2019 年版。

经指定破产管理人，有关债务人的诉讼可以继续进行，因此未中止审理。

（4）在仲裁中，根据2022年《上海仲裁委员会仲裁规则》第46条“程序中止”，当事人申请中止仲裁程序，或者出现法律或本规则规定或其他特殊情况需要中止仲裁程序情形的，仲裁庭组成前，由仲裁委作出决定；仲裁庭组成后，由仲裁庭作出决定。

综上，受理破产重整是否必然导致诉讼/仲裁中止审理，司法实践中存在争议，仍需由法院或仲裁委/仲裁庭决定。另外，如果债权人在诉讼/仲裁中胜诉，只能凭借判决书/裁决书在破产程序中向管理人依法申报债权，而不能请求法院执行，不得据此获得个别清偿。

（二）裁定受理破产重整对财产保全的影响

根据《企业破产法》第19条，《关于适用〈中华人民共和国企业破产法〉若干问题的规定（二）》第6条、第8条以及《全国法院民商事审判工作会议纪要》第109条的规定：

（1）人民法院受理破产申请后，有关债务人财产的保全措施应当解除。

（2）破产申请受理后，对于可能因有关利益相关人的行为或者其他原因，影响破产程序依法进行的，受理破产申请的人民法院可以根据管理人的申请或者依职权，对债务人的全部或者部分财产采取保全措施。

（3）人民法院受理破产申请后至破产宣告前裁定驳回破产申请，或者依据《企业破产法》第108条的规定裁定终结破产程序的，应当及时通知已采取保全措施并已依法解除保全措施的单位按照原保全顺位恢复相关保全措施。

在已依法解除保全的单位恢复保全措施或者表示不再恢复之前，受理破产申请的人民法院不得解除对债务人财产的保全措施。

（三）破产重整对债务人并表子公司的影响

子公司具有独立法人地位，其财产与母公司的财产彼此独立。债务人破产重整，无法直接处置其子公司财产。但债务人对其子公司的股权，是债务人的重要资产，在破产重整中可以予以处置。

（1）《公司法》第13条第1款规定：“公司可以设立子公司。子公司具有法人资格，依法独立承担民事责任。”

（2）最高人民法院《关于适用〈中华人民共和国企业破产法〉若干问题

的规定（二）》第 1 条规定："除债务人所有的货币、实物外，债务人依法享有的可以用货币估价并可以依法转让的债权、股权、知识产权、用益物权等财产和财产权益，人民法院均应认定为债务人财产。"

（3）最高人民法院《关于审理企业破产案件若干问题的规定》第 77 条规定："债务人在其开办的全资企业中的投资权益应当予以追收。全资企业资不抵债的，清算组停止追收。"

（4）最高人民法院《关于审理企业破产案件若干问题的规定》第 78 条规定："债务人对外投资形成的股权及其收益应当予以追收。对该股权可以出售或者转让，出售、转让所得列入破产财产进行分配。股权价值为负值的，清算组停止追收。"

（四）破产重整中的债权人保护

1. 债权申报

受理破产申请后，已经开始而尚未终结的民事诉讼的裁判生效前，债权人可以同时向管理人申报债权。其中的无异议债权，应当允许债权人享有表决权；存在异议的债权，债权人不得行使表决权。

（1）根据《全国法院民商事审判工作会议纪要》第 110 条，人民法院受理破产申请后，已经开始而尚未终结的有关债务人的民事诉讼……上述裁判作出并生效前，债权人可以同时向管理人申报债权，但其作为债权尚未确定的债权人，原则上不得行使表决权，除非人民法院临时确定其债权额。上述裁判生效后，债权人应当根据裁判认定的债权数额在破产程序中依法统一受偿，其对债务人享有的债权利息应当按照《企业破产法》第 46 条第 2 款的规定停止计算。

（2）《〈全国法院民商事审判工作会议纪要〉理解与适用》一书注明，实践中，并非所有进入诉讼程序的债权均属于"尚未确定的债权"。在债权人与债务人之间存在多个债权的情况下，存在双方针对某些债权没有异议，但因针对其他债权有异议，导致没有异议的债权亦未清偿，且与其他有异议的债权一并进入诉讼阶段的情形。因此，应当按照《企业破产法》第 57 条、第 58 条规定的程序，先由管理人对申报的债权进行审查、编制债权表并提交第一次债权人会议核查。对于其他债权人、债务人没有异议的债权，应当允许债权人享有表决权并可根据无异议债权的数额享有、行使债权人会议中的相关权利；对于其他债权人、债务人存在异议的债权，则确实构成“尚未确定的债权”，应当按照《企业破产法》第59条规定，除法院能够为债权人行使表决权而临时确定债权额的外，债权人不得行使表决权。

2. 债权人受偿

如法院裁定受理对债务人的重整申请，债务人将依法配合法院及管理人开展相关重整工作，并依法履行债务人的法定义务。

如果债务人顺利实施重整并执行完毕重整计划，原有的股东股权结构将发生变化，同时引入新的战略投资人，注入新的资金继续运营发展，有利于优化公司资产负债结构，提升公司的持续经营及盈利能力。债权人也可以通过现金清偿、留债展期清偿、股抵债、信托份额抵债等多种方式使债权得以清偿。

若重整失败，债务人将被宣告破产，则债权人只能在破产程序中公平受偿，有极大风险无法全额受偿。

表2　司法案例

案号	裁判内容
原告中国银行股份有限公司四平分行与吉林省日升包装有限责任公司、吉林日升纸业有限责任公司、吉林省日升再生资源回收利用有限责任公司、	《企业破产法》第73条规定：“在重整期间，经债务人申请，人民法院批准，债务人可以在管理人的监督下自行管理财产和营业事务。有前款规定情形的，依照本法规定已接管债务人财产和营业事务的管理人应当向债务人移交财产和营业事务，本法规定的管理人的职权由债务人行使。”依据该条重整债务人的财产和营业事务，可以依法由债务人自己管理和经营，亦可以由管理人进行管理、经营，不同于破产清算程序下债务人的财产
邵某方、周某顺借款合同纠纷案，一审民事判决书［（2015）四民二初字第21号］	只能由管理人接管的情形，在管理人未接管债务人的财产前债务人的财产应由债务人自行管理。可见，在债务人重整程序中，无论管理人是否接管债务人财产，均不存在影响涉债务人的民事诉讼继续进行之情事，自不应当中止涉债务人的民事诉讼。从《企业破产法》的立法体例来看，在该法总则之外设置三章分别对破产清算、重整、和解程序进行规定，而第20条的内容是被放在破产清算程序之中，中止的事由仅限于受理破产申请，不包括受理重整、和解申请，并且在该法总则和重整、和解章节及其他章节中均没有关于人民法院受理债务人重整案件后涉债务人民事诉讼应当中止或应依照第20条中止的规定

续表

案号	裁判内容
湖南升华科技有限公司、陕西坚瑞沃能股份有限公司票据纠纷案，二审民事裁定书［（2019）最高法民终 1554 号］	《企业破产法》第 20 条规定：“人民法院受理破产申请后，已经开始而尚未终结的有关债务人的民事诉讼或者仲裁应当中止；在管理人接管债务人的财产后，该诉讼或者仲裁继续进行。”现陕西省西安市中级人民法院受理陕西坚瑞沃能股份有限公司破产重整申请，陕西坚瑞沃能股份有限公司破产案件管理人申请本案中止诉讼符合法律规定
洲汇公司、江苏中宏投资实业有限公司股权转让纠纷案，二审民事判决书［（2018）最高法民终 1161 号］	红岭创投对万家公司的破产重整申请被法院受理后，法院已经指定管理人，且管理人也已接管万家公司的企业财产。因此，本案应当继续审理。洲汇公司要求本案中止审理的上诉理由，于法无据，法院不予支持

刑事业务

支付结算与外汇交易的刑事法律风险与边界

李天航*

2019 年 2 月 1 日，《最高人民法院、最高人民检察院关于办理非法从事资金支付结算业务、非法买卖外汇刑事案件适用法律若干问题的解释》（以下简称《解释》）正式施行，对非法从事资金结算业务以及非法买卖外汇的刑事责任边界进行了界定。《〈关于办理非法从事资金支付结算业务、非法买卖外汇刑事案件适用法律若干问题的解释〉的理解与适用》一书中进一步阐述了前述两种行为的司法实践认定和法律适用。本文将对支付结算与外汇交易的刑事边界和风险应对进行分析，以期能帮助支付行业以及有外汇交易需求的企业做好合规，防范刑事风险。

一、非法从事资金支付结算业务

根据《支付结算办法》，支付结算是指单位、个人在社会经济活动中使用票据、信用卡和汇兑、托收承付、委托收款等结算方式进行货币给付及清算的行为。

（一）支付结算许可

《支付结算办法》规定银行是支付结算和资金清算的中介机构，其他单位未经中国人民银行批准不得作为中介机构经营支付结算业务。《非金融机构支

---

* 李天航合伙人。

付服务管理办法》规定，非金融机构依法取得《支付业务许可证》成为支付机构，方可在收付款人之间作为中介机构提供下列部分或全部货币资金转移服务。

（1）网络支付。依托公共网络或专用网络在收付款人之间转移货币资金的行为，包括货币汇兑、互联网支付、移动电话支付、固定电话支付、数字电视支付等。

（2）预付卡的发行与受理。以营利为目的发行的、在发行机构之外购买商品或服务的预付价值，包括采取磁条、芯片等技术以卡片、密码等形式发行的预付卡。

（3）银行卡收单。通过销售点终端（POS 机）等为银行卡特约商户代收货币资金的行为。

（4）中国人民银行确定的其他支付服务。

非法从事支付结算业务的，根据《非法金融机构和非法金融业务活动取缔办法》予以取缔，构成犯罪的，依法追究刑事责任；尚不构成犯罪的，由中国人民银行没收非法所得，并处非法所得 1 倍以上 5 倍以下的罚款；没有非法所得的，处 10 万元以上 50 万元以下的罚款。

（二）非法从事资金结算业务的情形

2009 年 2 月 28 日公布施行的《刑法修正案（七）》第 5 条规定，在《刑法》第 225 条（非法经营罪）第 3 项中增加"非法从事资金支付结算业务"，即将其明确作为非法经营罪的情形之一。2009 年 12 月 3 日，《最高人民法院、最高人民检察院关于办理妨害信用卡管理刑事案件具体应用法律若干问题的解释》（以下简称《信用卡司法解释》）公布施行，将信用卡套现行为认定为非法经营罪。2017 年 6 月 2 日，《最高人民检察院关于办理涉互联网金融犯罪案件有关问题座谈会纪要》（以下简称《会议纪要》）对非法从事资金支付结算业务列举了两种情形。《解释》又明确了"非法从事资金结算业务"的三种具体情形。根据前述规定以及司法实践，汇业律师团队梳理了以下非法经营罪中有关非法从事资金结算业务的情形。

1. 违反国家规定，使用销售点终端机具（POS 机）等方法，以虚构交易、虚开价格、现金退货等方式向信用卡持卡人直接支付现金，情节严重的行为

该行为系对信用卡管理秩序的妨害，俗称信用卡 POS 机套现，针对具有

透支功能的信用卡，采取以下方式套现：

（1）虚假交易。没有真实交易，商户将虚假的交易金额以现金方式支付给持卡人。

（2）虚开价格。将交易金额中虚高部分以现金方式支付给持卡人。

（3）达成交易并退货后，退款金额未原路返回而以现金方式支付给持卡人。

目前，司法实践对此行为构成非法从事资金支付结算行为认识比较统一。一般情况下须同时符合以下两个条件：①支付渠道为销售点终端机具；②针对具有透支功能的信用卡。当前的刑事案件生效判决均符合前述两个特征。

此外，对于“养卡”行为，即帮助持卡人通过 POS 机将信用卡套现后，用套现金额归还本次、前次以及其他信用卡欠款，或者预先在信用卡中存入一定金额并虚假消费循环使用的行为，也被认定为非法经营罪。

2. 使用受理终端或者网络支付接口等方法，以虚构交易、虚开价格、交易退款等非法方式向指定付款方支付货币资金的

该情形与前述第 1 种情形类似，是指除信用卡 POS 机套现以外的其他套现行为，行为方式与信用卡 POS 机套现类似。具体特征为：①支付渠道为 POS 机以外的受理终端，如 NFC 设备等，或者网络支付接口；②针对与信用卡类似的具有透支功能的产品，如花呗、京东白条等；③支付货币资金，不以现金为限。

如以支付宝连接蚂蚁花呗、京东支付连接京东白条等方式进行支付，淘宝商家、京东商家通过虚假交易并将交易款项退至支付宝、京东账户或者客户指定账户，数额达到一定程度的，即构成本罪。司法实践中已有生效判决，如杜某狮非法经营案［（2017）渝 0105 刑初 817 号］。此外，“云付”平台系列案也属于该种情形，“云付”平台的下游人员多数有生效判决，以该情形认定为非法经营罪；“云付”平台实际经营人周某荣、张某凉等已于 2019 年 5 月 6 日由厦门市集美区人民检察院提起公诉，根据起诉书（集检公诉刑诉〔2019〕342 号）指控，“云付”平台经营者以聚合支付的名义，涉嫌通过虚假交易进行信用卡套现，被检察机关认定为适用该项规定。

当前支付方式日新月异，多种支付通道交叉的情况比较常见，如支付宝、京东支付等对接的实际支付通道为信用卡，并实施本项规定的行为，属于信

用卡 POS 机套现还是本项规定行为？需要予以明确，因为信用卡 POS 机套现的追诉标准要明显低于此行为。笔者认为，仍然属于本项规定行为，主要理由为：一是支付方式系调用网络支付接口而非 POS 机；二是虽然支付渠道系通过信用卡，并利用其透支功能的特性，但是并未退还现金，而是退还货币资金至账户的形式。

根据该项规定的要求，商家在向客户退款时应当原支付渠道退回，不能绕开该要求，另行单独退还至客户指定账户，否则一旦数额达到追诉标准，有可能被以非法经营罪追究刑事责任。

3. 非法为他人提供单位银行结算账户套现或者单位银行结算账户转个人账户服务的

该项规定仍然以套现或者公转私作为主要特征。即用实际控制的单位银行结算账户接收其他企业或者他人资金，并根据资金方要求将资金提现、转至他人指定的个人账户的行为。黄某鑫非法经营罪一案［（2019）粤 0402 刑初 771 号］即为此类行为。

在实践中，有此类需求人员的目的一般有两种：一是逃避税收征管或者对资金流转的合规要求；二是洗钱或为违法犯罪行为转移资金。俗称的地下钱庄多数经营此类业务。

4. 非法为他人提供支票套现服务的

根据《票据法》，支票由委托办理支票存款业务的银行或其他金融机构见票时付款；票据的签发、取得和转让，应当遵循诚实信用的原则，具有真实的交易关系和债权债务关系；票据的取得，必须给付对价，即应当给付票据双方当事人认可的相对应的代价。实践中，没有真实的交易关系或者债权债务关系，取得他人持有的支票，并为其套现的，属于该项规定的行为。

5. 其他非法从事资金支付结算业务的情形

《解释》中有关“非法从事资金支付结算业务”的前三项列举了具体情形，第四项作为兜底条款。对于可能适用该项的情形，笔者根据执业经验和司法实践分析梳理并归纳如下：

（1）未取得《支付业务许可证》但实际从事资金归集、结算、转移的行为。《会议纪要》第 18 条第 1 项明确规定，未取得支付业务许可经营基于客户支付账户的网络支付业务。无证网络支付机构为客户非法开立支付账户，客户先把资金支付到该支付账户，再由无证机构根据订单信息从支付账户平台将资金结算到收款人银行账户。

该情形在实践中已有多起生效判决，如洪某、钟某旭等非法经营罪［（2018）内0103刑初93号］一案，洪某、钟某旭在未取得《支付业务许可证》的情况下，通过“青城钱包App”开展非法支付与结算业务，通过自行控制的账户接受商户用户资金，形成资金池，并将资金转移至“青城钱包App”所属企业微信账户供商户提现。又如，王某玉非法经营罪一案［（2017）苏08刑终312号］，王某玉等创立聚付通网站平台，未取得《支付业务许可证》的情况下，通过向国付宝、银宝等第三方支付平台申请支付接口，再由聚付通网站平台将支付接口散接至聚付通网站由王某玉等控制的注册商户账户的方式，为赌博网站非法从事资金支付结算业务。

（2）未取得《支付业务许可证》从事银行卡收单、银联支付、扫码支付等银行卡收单业务。例如，厦门市集美区人民检察院对“云付”平台周某荣等的起诉中明确指控“云付”平台经营人有前述行为，并认为属于《解释》第3条第1款第4项之行为。

（3）未取得《支付业务许可证》从事承兑汇票贴现业务。此类业务与支票套现类似，非法经营人通过贴现的形式取得承兑汇票，或直接兑付或转贴现给他人，并从中牟利。此类案件已有多起生效判决，如刘某与王某、邱某青非法经营罪一案［（2017）苏08刑终312号］。

（4）未取得《支付业务许可证》从事预付卡业务。《会议纪要》第18条第2项明确规定，未取得支付业务许可经营多用途预付卡业务。无证发卡机构非法发行可跨地区、跨行业、跨法人使用的多用途预付卡，聚集大量的预付卡销售资金，并根据客户订单信息向商户划转结算资金。

根据《单用途商业预付卡管理办法（试行）》，企业可以发行本企业或本企业所属集团或同一品牌特许经营体系内兑付货物或服务的预付凭证，并向商务主管部门备案。但是根据《支付结算办法》，多用途预付卡的发行须取得《支付业务许可证》。

在实践中，存在企业在未取得《支付业务许可证》的情况下发行跨地区、跨行业、跨法人使用的预付卡的情况。例如，大型商场、园区经营者，发行预付卡用以在商场、园区内的租户使用结算，具有跨法人、跨行业使用的情况，极易构成该项行为。再如，付某正非法经营罪一案［（2018）晋08刑终123号］，认为付某正未经中国人民银行批准，发行多用途预付卡的行为构成非法经营罪。

二、非法买卖外汇

根据《外汇管理条例》，经营外汇业务须经中国人民银行批准，第45条规定：私自买卖外汇、变相买卖外汇、倒买倒卖外汇或者非法介绍买卖外汇数额较大的，由外汇管理机关给予警告，没收违法所得，处违法金额30%以下的罚款；情节严重的，处违法金额30%以上等值以下的罚款；构成犯罪的，依法追究刑事责任。1998年，《全国人民代表大会常务委员会关于惩治骗购外汇、逃汇和非法买卖外汇犯罪的决定》规定：在国家规定的交易场所以外非法买卖外汇，扰乱市场秩序，情节严重的，以非法经营罪定罪处罚。

根据笔者对生效刑事判决的不完全公开检索，对非法买卖外汇构成非法经营罪的情形梳理总结如下：

（一）直接买卖

（1）在外汇交易场所外低价收购、高价卖出外汇。如钱某卿非法经营罪一案［（2018）浙1021刑初389号］。

（2）持有境内发行的信用卡，至境外提现外汇并买卖的行为。如林某简、廖某克非法经营罪一案［（2019）浙0327刑初69号］。

（3）对境外拟结汇回境的外汇以人民币收购的行为。如黄某甲等33人非法经营罪一案［（2018）湘0503刑初39号］。

（4）在境内非交易场所直接对外汇和人民币以现金交易。如谢某彬非法经营罪一案［（2018）浙0381刑初1847号］。

（5）代理外汇交易。未经国家许可，开发外汇交易软件并对接境内外外汇交易平台，代理客户买卖外汇的行为。如李某、石某路非法经营罪一案［（2018）豫0185刑初467号］。

（6）将本人或者本公司合法持有的外汇加价出售。如李某芬非法经营罪一案［（2018）粤0604刑初1070号］。

（二）间接买卖

（1）境内外对敲。境内人民币转账至对方指定账户，境外开立单独账户接受交易对方境外账户转账的等值外币。如杨某德非法经营罪一案［（2018）皖0405刑初51号］。

（2）在虚拟币市场存在非法买卖外汇的情况，具体为以虚拟币为媒介，拟换汇人员先以人民币购买一定数量虚拟货币，再在虚拟货币交易场所，由交易对方以外币形式购买。此类案件没有生效判决，主要原因一是执法中发现比较困难，二是因涉及新兴领域取证较为困难。一旦执法司法机关掌握行业规律并提高侦查取证手段，此类案件将逐步被突破。

（3）其他以交易币种以外的物质为媒介进行的币种互换行为。

三、牵连犯罪风险

支付行业接触资金容易与违法犯罪相关联，在下列情况下将产生被牵连犯罪的风险：

（1）明知资金来源系毒品犯罪、黑社会性质的组织犯罪、恐怖活动犯罪、走私犯罪、贪污贿赂犯罪、破坏金融管理秩序犯罪、金融诈骗犯罪的所得及其产生的收益，而为其提供结算或者换汇等服务的，将可能同时构成洗钱罪或者帮助恐怖活动罪。

（2）明知他人利用信息网络实施犯罪而为其提供资金结算服务的，可能同时构成帮助信息网络犯罪活动罪。以下情况可以认定为明知：

①经监管部门告知后仍然为其提供资金结算服务的；

②接到举报后不履行法定管理职责的；

③交易价格或者方式明显异常的。

需要指出的是，因为洗钱罪、帮助恐怖活动罪、帮助信息网络犯罪活动罪的追诉标准比非法经营罪要低，如果实施非法从事资金支付结算业务、非法买卖外汇行为，达不到追诉标准不构成非法经营罪的，有可能会以洗钱罪、帮助恐怖活动罪或者帮助信息网络犯罪活动罪追究刑事责任。

四、追诉与量刑标准

根据行为具体方式不同，适用不同的司法解释规定。

一是，非法从事资金结算业务行为第1项POS机信用卡套现的，应当适用《信用卡司法解释》，分别按照以下规定处理：

（1）情节严重，处5年以下有期徒刑或者拘役，并处或者单处违法所得1倍以上5倍以下罚金。即符合下列其中之一：

①数额在100万元以上的；

②造成金融机构资金20万元以上逾期未还的；

③造成金融机构经济损失10万元以上的。

（2）情节特别严重，处5年以上有期徒刑，并处违法所得1倍以上5倍以下罚金或者没收财产。即符合下列其中之一：

①数额在500万元以上的；

②造成金融机构资金100万元以上逾期未还的；

③造成金融机构经济损失50万元以上的。

二是，非法从事资金结算业务行为第2项至第5项以及非法买卖外汇的，应当适用《解释》，分别按照以下规定处理：

（1）情节严重处5年以下有期徒刑或者拘役，并处或者单处违法所得1倍以上5倍以下罚金。即符合下列其中之一：

①非法经营数额在500万元以上的。

②违法所得数额在10万元以上；

③非法经营数额在250万元以上，或者违法所得数额在5万元以上，且具有下列情形之一的：

a）曾因非法从事资金支付结算业务或者非法买卖外汇犯罪行为受过刑事追究的，即具有前述两种行为之一的刑事犯罪生效判决（含定罪免刑），不受时间限制；

b）二年内因非法从事资金支付结算业务或者非法买卖外汇违法行为受过行政处罚的，即因前述两种行为之一在两年内被作出行政处罚决定；

c）拒不交代涉案资金去向或者拒不配合追缴工作，致使赃款无法追缴的，前述不应当包括资金去向确实因客观原因不清楚，且赃款无法追缴与拒不交代涉案资金去向或者拒不配合追缴工作有直接因果关系；

d）造成其他严重后果的。

（2）情节特别严重，处5年以上有期徒刑，并处违法所得1倍以上5倍以下罚金或者没收财产。即符合下列其中之一：

①非法经营数额在2500万元以上的；

②违法所得数额在 50 万元以上的。

③非法经营数额在 1250 万元以上，或者违法所得数额在 25 万元以上，且具有前述“情节严重”的减半情形之一的。

五、风险防范建议

当前，随着信息技术的发展，支付行业业务创新日新月异，如聚合支付、钱包业务等。但企业在创新发展中，应当始终把控风险防范底线，尤其是加强刑事风险防范的方法。笔者结合多年来的执业经验，提出如下建议：

（1）重视对现有业务的风险防范梳理与风险防控，叠加刑事风险防范标准，重新评估业务经营的风险。对于创新业务，应当按照先评估再开展经营的原则，通过完善底层风险防范建设，充分防范业务风险尤其是刑事风险。

（2）健全完善风控与风险防范体系建设，避免因企业员工非法从事资金支付结算业务，致使企业承担法律责任。

（3）重视对上下游企业的合规把控与审计，尤其是在支付行业，避免因上下游企业资金来源的不合规导致从事支付业务的企业遭受行政、刑事处罚。

（4）重视行政、刑事调查的应对。当前，我国执法制度正不断完善，尤其是行政执法与刑事司法机制将进一步细化完善，工作机制将更加健全，协同执法、联动执法、数据共享等将进一步密切，企业的合规风险爆发概率将进一步提高。企业应当建立健全应急机制，在遇到行政执法机关或者刑事司法机关调查时，需要充分重视，启动应急机制，避免产生次生灾害。

未给银行造成重大损失的“骗取贷款”行为不再入罪

阚　宇*

2020年12月26日，全国人大常委会第二十四次会议审议通过了《刑法修正案（十一）》，并于2021年3月1日起正式施行。《刑法修正案（十一）》修改内容涉及多个领域的刑事法律问题，其中涉及贷款类的“骗取贷款、票据承兑、金融票证罪”取消了“其他严重情节”的入罪条件规定，确保刑事制裁范围合理。

2006年6月29日，为了全方位地保护银行贷款的安全，《刑法修正案（六）》中增设了《刑法》第175条之一，即“骗取贷款、票据承兑、金融票证罪”。该条法律规定：“以欺骗手段取得银行或者其他金融机构贷款、票据承兑、信用证、保函等，给银行或者其他金融机构造成重大损失或者有其他严重情节的，处三年以下有期徒刑或者拘役，并处或者单处罚金；给银行或者其他金融机构造成特别重大损失或者有其他特别严重情节的，处三年以上七年以下有期徒刑，并处罚金。”

其中，“欺骗手段”是指行为人在取得银行或者其他金融机构的贷款、票据承兑、信用证、保函等信贷资金、信用时，采用的是虚构事实、隐瞒真相的手段，掩盖客观事实，骗取银行或者其他金融机构的信任。只要申请人在申请贷款的过程中有虚构事实、隐瞒真相的情节，或者说在申请贷款的过程中，只要提供虚假证明、假材料，或者贷款资金没有按照申请时的用途去用，都符合这一条件。

* 阚宇合伙人。

根据《最高人民检察院、公安部关于公安机关管辖的刑事案件立案追诉标准的规定（二）》的规定，涉嫌下列情形之一的，应予立案追诉：（1）以欺骗手段取得贷款、票据承兑、信用证、保函等，数额在 100 万元以上的；（2）以欺骗手段取得贷款、票据承兑、信用证、保函等，给银行或者其他金融机构造成直接经济损失数额在 20 万元以上的；（3）虽未达到上述数额标准，但多次以欺骗手段取得贷款、票据承兑、信用证、保函等的；（4）其他给银行或者其他金融机构造成重大损失或者有其他严重情节的情形。

根据上述规定可以看出，骗取贷款和贷款诈骗不是一回事。骗取贷款不具有非法占有的目的，而贷款诈骗具有非法占有贷款款项的主观故意。骗取贷款罪通常来说就是在贷款过程中向银行或者其他金融机构提交了虚假资料。但是在现实生活里，一些民营企业在经营过程中申请贷款时，往往存在银行积极放款，对材料审核走形式审查的情况。一旦企业贷款出现问题，经营者就会被追究刑事责任，这类情况屡屡发生。

根据上述规定，以欺骗手段取得贷款等的数额在 100 万元以上的应予立案追诉，即便贷款已经全部归还，包括没有给银行造成任何损失的情况。因为该条规定既包括给银行造成“重大损失”的结果，也包括“其他严重情节”的危险状态，致使该罪在司法实践中的打击面过宽，在一定程度上成为贷款类犯罪的“口袋罪”。

为了保护企业正常的融资经营活动，依法慎重处理贷款类犯罪，《刑法修正案（十一）》删除了第 175 条之一关于“其他严重情节”的入罪条件规定，只有给银行造成重大损失的“骗取贷款”行为才入罪。事实上，银行与企业之间的借贷关系本身就是一种民事行为，而企业通过虚假手段获得贷款，本身就是一种民事欺诈行为，银行完全可以通过民事手段来对贷款进行追偿。

需要注意的是，关于给银行或者其他金融机构“造成重大损失”的认定问题。公安部经济犯罪侦查局《关于骗取贷款罪和违法发放贷款罪立案追诉标准问题的批复》里提到，如果银行或者其他金融机构仅出具“形成不良贷款数额”的结论，不宜认定为“重大经济损失数额”。根据目前国有独资银行、股份制商业银行试行的贷款五级分类制，商业贷款分为正常、关注、次级、可疑、损失五类，其中后三类为不良贷款，不良贷款尽管“不良”，但并不一定形成既成损失，因此“不良贷款”不等于“经济损失”，也不能将“形成不良贷款数额”等同于“重大经济损失数额”。

由此可见，企业在贷款过程中如果提供了不实文件，只要在事后能积极还款，没有给银行造成“重大损失”，未来均不以犯罪论处。

我国反商业贿赂刑事政策对比 FCPA 执法之新变革

王一川*

近年来，随着经济市场、疫情应对、地缘政治变化等差异化因素的影响，中美刑事政策和执法趋势也处在持续、快速的变化过程中，已经或将会给在华经营外企和中国企业出海经营带来更多的规范化要求和不确定性。

鉴于此，笔者就近年来国内反商业贿赂刑事政策的变革与美国 FCPA 执法趋势变化进行对比，在差异中寻找共性，旨在为受中美双重监管的企业提供新的刑事合规视野。

一、处罚标准呈现出相反的立法趋势

（一）我国国内进一步降低商业贿赂犯罪的入罪门槛并细化量刑幅度

我国于 2008 年出台《关于办理商业贿赂刑事案件适用法律若干问题的意见》，将商业贿赂相关罪名范围限定在：行贿罪、受贿罪、非国家工作人员受贿罪、对非国家工作人员行贿罪、单位受贿罪、对单位行贿罪、单位行贿罪，以及介绍贿赂罪八个罪名。从 2020 年开始，我国立法对其中大部分罪名的量刑进行了大规模的调整。

（1）《刑法修正案（十一）》。2021 年 3 月《刑法修正案（十一）》正式施行，对《刑法》第 163 条“非国家工作人员受贿罪”的法定刑进行了调整。调整内容包括：①两档法定刑增加为三档；②最高刑从有期徒刑 15 年提高至无期徒刑；③第一档、第二档量刑分界点从 5 年降至 3 年；④取消“数额较大”的附加刑“并处没收财产”，但每档量刑增加“并处罚金”。

---

* 王一川合伙人。

（2）最高人民检察院、公安部《关于公安机关管辖的刑事案件立案追诉标准的规定（二）》（以下简称《立案追诉标准（二）》）。2022 年《立案追诉标准（二）》对《刑法》第 163 条“非国家工作人员受贿罪”、第 164 条第 1 款“对非国家工作人员行贿罪”立案追诉的金额标准进行了调整，将受贿和个人行贿数额从 6 万元降至 3 万元。

（3）《刑法修正案（十二）》。2024 年 3 月 1 日起，《刑法修正案（十二）》正式施行，该法案对《刑法》第 387 条“单位受贿罪”、第 390 条“行贿罪”、第 391 条“对单位行贿罪”、第 393 条“单位行贿罪”的量刑标准予以调整，调整内容包括：（1）第一档、第二档量刑分界点从 5 年降至 3 年；（2）法定刑在原来基础上增加一档；（3）在“行贿罪”中增加了“从重处罚”和“从轻、减轻、免除处罚”的情形。

（二）美国对 FCPA 执法量刑政策设置更大的减免幅度

近年来，美国司法部（DOJ）对企业是否具有主动披露和积极配合情形保持鼓励和关注。并于 2023 年颁布和修订了一系列政策性文件，如《刑事司法的企业执法政策》（CEP）《美国检察官办公室主动自我披露政策》《与并购相关的主动自我披露之新避风港政策》，以及“薪酬激励与回收试点计划”等，通过宽缓的量刑来激励企业主动披露，积极配合。

（1）《刑事司法的企业执法政策》。该政策源于 FCPA 执法的试点政策，现扩大到 DOJ 办理的所有刑事案件，从本次修订结果来看，该政策放宽了对企业终止调查的条件，并增加了企业可以获得的从宽处罚幅度。具体包括：

①企业即使存在加重情节，满足以下条件时仍可获得不起诉：a）发生不当行为后立即主动披露；b）不当行为发生时和披露时，公司都已具备有效的合规计划和内部审计控制体系来识别与披露不当行为；c）公司非常配合政府调查并采取了特别的补救措施。

②若企业主动自我披露不当行为、充分配合并及时且正确地补救，但仍须予以刑事处罚的情形下，政府将建议在《美国量刑指南》规定的罚金范围的最低金额基础上，至少再减免 50%~75%的罚金数额（再犯除外）。

（2）《美国检察官办公室主动自我披露政策》。2023 年 2 月，全美的检察官办公室联合颁布了该项政策，自此，建立了企业刑事执法行为中企业主动自我披露信用的全国性标准。该标准对“主动自我披露”进行了定义，包括三个方面：

①自愿性。披露行为不受法律法规、合同义务，以及司法部已有决议规定的预先披露义务的约束。

②及时性。披露必须发生在急迫的披露威胁或政府调查发生之前，在不当行为被公开披露或为政府所知之前，以及在公司意识到不当行为后的合理的、及时的时间内。

③真实性。披露内容须包括本公司在披露时已知的有关不当行为的所有相关事实。

若不存在加重情节，且企业主动自我披露不当行为、充分配合并及时且正确地采取补救措施，美国检察官办公室（USAO）将不会寻求达成认罪协议。并且 USAO 也可能不再施以任何刑罚，即使提出量刑，在任何情况下也不会判处高于《美国量刑指南》罚金范围最低金额 50%的处罚。

若存在加重情节，并因此适用认罪协议，但企业存在主动自我披露不当行为、充分配合并及时且正确地采取补救措施的情形，USAO 建议在《美国量刑指南》规定的罚金范围的最低金额基础上，至少再减免 50%~75%的罚金数额。

二、司法实践皆呈现“宽严相济”的政策导向

（一）中国对行贿方执法口径趋于严格，而美国加重对受贿方的处罚

（1）国内对行贿方执法口径趋于严格。“行贿受贿一起查”最早于 2017 年党的十九大上提出，2021 年 9 月，中央纪委国家监委会同有关部门联合印发《关于进一步推进受贿行贿一起查的意见》，对推进受贿行贿一起查作出指导性安排和部署。2022 年 12 月，最高人民检察院出台《关于加强行贿犯罪案件办理工作的指导意见》。2017 年 10 月至 2022 年 10 月，全国纪检监察机关共立案审查调查行贿人员 4.8 万人，移送检察机关 1.3 万人；而 2023 年一年内就立案行贿人员 1.7 万人，移送检察机关 3389 万人。

2022 年 4 月和 2023 年 3 月，中央纪委国家监委联合最高人民检察院分两批发布了共 10 起行贿犯罪典型案例。其中，涉及医疗药品、矿产开采、安全生产、招标投标等行贿重点领域，情节涉及多次行贿、巨额行贿、向多人行贿、长期行贿等多种行贿类型。结合近年来反腐运动在金融、医疗等行业的

开展态势，可以预期反商业贿赂的高压政策将蔓延至各个重点领域和高发行业。

（2）美国以新规开启制约外国受贿方的新路径。根据FCPA的相关规定，该法案只能规制行贿方的不法行为。而在此之前，检察官也缺乏直接指控受贿方的联邦条款依据。一般来说，为了弥补这一缺陷，DOJ可以以违反洗钱罪、邮件和电子欺诈罪，以及旅游法案来起诉贿赂案件中的受贿方。

现在，这一缺陷已得到纠正。2023年12月22日，美国总统签署了《国防授权法案》，其中就包括《防止外国勒索法》（FEPA）。该法案并没有直接对FCPA进行修订，而是修订了国内反贿赂条款——18U. S. C. §201，其将“外国官员”作为适用现有联邦贿赂禁令的一类主体。相较于FCPA，FEPA对“外国官员”的定义范围更大，同时涵盖了以非官方身份和官方身份行事的主体。而就量刑而言，任何因FEPA被定罪的官员都有可能被处以25万美元或贿赂金额3倍的罚款，以及最高15年的监禁刑——这比FCPA规定的5年最高刑期更严格。

（二）FCPA进一步加大合规激励政策力度以鼓励企业主动配合

（1）出台《与并购相关的主动自我披露之新避风港政策》。该政策于2023年10月颁布，规定了一个安全港期间。在此期间，收购企业可以自愿披露被收购企业的刑事不法行为。若不法行为在截止期后的6个月内被披露，且收购企业配合随后的调查，及时、正确地参与补救、赔偿并缴纳罚金，收购企业就可以被终止调查。此外，被收购企业即使具有加重情节，也不会影响对收购企业终止调查的决定。

该政策旨在确保具有有效合规计划的收购企业不会为被收购企业的无效合规计划或不法行为前科所影响。

（2）修订《企业合规评估计划》（ECCP）并启动“薪酬激励与回收试点计划”（CICPP）。2023年，DOJ对ECCP进行了更新。其中，ECCP强调了薪酬体系对企业培养合规文化的重要性。在评估一家企业的合规计划时，检察官可以考虑其是否通过设计其薪酬体系来延迟和托管部分薪酬以实施激励合规，以及是否设计合同条款来允许企业因员工的涉企不正当行为而回收部分薪酬。检察官还可以考虑企业是否将合规绩效指标与管理层奖金的奖励进行关联，为经理和员工提供成为优秀合规者的机会，或使合规工作成为职业发展的一种手段。

与此相关的是，刑事司也启动了“薪酬激励与回收试点计划”。该计划要求任何受到刑事处罚的企业都要在其薪酬和奖金体系中加入合规相关标准。这些标准包括：①禁止向不符合合规绩效的员工发放奖金；②对违法员工和知道或应当知道这些不当行为的经理采取纪律处分；③对遵守公司合规政策的员工进行激励。此外，若对员工或经理的纪律处分包括了薪酬回收，那么检察官可以决定将罚款减少至公司回收薪酬金额的100%。

三、总结

需要引起注意的是，不仅中国关注其属地管辖范围内的商业贿赂行为，美国同样将企业生产经营中的涉华商业贿赂行为作为未来若干年治理的重点。据统计，虽然2021年至2023年FCPA执法案件总体数量明显低于以前，但是从2023年的执法案件数量来看，中国自2020年以来再次成为涉及FCPA反贿赂执法案件最多的国家。在2023年的12起案件中，就有4起独立案件涉及中国。虽然两国关注的对象趋于一致，但不同治理理念所展现出来的刑事政策有所区别。

（一）反商业贿赂的立场和角度不同

我国反商业贿赂刑事政策主要针对的是在我国境内实施的商业贿赂行为，属于国内司法，打击犯罪和完善公司治理是主要目的；而美国通过FCPA等法案，利用“长臂”管辖更多针对企业在海外（对于美国来说）的生产经营活动，属于涉外司法。这导致国际政治形势、国际经济形势等宏观因素在政策趋势和执法力度等方面具有更为重要的影响。

（二）企业合规的基本理念不同

从我国针对商业贿赂犯罪的立法趋势，以及涉案企业合规改革的试点来看，我国对商业贿赂犯罪的追诉门槛进一步降低，导致企业相应的合规风险增加。即使涉案企业合规政策增加了企业出罪的法定事由，但在个案中合规整改的启动、是否符合合规要求等关键环节的决定权，仍然由公权力把控。相比之下，FCPA及相关规定的出罪机制与合规激励机制让企业具有更充分的主导权。只要企业能够在合规方面体现其主动性、自愿性、实质性，企业就能在一定程度上得到刑事豁免或减免。简言之，对于单位犯罪的追诉，我国仍由政府主导完成，企业体现一定程度的被动性；而 FCPA 则鼓励企业主动暴露自己的问题，主动寻求解决问题。

（三）企业应对的方法也应有所区别

因为中美在反商业贿赂的立场、基本合规理念，以及相关的合规价值观、合规文化等方面的差别，导致企业不能简单地以同一种思路去应对这类案件。我国在商业贿赂行为入罪方面，依然秉持着“低门槛”和“高风险”刑事政策。企业需要及时跟进国内外反商业贿赂合规政策趋势的变化，动态地对企业自身的合规体系进行调整和更新，才能最大程度地降低合规风险。

不以营利为目的的场外兑汇行为不构成非法经营罪

阚　宇　梁天晴*

我国对外汇实行强制管理制度，根据《外汇管理条例》《全国人民代表大会常务委员会关于惩治骗购外汇、逃汇和非法买卖外汇犯罪的决定》《最高人民法院、最高人民检察院关于办理非法从事资金支付结算业务、非法买卖外汇刑事案件适用法律若干问题的解释》（以下简称《解释》）等规定，任何组织、个人在我国境内从事外汇兑换、结汇业务，必须获得国家外汇管理部门的许可并在国家规定的交易场所进行。任何场外兑汇行为都是行政违法行为。但是对于上述行为是否一律追究刑事责任仍然存在区别。

一、对场外兑汇行为入罪问题违法性的区分

按照我国现有法律规定，对于地下钱庄及以营利为目的的中介进行非法买卖外汇的行为按照非法经营罪定罪处罚，无论在法理上或者司法实践中都是没有争议的。但是在重点打击的地下钱庄和外汇黄牛以外，普通公民及企业仅在场外兑换外汇达到一定数额，是否也以非法经营罪定罪处罚呢？

笔者认为，如果将在国家规定的交易场所以外的地方买卖外汇的行为，一律作为非法经营的犯罪处理，打击面较广，且有违罪刑法定的原则，具体理由如下。

（一）普通公民及企业兑换外汇的社会危害性有限

最高人民法院刑三庭、最高人民检察院法律政策研究室负责人介绍《解释》出台的背景与意义时提到，随着国内外经济形势的变化，从事非法资金

* 阚宇合伙人，梁天晴律师。

支付结算业务、非法买卖外汇等涉地下钱庄犯罪活动日益猖獗，严重扰乱金融市场秩序，严重危害国家金融安全和社会稳定，必须依法予以严惩。

因此，从立法背景和意义来看，以刑事手段规制非法买卖外汇的重点打击对象是地下钱庄，而非普通公民及企业。普通公民及企业场外兑换外汇的行为并不具备构成非法经营罪所要求的社会危害性，按照《外汇管理条例》第 45 条之规定进行行政处罚即可。

（二）普通公民及企业兑换外汇不具备刑事违法性

既然将非法买卖外汇的行为按非法经营罪定罪，那么在《刑法》中理解“非法买卖外汇”就必须与非法经营罪紧密联系起来，符合非法经营罪的本质特征。

非法经营罪，是指自然人或单位，违反国家规定，从事非法经营活动，扰乱市场秩序，情节严重的行为。非法经营罪虽然是一个“口袋罪”，但不管以何种形式存在，其本质必须是一种经营行为。如果一种行为不是经营行为，那么就不可能构成非法经营罪。经营行为的本质特征是一种以营利为目的的市场交易行为，即通过这种行为来获取经济利益。

与地下钱庄、外汇黄牛以非法买卖外汇赚取汇率差价、手续费、中介费形成鲜明对比的是，普通公民及企业场外兑换外汇的原因往往是法律意识淡薄、外汇兑换限制等，并不是以营利为目的。这类行为违反了国家外汇管理制度，虽系“非法买卖外汇”的行政违法，但终究本质不是经营行为，不能定性为刑法意义上的“非法经营”，不具备刑事违法性，从而也就不构成非法经营罪。

（三）普通公民及企业兑换外汇的刑事可罚性有限

在对非法买卖外汇进行行政、刑事规制时，《外汇管理条例》规定的罚款以“违法金额”为基准，《刑法》规定的罚金则以“违法所得”为基准。地下钱庄、外汇黄牛赚取的汇率差价、手续费、中介费即为非法买卖外汇的“违法所得”，此时以非法经营罪定罪量刑、处以罚金并无争议。

然而，普通公民及企业进行场外兑换外汇时，不仅没有产生收益，反而因向地下钱庄、外汇黄牛支付费用而遭受一定的财产损失。这一行为的刑事可罚性是有限的，倘若认定其兑换外汇的数额为“违法所得”并处以数倍罚金有失公正。因此，普通公民及企业场外兑换外汇的数额被认定为“违法金额”，继而以此为基准处以行政罚款更为适宜。

二、司法实践中“不具备营利目的”的具体认定

《解释》第2条在刑事规制非法买卖外汇时，着重强调了“倒买倒卖外汇”和“变相买卖外汇”两种行为模式。前者是指买进外汇后又卖出，从中赚取汇率差价；后者是指在形式上不进行人民币和外汇之间的直接买卖，而以外汇偿还人民币或以人民币偿还外汇、以外汇和人民币互换间接实现货币价值转换，资金只在境内外实行单向循环，没有发生物理流动，通常称为“外汇对敲”。

“倒买倒卖外汇”的实施主体大多为地下钱庄和外汇黄牛，其营利目的比较容易理解和认定。那么“外汇对敲”的营利目的如何认定呢？普通公民及企业场外兑换外汇的行为又如何体现不具备营利目的，继而出罪呢？笔者主要归结为以下两个考察角度，并辅以相关案例具体说明。

（一）兑换资金来源与去向

行为人场外兑换外汇时，资金来源与去向是认定其是否具备营利目的的关键所在。需要注意的是，营利目的是指通过非法买卖外汇行为本身来获取利益，即非法买卖外汇行为的直接目的，不能是将外汇用于生产、经营性活动。

在表1列出的无罪、部分无罪和不起诉案例中，行为人以自有资金或合法经营所得进行外汇兑换，兑换后也将资金继续自用于公司经营、日常生活，因此被认定为不具备营利目的。

表1　买卖外汇无罪、部分无罪和不起诉案例

案号	裁判要旨
（2017）粤01刑初49号	被告人作为资金所有者，并非从事非法买卖外汇的经营者，只是将自有港币资金通过私人黑市交易形式兑换成人民币，而非通过非法买进卖出外汇赚取差价牟利，其行为不具有以营利为目的的市场交易性，并非经营行为，故被告人的行为不构成非法经营罪

续表

案号	裁判要旨
(2019) 浙 0104 刑初 282 号	检察院指控被告人非法兑换等值于 3.26 亿元人民币的美元，具有营利目的的金额为 2.96 亿元人民币。另外 3000 万元人民币系将自己持有的股票出售所得，兑换后用于装修、买房，不构成非法经营罪所规定的非法买卖外汇
温检公诉部刑不诉［2019］1 号	被不起诉人刘某某兑换的外汇均来源于其本人经营的外贸公司的货款，而且其兑换外汇并非以牟利为目的，其行为不具有经营性质
珠检一部刑不诉［2021］15 号	被不起诉人冉某某在兑换外汇过程中虽然讨价还价，追求高价售出，但实际交易价格没有畸高，并且其外汇成本不是低价购买，而是自己通过合法贸易赚取，其没有从交易中获得佣金或收取费用
鄂冶检刑不诉［2019］70 号	被不起诉人白某某违规兑换外汇给他人，但其外汇均来源于其本人经营公司的货款，证明其行为以牟利为目的、具有经营性质的证据不足

（二）兑换外汇细节与得失

认定行为人场外兑换外汇是否具有营利目的，除了关注兑换资金本身，整个兑换过程的细节与行为人最终得失也应当加以重视。

地下钱庄、外汇黄牛由于已形成非法买卖外汇的成熟产业链，控制多个银行账户、掌握不同客户信息，因此在外汇兑换过程中常常扮演中介角色，并且拥有决定兑换汇率、收取额外费用的主动权、话语权。而普通公民及企业由于某些客观因素偶然产生场外兑换的需求，兑换次数有限、持续时间短，不仅未产生盈利，反而因支付费用而产生一定损失。

(1) 在 (2015) 琼刑二终字第 9 号案例中，被告人李某某因走私货物，无法通过合法方式走银行渠道向外国出口商支付美元，因此找被告人陈某甲代为购买美元，陈某甲收取一定的回扣。与被告人陈某甲构成非法经营罪形成鲜明对比的是，被告人李某某未通过兑换外汇产生收益，仅被判走私普通货物、物品罪。

(2) 在 (2018) 粤 0605 刑初 74 号案例中，被告单位佛山中正惠公司虽在其他环节中存在以营利为目的的非法买卖外汇行为，已构成非法经营罪，但由于其确实与色源厂、威霍普公司存在代理出口的服务关系，由其收取外汇货款并结汇支付人民币给该两家公司，是正常的代理出口行为，这一环节的资金并未计算为非法买卖外汇数额。

综上所述，普通公民及企业不以营利为目的进行场外外汇兑换，不具有与非法经营罪等同的社会危害性、刑事违法性和刑事可罚性，应当排除在刑事犯罪评价之外，进行适当行政规制即可。这一结论已得到司法实践中许多案例的支撑、佐证，也期待早日通过相关法律和司法解释加以明确，避免司法实践的误区。

竞争法

为什么主播跳槽不行，明星却可以？

——平台转换类型案件中《反不正当竞争法》总则条款的适用规则

潘志成 *

近年来，许多新类型不正当竞争案件，因在《反不正当竞争法》分则中无法找到对应的类型化不正当竞争行为条款，而不得已援引《反不正当竞争法》总则条款进行诉讼并通过法院判决进行规制。由主播在不同游戏平台间跳槽转换引发的纠纷就是其中一种新类型不正当竞争案件。例如，武汉鱼趣与上海炫魔及朱某不正当竞争纠纷案，被列为湖北省高级人民法院 2018 年发布的知识产权司法保护十大典型案例之一。

然而，适用《反不正当竞争法》对此类因跳槽引发的纠纷进行调整是否存在界限？如果主播在不同平台间跳槽可以适用反不正当竞争法总则条款作为不正当竞争行为加以禁止，那么明星艺人在不同经纪公司间跳槽或转换能否适用反不正当竞争法总则条款？笔者近期办理的一起案件中，原告作为一家经纪公司，主张艺人使用新的经纪公司与我方客户达成合约，构成违反《反不正当竞争法》总则条款的不正当竞争行为。笔者代表客户抗辩认为，该案件不应适用《反不正当竞争法》总则条款，最终也得到了法院的支持。《反

---

* 潘志成合伙人。实习生李宇晟对本文亦有贡献。

不正当竞争法》总则条款对此类案件适用的界限究竟在哪里，本文尝试对此问题进行回答。

一、主播转换平台与反不正当竞争法总则条款适用

在前述武汉鱼趣与上海炫魔及朱某不正当竞争纠纷案件中，朱某原为游戏平台斗鱼 TV 主播，而鱼趣公司是斗鱼 TV 运营者斗鱼公司的关联公司。2015 年，朱某同武汉 TV 鱼趣签订《游戏解说合作协议》，约定由武汉鱼趣委派朱某在斗鱼 tv 解说平台进行游戏解说，合同履行期为 5 年。双方约定朱某为斗鱼 TV 的独占主播。朱某还在协议中承诺，如果他违反该协议约定与第三方签订合作协议的，将向武汉鱼趣支付其年费总额五倍，也就是 2000 万元的赔偿金。2016 年，在上述协议签订仅 1 年后，朱某便违反协议约定前往全民 TV 进行直播。武汉鱼趣发现后，便将全民 TV 运营者上海炫魔及朱某告上法院，要求确认被告的行为构成不正当竞争，并主张经济损失赔偿。

该案一审及二审法院均判决认定上海炫魔及朱某构成不正当竞争，并对《反不正当竞争法》总则条款在该案中的适用进行了阐述。武汉市中级人民法院首先重申了最高人民法院在“海带配额案”［（2009）民申字第 1065 号］中首次确立的适用《反不正当竞争法》第 2 条一般条款认定构成不正当竞争行为应当具备的条件：第一，法律对该种竞争行为未作出特别规定；第二，其他经营者的合法权益确因该竞争行为而受到了实际损害；第三，该种竞争行为因确属违反诚实信用原则和公认的商业道德而具有不正当性或者说可责性。法院同时明确，行为是否违反商业道德是问题的关键和判断的重点。

在判断行为是否违反商业道德时，法院首先对网络直播行业的竞争特点进行了分析，认为该市场的竞争特点在于流量是企业估值的重要指标之一，而主播就是企业吸引观众获得流量的核心资源，甚至是直播平台的生存基础。观众与主播之间的黏性很强，而转换直播平台的成本却非常低。由此，法院认为，网络直播行业的竞争，实际上就是平台主播资源的竞争。随后，法院又对反不正当竞争法意义上的“商业道德”的含义进行了说明，认为商业道德要按照特定商业领域中市场交易参与者即经济人的伦理标准来加以评判，体现的是一种商业伦理，其可以以实际的行业背景下的商业惯常做法为依据，但必须以市场效率为基础和目标，并符合行业的竞争环境及特点。基于“商

业道德”的上述含义，法院从行为对行业效率的影响、对竞争对手的损害程度、对竞争秩序及行业发展的影响、对消费者福利的影响四个角度出发，认为平台的更换并不会带来实质的改变和提升，观众的用户体验和选择机会并不会增加，被告的行为并不能促进行业效率的提升，而且直接导致武汉鱼趣的观众流失，取代了武汉鱼趣本应拥有的竞争优势，对武汉鱼趣造成了实质性的损害。

最后，法院对该案适用《反不正当竞争法》的必要性进行了分析，认为因主播资源对平台意义过于重大，竞争行为的发起者多为参与竞争的平台而非主播，而平台非合同方，通常也并不介意将违约之代价作为竞争成本，合同法律规范显然无法限制作为非合同方的竞争平台，反不正当竞争法介入并对行为作出评判具有必要性。法院根据上述原因认定被告对原告的“挖角”行为属不正当竞争行为，判决被告停止使用朱某进行游戏解说，并向原告赔偿经济损失 90 万元。

二、明星艺人转换经纪公司及《反不正当竞争法》总则条款适用

在笔者代理的案件中，黄某某是某知名女团成员，她在 2013 年与 A 演艺经纪公司签订了期限为 8 年的《专属艺人合约》，约定黄某某将自身在全世界范围内的演艺活动的经纪业务委托给 A 公司，A 公司作为黄某某的独家经纪人，为黄某某与第三方之间的演出活动提供经纪服务，在合约期间不得为 A 公司以外的任何人提供任何形式的演艺活动，否则即视为根本违约。2019 年，黄某某与 A 公司发生矛盾，黄某某解除了与 A 公司的合约（对此 A 公司不予认可）。之后，黄某某通过 B 公司与某知名服装企业 C 公司达成合约，黄某某为 C 公司拍摄广告宣传照片并给予 C 公司完整的肖像使用授权。在此情况下，A 公司起诉了 B 公司与 C 公司，主张两被告违反《反不正当竞争法》总则条款构成不正当竞争行为。A 公司认为，被告明知演艺经纪行业的经营模式，仍然扰乱市场经营秩序，擅自与黄某某合作，违反了诚实信用原则和公认的商业道德，构成不正当行为。

笔者代理 C 公司参与诉讼，指出本案不应适用《反不正当竞争法》总则条款。笔者特别指出，反不正当竞争法保护竞争秩序，因而具有一定公法属性。《反不正当竞争法》所保护的商业道德与私法领域的道德不同，《反不正

当竞争法》的商业道德鼓励通过公平竞争获得交易机会和竞争优势，其所禁止的不正当竞争行为具有一定的对世性，强调对竞争秩序的破坏。私法领域的道德通常具有对人性，更贴近个人品格，而不会考虑竞争秩序、效率等公共问题。在本案中，A 公司为黄某某撮合演出、商业宣传机会并据此获得回报，即便黄某某转换经纪公司行为构成违约，A 公司通过调整私法领域道德的合同法就足以获得保护，B 公司和 C 公司的行为没有对公共竞争秩序造成损害。

在此类案件中，反不正当竞争法没有介入进行调整的必要，因为 A 公司的利益完全可以通过合同法加以调整和保护。同时笔者指出，即便在私法领域，合同法事实上也允许居间合同中的多方代理、事后追认等规则鼓励交易，因为这样可以增加艺人的交易机会，最大化艺人的价值。

法院在判决中采纳了笔者的答辩意见。法院首先明确了适用《反不正当竞争法》原则条款时应当保持谦抑，以避免过度使用原则条款而妨碍市场自由的公平竞争，凡是法律已经通过特别规定作出保护的行为，不宜再适用《反不正当竞争法》的原则条款进行调整。法院认为，本案中黄某某与 A 公司之间属于合同关系，具有相对性，在被告不存在明显恶意的情况下，通过合同纠纷案件处理双方之间争议即可。

同时，法院也对被告行为是否违反商业道德进行了分析。法院认为，商业道德不应按照日常生活或者一般社会关系的道德标准解读，而是一种商业行为的伦理标准，以其能否增进社会效率和社会福利作为根本的衡量标准。黄某某在与 A 公司的经济合约出现争议时，其作为市场经济中的独立经济主体，有权自由选择商业合作对象，同时亦应自担与经纪公司的违约风险。尊重艺人对经纪公司的自由选择权，既可以避免艺人在人生的黄金时期因与经纪公司之间的合约纠纷而丧失良好的工作时机，又有利于增进竞争自由和市场效率。基于上述原因，法院认定本案中被告不存在不正当竞争行为，并判决驳回了原告的全部诉讼请求。

三、平台转换类型案件中《反不正当竞争法》总则条款的适用规则

通过对比主播跳槽的武汉鱼趣案和明星转换经纪公司的黄某某案，我们可以大致归纳法院在平台转换类型案件中适用《反不正当竞争法》总则条款

的裁判规则。

规则一：

区分竞争法领域的商业道德和私法领域的道德，强调对竞争秩序的保护。原告需要证明被告的不正当竞争行为对竞争秩序造成破坏，或者对竞争效率或消费者福利造成损害，才可以适用《反不正当竞争法》总则条款加以保护。

规则二：

唯有当转换平台人员与平台自身的竞争资源具有直接相关性或同一性时，适用反不正当竞争法总则条款加以规制才具有合理性。以武汉鱼趣案为例，法院在该案中特别强调了主播的流量与平台的流量具有直接相关性，平台间的竞争实际上就是主播流量资源的竞争。而明星艺人和经纪公司之间，并不具有此类直接相关性或同一性。许多明星艺人非常知名，但其知名度并不能直接等同于明星艺人经纪公司知名度。明星艺人的粉丝人数可能会直接影响明星艺人的票房和身价，但是经纪公司主要靠为明星艺人提供撮合交易服务收取费用，并不会因粉丝人数的增加而直接带来收益。

规则三：

各地司法机关在适用《反不正当竞争法》总则条款时，越来越注重秉持谦抑原则，避免对正常人员流动和人才竞争的司法干预。例如，广东省高级人民法院在2020年4月发布的关于网络游戏知识产权民事纠纷案件的审判指引中就明确指出："游戏主播以自身知识和技能优势为其他平台获取市场竞争优势，未违背商业道德，未扰乱市场竞争秩序的，一般不构成不正当竞争行为。主播违反竞业禁止协议或相关独家、排他直播协议的，依照协议约定承担相应的违约责任。"

作为此类案件司法实践的最新动向，2020年12月浙江省高级人民法院在其二审判决的杭州开迅诉李某及虎牙公司案中，也认定跳槽主播李某及接收李某的虎牙公司不构成不正当竞争。法院认为，"市场竞争以自由竞争为原则，以反不正当竞争法的规制为例外……李某为追求其自身利益最大化而违约，并不等同于其行为存在反不正当竞争法意义上的不正当性……在当事人能够通过合同方式得到有效救济的情况下，反不正当竞争法的适用更应秉持审慎、谦抑的原则，而不应随意干预当事人的行为自由"。

海事海商/保险

中国海关缉私权能分析

杨　杰*

论及中国海关的权能，一般认为是“缉私、监管、征税、统计”四大权能，其中缉私是中国海关四大权能的核心，中国海关是以缉私权能作为“监管、征税、统计”职能的主要维护手段，由此自然形成中国海关缉私执法部门在外界眼中的“强势地位”。

在法律授权范围内，中国海关缉私部门在办理具体案件时，可以依法行使的相关权力具体细分为以下十种。

一、检察权

在海关监管区和海关附近沿海沿边规定地区，可以检查有走私嫌疑的运输工具和有藏匿走私货物、物品嫌疑的场所，检查走私嫌疑人的身体；在海关监管区和海关附近沿海沿边规定地区以外，在办理走私案件时，经直属海关关长或者其授权的隶属海关关长批准，可以对有走私嫌疑的运输工具和除公民住处以外的有藏匿走私货物、物品嫌疑的场所进行检查。

二、扣留权

（1）对走私犯罪嫌疑人，经直属海关关长或者其授权的隶属海关关长批准，可以扣留。扣留时间不超过24小时，在特殊情况下可以延长至48小时。

---

* 杨杰合伙人。

(2) 对违反《海关法》或者其他有关法律、行政法规的进出境运输工具、货物、物品可以扣留。

(3) 对违反《海关法》或者其他有关法律、行政法规的进出境运输工具、货物、物品有牵连的合同、发票、账册、单据、记录、文件、业务函电、录音录像制品和其他资料可以扣留。

三、查阅、复制权

办案人员有权查阅、复制与进出境运输工具、货物、物品有关的合同、发票、账册、单据、记录、文件、业务函电、录音录像制品和其他资料。

四、查问、调查权

办案人员有权对违反《海关法》或者其他有关法律、行政法规的当事人及知情人进行查问和调查。

五、连续追缉权

对于违反海关监管逃逸的进出境运输工具或者个人，可以连续追至海关监管区和海关附近沿海沿边规定地区以外，带回处理。

六、佩带和使用武器权

办案人员为履行职责，可以依照法律的规定佩带和使用武器。

七、收取担保权

对于无法或者不便扣留的货物、物品、运输工具，可以向当事人或者运输工具负责人收取等值保证金或者抵押物。

八、处罚权

对不构成走私犯罪的走私案件和违反海关监管规定案件以及依照其他有关法律规定由海关处理的其他违法案件的当事人有权进行处罚。

九、责令改正权

海关缉私部门对违反《海关法》及其有关法律、法规行为，除依法处罚外，还有权要求违法行为人改正违法行为。

十、请求协助权

在执行职务受到暴力抵抗时，有权请求公安机关和人民武装警察部队予以协助。对于确属来源于走私行为非法取得的存款、汇款，可以书面通知银行或邮局暂停支付，同时通知存、汇款人。

分析国家立法授予海关缉私部门上述权力的缘由，是与“打击走私”这一目的密不可分的。一般认为，海关缉私部门的主要职能也是体现在打击走私层面，否则何谓“缉私”呢？然而，中国海关的缉私职能是在逐步变化的。通常认为，中国海关的缉私职能，就是维护国家主权和利益，保障税收和打击走私。而随着国家形势的不断变化，海关的缉私职能也有所侧重，如新中国成立初期以维护国家主权为主，改革开放以后以打击走私犯罪为主，近些年又开始突出保障海关税收的职能。

无论海关的缉私职能、目的如何演变，坚持依法行政始终是必须恪守的大前提，但不可否认的是，海关缉私职能在具体实施过程中也会时常受到人为因素的干扰，偏离依法行政的轨道，其中最值得诟病的就是绩效评估制度。

绩效评估制度并非海关行政部门的创举，此制度在中国其他行政部门也普遍存在，一般形式有两种。其中一种是将侦办刑事案件数量、行政案件数量、罚没收入、处罚金额等作为海关缉私各业务部门的重点考核指标予以考核并进行年终排位。全国海关缉私部门在接到海关总署的任务后，将该任务层层分解到各个下级部门，作为部门绩效考核的硬性指标，其具体体现为将“全年刑事案件立案数量”“全年抓获犯罪嫌疑人数量”“全年侦办刑事案件涉税总量”“全年侦办刑事案件案值总量”作为侦查部门的主要考核指标；而以侦办行政案件为主的海关缉私调查部门，则以“全年行政案件立案数量”“全年侦办行政案件案值总量”“全年执行罚没收入”作为该部门的主要考核指标，容易出现“多立案再并案”“先立案再挂案”“先行政立案再转成刑事立案”等情况。有时会偏离依法行政的轨道，由此滋生“以罚代管”“以罚创收”等现象。

在进出口关税逐步下降的大趋势背景下，一些国家的海关缉私职能已经向知识产权保护，打击走私武器枪支弹药、走私毒品、走私进出口文物、打击濒危动植物走私等方面转变。例如，法国海关取消了关税任务分割下达的征收关税以及进出口环节税的办法，采取根据税源的变化以及保护的范围，实行关税成本比例划拨，以税养关。这样就在很大程度上制止了海关在征收进出口关税及环节税上横征暴敛的现象。美国将原海关、移民和规划局等22个联邦机构合并成立国土安全部，将原美国海关的机构，按职能分别并入海关与边境保护局、移民与海关执法局，重点打击恐怖主义。海关与边境保护局和移民与海关执法局，在国土安全部统一领导下，分工明确，各有侧重。

上述国家的海关职能无论如何变化，其中有一个普遍现象，即海关在执行缉私职能时强调保护犯罪嫌疑人的合法权利。为了防止海关对缉私办案权力的滥用，在法律赋予海关缉私工作职权的同时也作出了相应的规定和限制，如法国对因涉嫌走私犯罪被拘留或逮捕的犯罪嫌疑人，必须最迟于被拘留或逮捕的第二天移送法院接受审判等。

随着中国自贸区改革的深入，势必对中国海关缉私职能转变带来推动，如在上海自贸区已经复制推广的海关创新举措中，“企业自律管理”监管模式，就是把海关稽查部门对企业单一的强制性查处违规行为，变成同时给企业一条主动向执法机构报告相关行为的途径。通过这个途径，能使海关对企业的行政处罚及相关贸易便利措施得到不同程度的减轻或保留。这种“企业自律管理”企业模式，如能进一步深化推广，对目前存在的“以罚代管”“以罚创收”乱象可以进行有效的遏制。但应当承认，绝大多数企业面对海关时，还是处于相对“弱势地位”的，因此，除给予企业自律管理的途径外，更应在立法层面对海关缉私职权进行约束与限制。

长赐轮堵塞苏伊士运河对中国货主的影响

纪玉峰*

一、长赐轮堵塞苏伊士运河始末

长荣海运旗下的长赐轮（Ever Given）集装箱船搁浅，导致苏伊士运河被堵塞6天，这是自2004年10万吨油轮搁浅导致苏伊士运河中断3天以来，苏伊士运河所遭受的最严重事故。这次堵塞事故造成国际上重要的交通动脉一度中断，无数船舶被迫滞留，航运供应链、国际货物买卖供应链都受到重要影响，不但影响运价、油价等经济指标，还影响世界范围内的社会生活（如因货物供应不及时、延误导致物价上涨）。

肇事船舶系日本建造，船旗国巴拿马，船东是日本正荣汽船公司，租家是中国台湾地区的长荣，船上装载货物主要是中国货物，目的港位于欧盟国家。2021年3月23日，长赐轮“卡”在苏伊士运河里，造成河道严重堵塞；3月29日，长赐轮成功重新上浮，恢复“正常航线”。截至2021年3月29日，约有450艘船只因长赐轮搁浅事故被堵在苏伊士运河。

关于事故原因，目前有“遭遇沙暴强风说”，“船长错误操作说”，还有“引航员索贿不成肆意妄为说”，如“长赐轮卡在了埃及苏伊士运河里，众多船长判断八成是万宝路出了问题……”无论如何，被施救成功后，长赐轮货轮被扣押在大苦湖，苏伊士运河管理局在3月31日表示，这艘船在调查结束前将被扣押，货物将留在船上，如果船东拒绝赔偿损失，那么这艘船将被没收。4月1日，正荣汽船宣布共同海损，这意味着所有货物利益方将被要求在货物交付前提供共同海损的担保。运河管理局于4月7日提出9.16亿美元的

* 纪玉峰合伙人。

赔偿，其中包含救助奖金 3 亿美元，商誉损失 3 亿美元以及其他损失。

目前各方的反应总结如下：

（1）苏伊士运河管理局：不赔不放行，索赔 9.16 亿美元。

（2）租船人长荣：找正荣汽船租的，责任、费用、损失由船东负责。

（3）船东正荣汽船：先鞠躬以示歉意；然后宣布共同海损；接着表示赔款太高了，不付；转身到英国起诉了长荣。

（4）埃及法院：船东赔付 9 亿多美元就能被放行。不赔，扣船！

（5）货主们：眼前一黑。

（6）其他被延误船舶：我们招谁惹谁了？

二、关于共同海损

正荣汽船宣布的“共同海损”，是我国航运界一个陌生而又熟悉的存在。说熟悉，是因为共同海损制度在国际海运界长期存在，我国作为贸易大国和主要的货物出口国，经常会遇到船东宣布共同海损的情况。近年来，无论是“马士基浩南轮”大火案，还是本次长赐轮堵塞苏伊士运河事件，船东都宣布了共同海损，受影响的货主以千万计。说陌生，是因为在司法实践中，由于海损经常发生于境外，理算地也在境外，周期长，涉及面广，故此类案件经常由境外的法院、仲裁机构管辖，中国法院处理共同海损案件相对较少。

我国对共同海损的规定，参见《海商法》第 193 条第 1 款，“共同海损，是指在同一海上航程中，船舶、货物和其他财产遭遇共同危险，为了共同安全，有意地合理地采取措施所直接造成的特殊牺牲、支付的特殊费用”。并且规定了相应的范围、举证责任、金额确定标准、理算规则等。《海商法》第 203 条关于理算规则的规定：“共同海损理算，适用合同约定的理算规则；合同未约定的，适用本章的规定。”应该说，我国海商法在相当程度上借鉴了《1974 年约克—安特卫普规则》。

实践中，国际通用的共同海损理算规则包括《1974 年约克—安特卫普规则》《1994 年约克—安特卫普规则》和《2004 年约克—安特卫普规则》，需要说明，这三个规则均非强制性的法律，基于船方的赔偿额的多少、货方的共同海损分摊，在合同中选择性采用。

具体到正荣汽船宣布的“共同海损”，目前该船东公司已经任命 Richard

Hogg Lindley 作为理算人来处理相关问题，并发出 General Average Declaration、Standard Instruction 及 Average Guarantee，要求船上货物所属的货主按货物价值的一定比例将保证金存入理算人专户银行或指定银行的共同海损账户。具体保证金比例目前尚不得而知。以 2018 年的“马士基浩南轮”起火事件为例，当时的担保金包括救助担保货值 42.5%及共同海损 11.5%，也就是说，假设托运人托运了 100 美元的货物，需要支付 54 美元的保证金才能让货物被放行。无论如何，货主若想货物继续运输交货，若无保险，一笔巨额的保证金是逃不了的。

三、关于长赐轮堵塞苏伊士运河对中国货主的影响

此事件使我们看到航运对国际贸易的巨大影响，以及海上交通要道的安全对经济和军事等方面的特殊价值。即便运河重新开放，对全球运力产生的负面影响也将持续，由此导致的运价上涨将继续直接影响各国的经济。

然而，全球供应链对航运的依赖性和航道的脆弱性形成了鲜明的对比，航道具有重要的军事和战略意义，事故、战争行为均可轻易地封锁航道，进而影响地区乃至全球局势。此事件中，受到打击最大的就是货主，且对中国货主的影响需要被正视。

（一）货物大范围的延误交付

尽管 2021 年 4 月 14 日，长荣汽船发布声明，声称在“持续敦促各方达成和解协议”，“并研拟让船货分开处理的可行性，以期能将船上货物早日送达目的地，尽可能将冲击降到最低，早日完成货主托付的使命”。然而，船货分离继续运输哪有那么容易，对“可行性”要“研”多久也无法明确。加之之前的堵塞时间，大范围的延误无可避免。需要说明的是，这样的延误不仅局限于长赐轮上的货物，因航道堵塞被迫等待的超过 450 艘船舶上的货物均会受到影响，而且受影响的船货范围还可能进一步扩大。而通常情况下，承运人仅对货物的灭失或损坏承担赔偿责任，但不必对延迟交付作出赔偿。

（二）收不到货款的可能性大增

尽管在 FOB 术语、CIF 术语、CFR 术语项下，货主在装运港货过船舷即完成交货，货物的责任和风险转移到买方，但是国外买家有可能因为没收到

货而违约，拒绝付款（非信用证条件下）。特别是在货主采取 CIF 术语的情况下，要及时审视保单或者及时向货代索要保单，确保没有基于自己或者货代的原因“忘记”买保险，导致收货人不但不付钱，反而向托运人一方索赔。

（三）没有买保险的货主有可能被要求支付保证金

船公司宣布共同海损后，通常货主们不提供担保就提不了货，或者处置不了货物。

通常，当船公司宣布共同海损之后，就会委托专业理算公司进行理算（本次选择的英国海损理算公司 Richards Hogg Lindley 是业界知名的专业理算公司），理算公司会计算船东和货主们需要分摊的共同海损分摊金额。然而，理算时间是不可控的，通常流程复杂、时间漫长。因此，货主若要处置货物，就必须提供担保。有保险的货主们可以联系保险公司提供 Average Guarantee，那些没有买保险的货主就需要提供现金担保了。货主对于担保金额的比例难有发言权，担保何时能够拿回更是遥遥无期。

（四）如果采取的是 DDP 术语，托运人将面临共同海损分摊的后果，以及可能收不到货款，乃至遭受索赔的风险

针对以上影响，国内货主应根据自身的实际情况，有针对性地作出决断。其采取的措施应包括：

（1）要求货代查询船舶实时状态和货物实时状态，确保掌握货物动态。

（2）及时保留所有的单证文件，保留所有与涉案运输相关的单证、邮件、往来函件、联系软件，如 QQ、微信的记录，其中邮件应保存在服务器中，部分网上打印资料，如集装箱流转信息、提单信息等，以及通话清单等由于保存有时间限制，应及时调取。此等文件的留存和归档会直接影响后续法律事务的处理。

（3）理清法律关系，履行告知义务，及时向第三方主张权利。由于国际海运环节多、参与方多、专业性强，一单海运业务中可能存在多个货代互相委托，除 MasterBL 外，可能还存在大量的 HouseBL，因此，货主必须正确区分自己和其他方在本次海运中的地位与相互间的法律关系，确定相互之间的权利义务关系。

（4）必要的时候，由专业的法律人员跟进。

最后需要说明的是，海运过程充满不可知的风险，此次长赐轮堵塞苏伊士运河引发的共同海损凸显了这一点。货主在履行国际货物买卖合同时，亦应重视保险的作用，以达到最大程度减损的目的。

家事与私人财富管理

个人财富管理：个人破产制度试点前的家企隔离

王旭律师团队*

2019年6月22日，国家发展改革委等多部门联合印发《加快完善市场主体退出制度改革方案》，提出研究建立个人破产制度，重点解决企业破产产生的自然人连带责任担保债务问题。明确自然人因担保等原因而承担与生产经营活动相关的负债可依法合理免责。逐步建立自然人符合条件的消费负债可依法合理免责，最终建立全面的个人破产制度。

也就是说，在将来，不但企业能破产重生，个人也能破产重来。破产，本质上是鼓励企业创新创业的一种手段，让破产后的企业及个人不因此而陷入发展的困境，这对社会经济发展具有重要意义。个人破产，是指作为债务人的自然人不能清偿其到期债务时，由法院依法宣告其破产，并对其财产进行清算和分配或者进行债务调整，对其债务进行豁免以及确定当事人在破产过程中的权利义务关系的法律规范。

尽管个人破产可以免除一定债务，但根据别国实践，也会带有一定惩戒性质。目前只是刚刚公布个人破产制度，至于具体如何操作，还需要配套细则来进行规范。

企业破产和个人破产还有一个重要的区别，那就是个人和家庭的牵绊，这远比企业破产要复杂。个人破产时哪些财产需要清算？配偶是否需要跟着

* 王旭合伙人。

破产？正如学者指出，财产转移欺诈制度、追索制度以及对个人家庭价值的保护等也是需要考虑的问题。

在个人破产制度到来之前，企业家解决个人的财富管理更应该考虑的是通过家企资产隔离降低经营风险。

例如，王中军因为抵押设备维持公司运营的新闻再次引起关注。根据《财经天下周刊》的报道，2019 年 7 月 3 日晚，华谊兄弟发布售后回租公告，公司将下属 4 家影院的放映设备及附属设备、设施开展售后回租融资租赁业务，融资金额 4000 万元。王中军夫妇、王中磊夫妇为此次售后回租融资租赁业务提供连带责任保证。

同自愿与公司同呼吸共命运的王中军比起来，我国目前更多的是没有进行家企隔离的企业主，在遇到债务风险时，被动连带的他们，境况可能就不像说得那么云淡风轻了。

目前，中国的企业家尤其是民营企业主，往往都是钱从左边口袋进右边口袋出，家庭资产与企业资产严重混同。对于家企分离的必要性，《公司法》第 23 条第 3 款中明确规定，“只有一个股东的公司，股东不能证明公司财产独立于股东自己的财产的，应当对公司债务承担连带责任”。也就是说，法律早已意识到一人公司的财产与股东个人财产极易发生混同，而将举证责任交给股东本人，意味着一人公司的股东必须高度严格地建立独立规范的财务制度和经营场所，如此才能完美地建立家企隔离的防火墙。

所以，企业经营过程中不仅要谨慎对待市场风险，还要谨慎处理公司内部事务和家企财富的隔离工作，防范企业经营受挫时给家庭财富带来的风险，是创富过程中要考虑的重要问题。

家企资产隔离，隔离的究竟是什么？简单来说，家企资产隔离是家庭资产与企业资产的隔离，从目前企业家的风险现状来看，家企隔离主要是出于对债务风险的防范。企业导致债务危机时，家庭可能受到牵连，同样，如果家庭不够和睦，企业主发生婚姻变故，企业运营同样会受到影响。

家企资产隔离，企业家如何作为？首先，企业良好运作是前提。例如，因实际控制人王某华涉嫌猥亵幼童而遭遇“股债双杀”的新城控股在业内引起了轩然大波，因企业家个人原因而使企业遭受损失的情况屡见不鲜，除像王某华这种与企业经营无关的刑事犯罪影响公司运营以外，常见的非法集资、挪用资产、贿赂等犯罪同样会让企业蒙受损失。因此，除了做好商业运营，做好家企隔离的关键一步是企业家（包括控制人及高管）避免刑事风险。

其次，运用金融工具实现家庭财富隔离。个人合法财产在进入家庭经济体系之后，要树立多样化的资产配置体系。房产和现金的债务隔离功能并不十分明显，这就需要金融工具的交叉运用。

如今，保险在债务隔离中的作用逐渐显现，人寿保险的人身属性、其高度隐蔽性以及指定受益人后保险金不偿债等功能，在财富管理领域都能得到很好的表现。

依据《保险法》的规定，被保险人死亡后，除去特殊情况，保险金不会作为被保险人的遗产，以（2018）浙 0122 民初 2621 号案件为例，指定了受益人的保险金不属于投保人的遗产，因此不用偿还投保人生前的债务。

不过，被投保人设置需要进行考量，建议企业主作为被保险人，风险较低的家庭成员作为投保人，以及要有明确的受益人。受益人填“法定”或者“法定继承人”，从法律规定来讲保险金属于受益人的财产，但目前仍有法院会认定为没有指定受益人而作为投保人遗产进行执行。因此，建议投保时对受益人予以明确。此外，信托等工具也具有一定的债务隔离功能。

除了离婚冷静期，《民法典》婚姻家庭编的九大亮点你了解多少？

王旭律师团队*

历经5年多时间编纂的《民法典》，于2020年5月28日经第十三届全国人大第三次会议表决通过，并于2021年1月1日起正式施行。这意味着，中国自此迎来"民法典时代"！对于《民法典》中那些全新的规定，你是否已经熟悉？

离婚冷静期是什么？可撤销婚姻的范围变大？对于《民法典》婚姻家庭编的相关内容，你还有哪些困惑？本文精选几大亮点，为你解开迷思！限于篇幅，对为了表述更规范、列举更周延所做的修改，本文不一一列出。

亮点一：近亲属范围予以明确

汇业视角：之前的法律规定中，没有关于近亲属的具体规定，此次《民法典》明确哪些人属于近亲属。这不仅在法律关系上更加明确，而且在行政部门或日常事务的办理过程中，也明晰了近亲属的范围。

《民法典》	来源和修订
第1045条　亲属包括配偶、血亲和姻亲。配偶、父母、子女、兄弟姐妹、祖父母、外祖父母、孙子女、外孙子女为近亲属。配偶、父母、子女和其他共同生活的近亲属为家庭成员	1988年《最高人民法院关于贯彻执行〈中华人民共和国民法通则〉若干问题的意见（试行）》第12条　民法通则中规定的近亲属，包括配偶、父母、子女、兄弟姐妹、祖父母、外祖父母、孙子女，外孙子女

亮点二：重大疾病缔结的婚姻从无效变为可撤销

汇业视角：患有医学上认为不应当结婚的疾病不再属于禁止结婚的情况，

---

* 王旭合伙人。

将患有医学上认为不应当结婚的疾病缔结的婚姻从无效变为可撤销，是此次《民法典》婚姻家庭编修改的最主要方面之一。随着医学的发展以及保证当事人的婚姻自主权理念的逐步深入，这一修改具有重要的意义。

《民法典》	来源和修订
第 1048 条　直系血亲或者三代以内的旁系血亲禁止结婚	2001 年《婚姻法》 第 7 条　有下列情形之一的，禁止结婚：（一）直系血亲和三代以内的旁系血亲；（二）患有医学上认为不应当结婚的疾病

汇业视角：同禁止结婚的规定一样，去掉了婚前患有医学上认为不应当结婚的疾病情况。重大疾病在实务中主要包括：(1) 严重遗传性疾病；(2) 指定传染病；(3) 有关精神病。所以，并不是所有的重大疾病都属于此类情况。

《民法典》	来源和修订
第 1051 条　有下列情形之一的，婚姻无效：（一）重婚；（二）有禁止结婚的亲属关系；（三）未到法定婚龄	2001 年《婚姻法》 第 10 条　有下列情形之一的，婚姻无效：（一）重婚的；（二）有禁止结婚的亲属关系的；（三）婚前患有医学上认为不应当结婚的疾病，婚后尚未治愈的；（四）未到法定婚龄的

婚前重大疾病告知义务有效保障了配偶对于婚前重大疾病的知情权。撤销权的行使要在知道起一年内提出《民法典》第 1053 条。

汇业视角：增加了无效婚姻和可撤销婚姻中无过错方请求损害赔偿的权利。婚姻中无过错方在法律中将获得更多的保护。

《民法典》	来源和修订
第 1054 条　无效的或者被撤销的婚姻自始没有法律约束力，当事人不具有夫妻的权利和义务。同居期间所得的财产，由当事人协议处理；协议不成的，由人民法院根据照顾无过错方的原则判决。对重婚导致的无效婚姻的财产处理，不得侵害合法	2001 年《婚姻法》 第 12 条　无效或被撤销的婚姻，自始无效。当事人不具有夫妻的权利和义务。同居期间所得的财产，由当事人协议处理；协议不成时，由人民法院根据照顾无过错方的原则判决。对重婚导致的婚姻无效的财产处理，

续表

《民法典》	来源和修订
婚姻当事人的财产权益。当事人所生的子女，适用本法关于父母子女的规定。婚姻无效或者被撤销的，无过错方有权请求损害赔偿	不得侵害合法婚姻当事人的财产权益。 当事人所生的子女，适用本法有关父母子女的规定

亮点三：家事代理权

汇业视角：在婚姻家庭生活中，夫妻需要处理大量的日常事务，《民法典》对家事代理权的规定能够体现夫妻在家庭生活中的平等权，像购置生活用品、支付医疗费用、安排子女教育以及对亲友好友的馈赠等因为日常生活需要实施的民事法律行为，夫妻一方有权代理与第三人发生法律行为，被代理方为由此所产生的法律后果的承担连带责任。

《民法典》	来源和修订
第 1060 条　夫妻一方因家庭日常生活需要而实施的民事法律行为，对夫妻双方发生效力，但是夫妻一方与相对人另有约定的除外。夫妻之间对一方可以实施的民事法律行为范围的限制，不得对抗善意相对人	2001 年《最高人民法院关于适用〈中华人民共和国婚姻法〉若干问题的解释（一）》第 17 条　婚姻法第十七条关于“夫或妻对夫妻共同所有的财产，有平等的处理权”的规定，应当理解为：（一）夫或妻在处理夫妻共同财产上的权利是平等的。因日常生活需要而处理夫妻共同财产的，任何一方均有权决定。（二）夫或妻非因日常生活需要对夫妻共同财产做重要处理决定，夫妻双方应当平等协商，取得一致意见。他人有理由相信其为夫妻双方共同意思表示的，另一方不得以不同意或不知道为由对抗善意第三人

亮点四：夫妻财产制度有变化

汇业视角：劳务报酬、投资收益、受赠财产为共同财产中新规定的内容，这一修订让夫妻共同财产的范围更加明确，使夫妻共同财产“不留死角”，也使法律规定更加切合实际。

《民法典》	来源和修订
第 1062 条　夫妻在婚姻关系存续期间所得的下列财产，为夫妻的共同财产，归夫妻共同所有：（一）工资、奖金和其他劳务报酬；（二）生产、经营、投资的收益；（三）知识产权的收益；（四）继承或者受赠的财产，但是本法第一千零六十三条第三项规定的除外；（五）其他应当归共同所有的财产。 夫妻对共同财产，有平等的处理权	2001 年《婚姻法》 第 17 条　夫妻在婚姻关系存续期间所得的下列财产，归夫妻共同所有：（一）工资、奖金；（二）生产、经营的收益；（三）知识产权的收益；（四）继承或赠与所得的财产，但本法第十八条第三项规定的除外；（五）其他应当归共同所有的财产。夫妻对共同所有的财产，有平等的处理权

汇业视角：同共同财产的列举一样，个人财产的规定也是为了更加周延而进行的修改。修改前后差距不多。

《民法典》	来源和修订
第 1063 条　下列财产为夫妻一方的个人财产：（一）一方的婚前财产；（二）一方因受到人身损害获得的赔偿和补偿；（三）遗嘱或者赠与合同中确定只归一方的财产；（四）一方专用的生活用品；（五）其他应当归一方的财产	2001 年《婚姻法》 第 18 条　有下列情形之一的，为夫妻一方的财产：（一）一方的婚前财产；（二）一方因身体受到伤害获得的医疗费、残疾人生活补助费等费用；（三）遗嘱或赠与合同中确定只归夫或妻一方的财产；（四）一方专用的生活用品；（五）其他应当归一方的财产

汇业视角："夫妻"改为"男女双方"，有助于将婚前财产约定的情况涵盖在内，婚前财产约定可以不再适用合同法的规定，与婚内财产协议一样适用婚姻家庭的相关内容。

《民法典》	来源和修订
第 1065 条　男女双方可以约定婚姻关系存续期间所得的财产以及婚前财产归各自所有、共同所有或者部分各自所有、部分共同所有。约定应当采用书面形式。没有约定或者约定不明确的，适用本法第一千零六十二条、第一千零六十三条的规定。 夫妻对婚姻关系存续期间所得的财产以及婚前财产的约定，对双方具有法律约束力。	2001 年《婚姻法》 第 19 条　夫妻可以约定婚姻关系存续期间所得的财产以及婚前财产归各自所有、共同所有或部分各自所有、部分共同所有。约定应当采用书面形式。没有约定或约定不明确的，适用本法第十七条、第十八条的规定。 夫妻对婚姻关系存续期间所得的财产以及

续表

《民法典》	来源和修订
夫妻对婚姻关系存续期间所得的财产约定归各自所有，夫或者妻一方对外所负的债务，相对人知道该约定的，以夫或者妻一方的个人财产清偿	婚前财产的约定，对双方具有约束力。 夫妻对婚姻关系存续期间所得的财产约定归各自所有的，夫或妻一方对外所负的债务，第三人知道该约定的，以夫或妻一方所有的财产清偿

亮点五：夫妻共同债务

汇业视角：关于夫妻共同债务的规定，是将2018年最高人民法院《关于审理涉及夫妻债务纠纷案件适用法律有关问题的解释》中的规定吸纳到立法中，提高了立法层级。

《民法典》	来源和修订
第1064条　夫妻双方共同签字或者夫妻一方事后追认等共同意思表示所负的债务，以及夫妻一方在婚姻关系存续期间以个人名义为家庭日常生活需要所负的债务，属于夫妻共同债务。 夫妻一方在婚姻关系存续期间以个人名义超出家庭日常生活需要所负的债务，不属于夫妻共同债务；但是，债权人能够证明该债务用于夫妻共同生活、共同生产经营或者基于夫妻双方共同意思表示的除外	2018年最高人民法院《关于审理涉及夫妻债务纠纷案件适用法律有关问题的解释》 第1条　夫妻双方共同签字或者夫妻一方事后追认等共同意思表示所负的债务，应当认定为夫妻共同债务。 第2条　夫妻一方在婚姻关系存续期间以个人名义为家庭日常生活需要所负的债务，债权人以属于夫妻共同债务为由主张权利的，人民法院应予支持。 第3条　夫妻一方在婚姻关系存续期间以个人名义超出家庭日常生活需要所负的债务，债权人以属于夫妻共同债务为由主张权利的，人民法院不予支持，但债权人能够证明该债务用于夫妻共同生活、共同生产经营或者基于夫妻双方共同意思表示的除外

亮点六：离婚冷静期

汇业视角：协议离婚冷静期的规定是此次《民法典》颁布的又一大亮点，离婚冷静期的规定中，有2个30日的规定，注意区分。此外也规定了离婚协议的主要内容即子女抚养、财产、债务处理等事项。

《民法典》	来源和修订
第 1076 条　夫妻双方自愿离婚的，应当订立书面离婚协议，并亲自到婚姻登记机关申请离婚登记。 离婚协议应当载明双方自愿离婚的意思表示和对子女抚养、财产及债务处理等事项协商一致的意见。 第 1077 条　自婚姻登记机关收到离婚登记申请之日起三十日内，任何一方不愿意离婚的，可以向婚姻登记机关撤回离婚登记申请。 前款规定期间届满后三十日内，双方应当亲自到婚姻登记机关申请发给离婚证；未申请的，视为撤回离婚登记申请。 第 1078 条　婚姻登记机关查明双方确实是自愿离婚，并已经对子女抚养、财产以及债务处理等事项协商一致的，予以登记，发给离婚证	2001 年《婚姻法》 第 31 条　男女双方自愿离婚的，准予离婚。双方必须到婚姻登记机关申请离婚。婚姻登记机关查明双方确实是自愿并对子女和财产问题已有适当处理时，发给离婚证

亮点七：起诉不判离，有了新路径

汇业视角：吸收了最高人民法院《关于人民法院审理离婚案件如何认定夫妻感情确已破裂的若干具体意见》中的相关条款。《上海市法院审理离婚纠纷案件大数据报告》中有数据显示，最高人民法院的意见通常会作为判决的参考，但仍然存在多次起诉法院不判离的情况，《民法典》的这一规定，可以有效缓解此类情形的发生。

《民法典》	来源和修订
第 1079 条　夫妻一方要求离婚的，可以由有关组织进行调解或者直接向人民法院提起离婚诉讼。 人民法院审理离婚案件，应当进行调解；如果感情确已破裂，调解无效的，应当准予离婚。 有下列情形之一，调解无效的，应当准予离婚：（一）重婚或者与他人同居；（二）实	2001 年《婚姻法》 第 32 条　男女一方要求离婚的，可由有关部门进行调解或直接向人民法院提出离婚诉讼。 人民法院审理离婚案件，应当进行调解；如感情确已破裂，调解无效，应准予离婚。 有下列情形之一，调解无效的，应准予离婚：（一）重婚或有配偶者与他人同居的；

续表

《民法典》	来源和修订
施家庭暴力或者虐待、遗弃家庭成员；（三）有赌博、吸毒等恶习屡教不改；（四）因感情不和分居满二年；（五）其他导致夫妻感情破裂的情形。 一方被宣告失踪，另一方提起离婚诉讼的，应当准予离婚。 经人民法院判决不准离婚后，双方又分居满一年，一方再次提起离婚诉讼的，应当准予离婚	（二）实施家庭暴力或虐待、遗弃家庭成员的；（三）有赌博、吸毒等恶习屡教不改的；（四）因感情不和分居满二年的；（五）其他导致夫妻感情破裂的情形。 一方被宣告失踪，另一方提出离婚诉讼的，应准予离婚

亮点八：离婚财产照顾无过错方

汇业视角：增加了离婚财产处理中对无过错方的照顾原则。旧法中，过错方只能主张损害赔偿，在财产分割上并没有明确规定需要照顾，导致实务中很多法院并不会对无过错方进行倾斜，这不符合公众对婚姻过错的价值判断。《民法典》这一新规的推出，让无过错方请求多分财产有了法律依据。

《民法典》	来源和修订
第 1087 条　离婚时，夫妻的共同财产由双方协议处理；协议不成的，由人民法院根据财产的具体情况，按照照顾子女、女方和无过错方权益的原则判决。 对夫或者妻在家庭土地承包经营中享有的权益等，应当依法予以保护	2001 年《婚姻法》 第 39 条　离婚时，夫妻的共同财产由双方协议处理；协议不成时，由人民法院根据财产的具体情况，照顾子女和女方权益的原则判决。夫或妻在家庭土地承包经营中享有的权益等，应当依法予以保护

亮点九：离婚补偿制度

汇业视角：在旧法中，只有在夫妻双方约定各自财产归各自所有的情况下，离婚才可以请求对方补偿，新法中删掉了个别财产制的前提，即便夫妻双方不是约定各自财产归各自所有的情况，也可以在离婚时要求补偿。家庭生活中，总有一方会为家务活动多付出，此条规定，肯定了婚姻中家务劳动的价值。

《民法典》	来源和修订
第 1088 条　夫妻一方因抚育子女、照料老年人、协助另一方工作等负担较多义务的，离婚时有权向另一方请求补偿，另一方应当给予补偿。具体办法由双方协议；协议不成的，由人民法院判决	2001 年《婚姻法》 第 40 条　夫妻书面约定婚姻关系存续期间所得的财产归各自所有，一方因抚育子女、照料老人、协助另一方工作等付出较多义务的，离婚时有权向另一方请求补偿，另一方应当予以补偿

亮点十：无过错方损害赔偿

汇业视角：删掉了“有配偶者”，有观点认为，未来立法有可能赋予无过错方向第三者主张损害赔偿的责任。对此，期待日后能有更加细化的法律规定。不过，有其他重大过错的规定，也从侧面表现出《民法典》对婚姻无过错方的保护。

《民法典》	来源和修订
第 1091 条　有下列情形之一，导致离婚的，无过错方有权请求损害赔偿：（一）重婚；（二）与他人同居；（三）实施家庭暴力；（四）虐待、遗弃家庭成员；（五）有其他重大过错	2001 年《婚姻法》 第 46 条　有下列情形之一，导致离婚的，无过错方有权请求损害赔偿： （一）重婚的；（二）有配偶者与他人同居的；（三）实施家庭暴力的；（四）虐待、遗弃家庭成员的

由于《民法典》出台后，其他法律会相应废止，因此后续《民法典》该如何实施，其细则如何规定，还需要进一步的实践和细化。总体来说，《民法典》中的每一项规定，都与你我息息相关。

对赌产生的股权回购义务是夫妻共同债务吗?

谭武英*

一、问题的提出

2014年的小马奔腾案引起了企业家们的广泛关注，案中创始股东李某以个人名义签订了对赌协议，在对赌协议到期后的次日突然去世，其配偶金某因此而承担对赌失败产生的巨额债务。

该案使企业家们陷入思考：若创始股东以个人名义签订了对赌协议，因对赌产生的股权回购义务是否属于夫妻共同债务？

二、案情引入

案情简介

2011年，小马奔腾实际控制人李某与建银文化基金签订对赌协议："若小马奔腾未能于2013年12月31日前实现合格上市，则投资机构有权要求实际控制人按约定的利率回购投资人持有的股权。"

2014年1月1日，实际控制人李某去世，遗孀金某出任董事长及总经理。2016年10月，建银文化基金向北京市第一中级人民法院提起诉讼，要求金某在裁决书确定的2亿元范围内对股权回购债务承担连带责任。法院判决支持建银文化基金的诉讼请求，二审维持原判。

裁判观点

根据事实查明，金某对于案涉协议约定的股权回购义务是明知的，其参

* 谭武英合伙人。实习生任思和对本文亦有贡献。

与了公司的共同经营，案涉债务属于李某、金某夫妻共同经营所负债务。理由如下：

第一，2014 年 1 月 27 日，小马奔腾的法定代表人变更为金某，小马奔腾 2014 年第一次临时股东大会决议所附金某简历显示："1995 年开始，作为雷明顿和小马奔腾公司创始人之一，早期参与公司的创建和经营，后作为李明董事长的智囊，为决策献计献策"。小马奔腾的官方微博亦如此介绍其董事长金某。金某现仍然为小马奔腾的董事。

金某作为小马奔腾集团公司、湖南优化公司董事，参与了公司经营；其签署相关公司的解除 VIE 架构的各种决议，应当知悉李某与建银文化基金关于股份回购的协议安排。

第二，李某去世后金某的一系列行为证实李某、金某夫妻共同经营公司。

针对李某名下持有的登记注册于北京的小马奔腾、腾骏贸易、鹏丰投资、小马力合、小马欢腾的股份，金某提起了股东资格确认诉讼。北京市朝阳区人民法院支持了金某的上述请求。

既然李某在上述公司的股权系金某与李某婚姻关系存续期间所得的共同所有的财产，建银文化基金的投资致使公司财产及股东个人的财产同时增值，金某作为配偶一方实际享有了建银文化基金投资小马奔腾所带来的股权溢价收益，李某因经营公司所承诺的回购责任亦属夫妻共同债务，符合权利义务一致原则。

第三，金某自称目前经营的公司雇用的是原小马奔腾人员、采用原小马奔腾经营模式。可见，金某现在经营的公司仍然享用建银文化基金投资小马奔腾所产生的溢出效应。

三、类似案情

实务中关于对赌协议中的股权回购债务是否属于夫妻共同债务存在不同的认定，根据笔者的检索，将实务中认定股权回购债务属于夫妻共同债务的和不属于夫妻共同债务的案例以及法院观点展示如下。

（一）法院认定属于夫妻共同债务的案例

【案例 1】案涉债务用于夫妻二人共同生产经营，且有证据证明具有二人共同意思表示，应认定为夫妻共同债务。[1]

案情简介

福建夜光达公司未按约定实现上市申报或实现上市，广州霍利企业主张该股权回购款为夫妻共同债务，请求许某旗（目标公司实际控制人）、郑某爱对该债务承担连带责任。

裁判观点

福建夜光达公司股权属于夫妻共同财产，亦系许某旗、郑某爱共同经营，无论商业经营行为的最终结果系盈利或亏损，后果均应及于郑某爱。理由如下：

第一，在本案中，许某旗取得福建夜光达公司股权时处于与郑某爱的婚姻关系存续期间，该股权应认定为夫妻共同财产。

第二，郑某爱在婚姻关系存续期间亦曾任福建夜光达公司股东，后虽将股权转让至许某旗一人投资的夜光达科技（香港）投资有限公司，但陆续担任福建夜光达公司监事、监事会主席及财务副总等核心职务。许某旗、郑某爱二人分工协作、共同经营的企业，因经营或任职福建夜光达公司所获得的收入亦应属于夫妻共同财产。

第三，案涉协议约定许某旗负有回购股权的义务，这同时也是广州霍利企业购买股权投资福建夜光达公司的条件，可见案涉协议的签订系出于经营福建夜光达公司的商业目的，因此产生的回购股权债务应属于公司生产经营所负债务。

第四，2017年8月26日，郑某爱作为监事会主席进行主持，会议对福建夜光达公司《2017年半年度报告》进行审议并表决通过。郑某爱对夜光达公司2017年4月17日签订案涉协议及2017年8月4日收到广州霍利企业支付的股权转让款应系明知并且同意。据此，案涉债务的负担具有夫妻共同意思表示。

（二）法院认定不属于夫妻共同债务的案例

【案例2】夫妻一方以个人名义所承担的股权回购义务，没有证据证明配偶知悉并且没有证据证明用于夫妻共同生活、共同生产经营的，该股权回购

[1] 郑某爱与广州霍利企业股权转让纠纷再审案［（2021）最高法民申4323号］。

义务不属于夫妻共同债务。[1]

裁判观点

主张回购之债基于夫妻共同意思表示且用于夫妻共同生活和共同生产经营，没有事实和法律依据，法院不予采纳。理由如下：

第一，系争回购之债并非基于两被告共同意思表示。夫妻共同意思表示的情形包括夫妻双方共同签字或者夫妻一方事后追认等情形。本案中，原告未提供证据证明存在前述情形，仅凭何某逸知晓陆某奇从事经营行为就推定何某逸对陆某奇的融资行为及回购责任存在共同意思表示，没有法律依据，法院不予认定。

第二，系争回购之债未用于夫妻共同生活、共同生产经营。用久中心基于《补充协议》要求陆某奇承担回购责任，只要满足回购条件即可，而不论是何原因触发回购条件。对于陆某奇而言，该回购债务属于纯负担债务，其并没有因负担回购债务而直接获取款项或者其他利益，不存在用于夫妻共同生活、共同生产经营的前提。

四、法律及司法观点

《民法典》第 1064 条规定："夫妻双方共同签名或者夫妻一方事后追认等共同意思表示所负的债务，以及夫妻一方在婚姻关系存续期间以个人名义为家庭日常生活需要所负的债务，属于夫妻共同债务。

夫妻一方在婚姻关系存续期间以个人名义超出家庭日常生活需要所负的债务，不属于夫妻共同债务；但是，债权人能够证明该债务用于夫妻共同生活、共同生产经营或者基于夫妻双方共同意思表示的除外。"

总而言之，有以下情形之一的，《民法典》认定成立夫妻共同债务：

（1）共债共签及事后追认；

（2）为家庭日常生活所需所负债务；

（3）超出日常生活所需负债不属于夫妻共同债务，但债权人能够证明用于夫妻共同生活、共同生产经营或共同意思表示的除外。

各地司法观点如下：

---

[1] 用久中心与陆某奇、何某逸公司增资纠纷案［（2017）沪 0118 民初 5584 号］。

天津市高级人民法院印发的《天津法院民间借贷案件审理指南（试行）》。

认定是否存在夫妻共同举债的意思表示，重点审查以下几个方面：

（1）夫妻双方是否在借贷合同中作为债务人共同签字；

（2）非借款方事后是否补签还款方案、保证书或在庭审过程中表明对该债务进行追认；

（3）是否存在其他共同举债意思表示的情形，包括但不限于：非借款方作出口头承诺，或者通过电话、短信、微信、电子邮件等形式予以认可。

认定夫妻一方借款是否用于夫妻共同生产经营，重点审查以下几个方面：

（1）夫妻一方负债系用于个体工商户或农村承包经营户经营的；

（2）夫妻一方从事经营、投资，另一方虽未直接参与经营、投资但分享了经营、投资收益的；

（3）其他可被认定为夫妻共同生产经营的情形。

《浙江省高级人民法院关于妥善审理涉夫妻债务纠纷案件的通知》第 4 条规定，“夫妻共同生产经营”的情况更为复杂，较常见的有夫妻双方共同决定生产经营事项、一方授权另一方决定生产经营事项等情形。审判实践中，判断经营活动是否属于夫妻共同生产经营，要根据经营活动的性质以及夫妻双方在其中的地位作用等综合认定。有证据证明存在以下情形的，可以考虑认定为夫妻共同债务：

（1）负债期间购置大宗资产等形成夫妻共同财产的；

（2）举债用于夫妻双方共同从事的工商业或共同投资；

（3）举债用于举债人单方从事的生产经营活动，但配偶一方分享经营收益的。

该通知还规定：“司法实践中还需注意，浙江作为民营企业大省，民间资金活跃，经商文化和投资氛围较为浓厚。对一些案件中，负债用于夫妻一方以单方名义经商办企业，或进行股票、期货、基金、私募等高风险投资的，不宜一律以‘不能排除收益用于共同生活’为由，‘一刀切’地认定为夫妻共同债务。尤其是在夫妻长期分居、矛盾激烈等情况下，如果有独立收入来源的配偶一方抗辩对举债人的经营或投资行为完全不知情，且未分享经营或投资所得的，应谨慎认定债务性质为夫妻共同债务。”

上海市第一中级人民法院在《夫妻共同债务类案件的审理思路及裁判要

点》中认为，家庭日常生活、夫妻共同生活、共同生产经营界定是存在难度的，共同生产经营标准界定难表现在：《民法典》及相关司法解释中提出的“夫妻共同生产经营”，与《公司法》等法律及司法解释规定的“共同经营”含义不尽相同。判断生产经营活动是否属于夫妻共同生产经营的标准在司法实践中并不统一。

“夫妻共同生产经营”的审查要点包括三个要素：债务款项专用性（债务专用于生产经营）、夫妻经营共同性、经营利润共享性。其中，夫妻经营共同性是指生产经营活动系夫妻双方基于共同意志协力经营，实践中表现为夫妻共同决策、共同投资、分工合作、共同经营管理。

夫妻经营共同性以合意参与为核心要素，在共同经营要素的认定上应适当放宽标准。经营利润共享性是指无论生产经营活动是否产生盈利结果，经营收益一贯为家庭主要收入或用于夫妻共同生活。有明确证据可以确定债务款项专用性和夫妻经营共同性时，则对经营利润共享性可无须再作审查；当夫妻经营共同性难以认定时，可以依据债务款项专用性、经营利润共享性判定该债务属于夫妻共同债务。

同时，上海市第一中级人民法院给出关于判断债务是否用于共同经营的案例：

李某与周某原系夫妻。A 公司成立于夫妻关系存续期间。李某系法定代表人并担任执行董事职务，工商登记的财务负责人及联络人均为周某。婚姻存续期间，李某以企业经营需要资金周转为由向王某借款 300 万元，约定由 A 公司承担连带担保责任。借款到期后，王某向法院起诉要求李某、周某、A 公司承担还款责任。周某抗辩称其系 A 公司普通员工，他人在 A 公司注册成立过程中利用周某身份信息进行工商登记，该债务非夫妻共同债务。

对于以上案例，上海市等一中级人民法院认为财务、人事、后勤等属于公司治理的重要职能部门。周某在 A 公司担任会计及财务负责人，足以证明周某在 A 公司参与共同经营，所涉债务应认定为夫妻共同债务。

五、股权回购债务认定为夫妻共同债务的情形

根据以上案例、法条和各地司法裁判观点，股权回购债务能否认定为夫妻共同债务的认定焦点主要集中在以下几方面：

（1）债务是否用于夫妻共同生活；

（2）债务是否有共同的意思表示；

（3）债务是否用于共同生产经营。

企业家生产经营的过程中就以上三个焦点的判断方式，可考虑以下因素：

（1）对赌协议的签署、沟通是否在婚姻存续期间；

（2）配偶是否曾持有目标公司或目标公司关联方的股权；

（3）配偶是否在目标公司或目标公司关联方任主要职务，包括但不限于董事、监事、高级管理人员、财务人员等对目标公司经营活动有重要影响的职务；

（4）配偶是否参与目标公司的经营决策或是否获得授权；

（5）配偶是否知悉同意所涉股权投资及对赌交易过程，是否对交易有深度参与；

（6）夫妻双方是否共同在股权回购、股权转让或者对赌协议上签字；

（7）配偶是否实际享有投资人进行股权投资所带来的股权溢价收益。

六、律师建议

创始股东在签订股权回购协议或者其他金钱补偿类的对赌协议时，需格外注意防止将配偶的财产卷入其中，隔离企业债务和夫妻共同债务是企业家必须注意与学习的，否则将给家庭财产带来巨大的风险。注意要点如下：

（1）不要让配偶在上述协议上签字表示知情确认；

（2）避免配偶在目标公司及关联公司担任重要职务，参与公司决策管理；

（3）当发生纠纷面临债务清偿时，牢记举证责任为投资人，让投资人对债务属于夫妻共同债务进行举证。

正当程序原则在城管执法中的具体表现与应对建议

陈振宇 *

一、正当程序的基本概念及制度体现

（一）核心概念

学理上“正当程序”的理念和原则最早产生于英国，包括两个最基本的程序规则：（1）任何人或团体行使权力可能使别人受到不利影响时必须听取对方意见，每一个人都有为自己辩护和防卫的权利；（2）任何人或团体不能作为自己案件的法官。在美国，“正当程序”原则是一项宪法原则，要求行政机关对当事人作出不利的决定时，必须听取当事人的意见。“正当程序”的最低标准是要求公民权利义务将因为决定而受到影响时，在决定之前必须给予其知情和申辩的机会与权利。对于决定者而言，就是履行告知和听证义务。

（二）制度体现

在制度层面，1996 年《行政处罚法》首次规定了体现正当程序原则的听证、陈述、申辩等制度。该法第 31 条规定：“行政机关在作出行政处罚决定之前，应当告知当事人作出行政处罚决定的事实、理由及依据，并告知当事人依法享有的权利。”第 32 条第 1 款规定：“当事人有权进行陈述和申辩。行

* 陈振宇合伙人。

政机关必须充分听取当事人的意见，对当事人提出的事实、理由和证据，应当进行复核；当事人提出的事实、理由或者证据成立的，行政机关应当采纳。”第 42 条规定：“行政机关作出责令停产停业、吊销许可证或者执照、较大数额罚款等行政处罚决定之前，应当告知当事人有要求举行听证的权利；当事人要求听证的，行政机关应当组织听证……”此后，我国的行政立法多体现了正当程序的原则，如《行政许可法》第 36 条、《行政强制法》第 35 条、第 36 条等。2004 年国务院发布的《全面推进依法行政实施纲要》将“程序正当”作为依法行政的基本要求，该实施纲要第 5 点在明确依法行政的基本要求时，在合法行政、合理行政之后提及程序正当要求，即“行政机关实施行政管理，除涉及国家秘密和依法受到保护的商业秘密、个人隐私外，应当公开，注意听取公民、法人和其他组织的意见；要严格遵循法定程序，依法保障行政管理相对人、利害关系人的知情权、参与权和救济权。行政机关工作人员履行职责，与行政管理相对人存在利害关系时，应当回避。”《全面推进依法行政实施纲要》具有行政法规性质，此后正当程序原则开始逐步适用到整个行政领域。

二、正当程序原则在行政审判中的地位

正当程序原则在司法实践中的运用发展较行政立法领域更为迅速。田某案（《最高人民法院公报》1999 年第 4 期）中一审法院对正当程序原则虽一笔带过，但系我国行政审判史上第一次将无成文法依据的“申辩权”写进判决，该判决提及“按退学处理，涉及被处理者的受教育权利，从充分保障当事人权益的原则出发，……允许被处理者本人提出申辩意见”；张某银案（《最高人民法院公报》2005 年第 3 期）系法院首次明确提到“正当程序原则”，并明确违反正当程序的行政行为应当予以撤销，该案裁判明确指出：“行政复议法虽然没有明确规定行政复议机关必须通知第三人参加复议，但根据正当程序的要求，行政机关在可能作出对他人不利的行政决定时，应当专门听取利害关系人的意见。……徐州市人民政府未听取利害关系人的意见即作出对其不利的行政复议决定，构成严重违反法定程序，应予撤销。”从田某案中正当程序原则初显，到张某银案在判决中出现“正当程序”的具体表述，前后不过 6 年，在其后的行政案件中，正当程序原则逐渐成为法院审查的标准。

2014年2月，在最高人民法院办公厅下发的《行政审判办案指南（一）》第六点法律原则运用部分，对正当程序原则的运用问题进行了分析，指出："行政机关作出对利害关系人产生不利影响的行政决定前，未给予该利害关系人申辩机会的，不符合正当程序原则；由此可能损害利害关系人合法权益的，人民法院可以认定被诉行政行为违反法定程序。"

2018年最高人民法院公布的《关于适用〈中华人民共和国行政诉讼法〉的解释》第96条明确"……对原告依法享有的听证、陈述、申辩等重要程序性权利不产生实质损害的，属于行政诉讼法第七十四条第一款第二项规定的'程序轻微违法'"。该条在对行政诉讼法规定的"程序轻微违法"进行解释时，从反向点明了"听证、陈述、申辩"属于"重要程序性权利"，违反"重要程序性权利"的行政行为需要予以撤销。上述司法解释提及的"重要程序性权利"核心内容仍然是听取当事人的意见，与"正当程序原则"相契合。最高人民法院通过制定司法解释的方法再次强调了对于以"听证、陈述、申辩"为代表的正当程序原则的看重。

正当程序原则已经成为法院审理行政案件的一个刚性标准。

三、城管执法中如何体现正当程序的要求

（一）拆除违法建筑领域正当程序原则规定的变迁

城管执法中的一个重要领域系拆除违法建筑，在拆违活动中如何体现正当程序的要求，上海的立法有过一个明显的变化。1999年，上海市人大常委会制定通过了《上海市拆除违法建筑若干规定》（以下简称《拆违规定》），对正当程序原则没有明确规定。在2009年修订时，对正当程序原则作了详细规定。2009年《拆违规定》第8条规定："拆违实施部门依照有关法律、法规对违法建筑进行调查取证后，拟作出责令限期拆除决定的，应当使用统一的事先告知书，告知当事人相关的事实、理由和依据以及所享有的陈述、申辩权利。当事人在事先告知书规定的期限内提出陈述、申辩的，拆违实施部门应当听取其意见，并做好记录。对当事人提出的事实、理由及其证据，拆违实施部门应当在二十日内进行复核。当事人提出的事实、理由成立的，拆违实施部门应当予以采纳；拆违实施部门不予采纳的，应当说明理由。"该条规定，对正当程序原则体现得淋漓尽致。

在加大违法建筑拆除力度的背景下，《拆违规定》在2017年修正时，删除了2009年修订时增加的第8条内容。此后一段时间的实践中，对于在作出限拆决定过程中，是否要听取当事人的“陈述、申辩”，产生了争议。一种观点认为不再需要听取当事人的陈述申辩，理由是修法删除了相关规定；另一种观点认为“陈述申辩”系正当程序的要求，《拆违规定》删除的仅是制作书面的“事先告知书”的要求，表明城管部门可以以相对灵活的方式听取当事人意见，而不是免除意见听取的义务。这样的争论时常出现，虽有部分法院判决支持城管部门没有听取意见的做法，但这并不是法院的统一观点。

（二）城管执法应当遵循正当程序要求

2021年修正的《上海市城市管理综合行政执法条例》，延续了先前有关正当程序的规定，并按照《行政处罚法》的修正做了修改。现行的该条例第24条第1款规定：“城管执法部门以及街道办事处、乡镇人民政府作出行政行为的，应当告知当事人作出行政行为的内容及事实、理由、依据，并告知当事人依法享有陈述、申辩、要求听证以及申请行政复议或者提起行政诉讼的权利。”上述规定既再次明确了城管执法活动中的正当程序要求，也为拆违领域是否要遵循正当程序的争论画上了句号。至此，2021年《上海市城市管理综合行政执法条例》开始施行后，在城管执法活动中，不限执法形式，正当程序均系必经程序。

（三）城管执法满足正当程序的具体建议

正当程序的核心价值系让当事人能够充分有效地发表观点，帮助行政机关查清事实、合理裁量，准确适用法律。就城管执法如何满足正当程序要求，提出以下几点具体建议，供参考。

1. 充分告知案件事实

当事人能够有效充分发表观点的前提系充分了解案件事实。行政机关应该完整告知调查确认的违法行为的基本情况、当事人违法行为的定性以及相应的理由等案件内容。

2. 充分告知拟作决定的内容

当事人只有在准确预见处理结果的情况下，才能给予相应的重视，如果没有告知拟处理决定或者告知较轻的处理决定，当事人可能会因为不重视而不能充分行使陈述、申辩的权利。正当程序要求行政机关在听取意见前，需准确告知拟作处罚（或者行政决定）的具体内容。

3. 充分告知法律依据

此处的法律依据既包括对违法行为定性的法律依据，也包括作出具体决定的法律依据。告知法律依据的内容要尽可能与后续应对法院诉讼所提交的法律依据保持统一。

4. 告知当事人享有陈述、申辩等权利

正当程序不仅要求行政机关充分告知当事人案件的相关情况，还要求行政机关告知当事人可以进行陈述、申辩，符合听证条件的要告知当事人可以要求听证。向当事人告知其享有的“正当程序权”，亦属于行政机关履行正当程序的义务的具体体现。

5. 重视复核程序

正当程序不是走过场，而是需要执法人员认真倾听当事人意见。《行政处罚法》等都规定了在听取当事人意见后，行政机关要进行“复核”，进而决定采纳与否。一个理想的正当程序，应当将“复核”的内容予以固定，可以设计专门的“复核表”进行逐案填写，在复议、诉讼中可作为证据提交。

6. 听取意见以后，改变拟处理决定的是否需要重新听取意见

从正当程序的目的出发，如果听取意见以后，仅系减轻处罚或者是对当事人作出其他有利改变的，可不予再次听取意见。但是，减轻处罚涉及定性调整的，而这一定性未听取过当事人意见的，必须重新进行告知相关案件的内容并听取意见。

从制度规定到司法标准，我国目前已经构建了完整的“正当程序”法律体系。城管执法部门在日常执法活动中，要保持“正当程序”思维，在正式决定作出之前，充分告知当事人拟作行政处理的内容、事实、理由、依据，告知当事人依法享有的陈述、申辩、要求听证等正当程序权利，避免“正当程序”的缺失导致行政行为被撤销。

财税法律

简述 Royal Dutch Shell plc. 荷兰总部迁往英国的税负差异

胡　星*

荷兰皇家壳牌 Royal Dutch Shell plc. （shell）在 2021 年 11 月 15 日公告其总部将从待了 16 年的荷兰迁往英国，公司名称也将去掉使用 114 年的 Royal 皇家头衔，一时在荷兰引起轩然大波，但公告当日股票上涨 2.5%，12 月 10 日股东大会以 99.8%高票通过决议，总部迁移似已成定局。公司表示系出于多种考虑因素而作出的迁移决定，但媒体分析的主要动因是迁往英国可节省公司部分 A 类股票 15%股息预提税以及 2021 年 5 月荷兰的法院对公司作出的不利碳排放裁决（要求公司 2030 年之前在 2019 年碳排放水平上减少 45%，而公司原本目标是减少 20%）。本文将就税负因素展开分析，先谈 ShellAB 股票的税负差异，再简要介绍荷兰和英国所得税相关税种的税率与反避税措施。

一、Shell 的 AB 股票安排与税负差异

Shell 注册于英国，管理控制地在荷兰，在荷兰和英国税法下均视为荷兰税收居民。Shell 发行的 AB 股票在阿姆斯特丹泛欧交易所（Euronext Amsterdam，EA）和伦敦交易所（LSE）上市交易，A 类股票主要交易市场是 EA，B 类股票主要交易市场是 LSE，AB 股票美国存托股份（American Deposit

* 胡星合伙人。

Share，ADS）在纽约交易所（NYSE）上市交易。A 类和 B 类股票拥有相同投票权，1 份 ADS 代表 2 股 A 类或 B 类股票。

公司在官网近 2000 字解释了 AB 股票区别，2020 年度财报第 289～304 页也作了相关详细披露，其中就 AB 股票股息预提税处理方式为：

（1）A 类股票（截至 2021 年 2 月 12 日已发放 41 多亿股）股息视为来源于荷兰所得，荷兰税法下股息预提税 15%。

（2）B 类股票（已发放 37 多亿股）股息按 Dividend Access Mechanism 发放，在荷兰和英国税法下都视为来源于英国所得，英国税法下股息预提税 0%。

（3）非荷兰税收居民的 A 类股票持有人，按其居民国与荷兰双边税收协定享受股息预提税豁免或优惠税率；还可按荷兰财政部 2016 年政策声明享有全部或部分股息预提税返还。

A 类股票股息被视为来源于荷兰所得，是因为 Shell 是荷兰税收居民，那为何 B 类股票股息被视为来源于英国所得？答案是 Shell 在 2005 年搭建信托架构并经荷兰税务局备案的特殊股息发放机制（Dividend Access Mechanism）。信托依照英国法律设立于英国皇家属地泽西岛，是泽西岛税收居民（Apple 因爱尔兰 2015 年修改法律后调整避税架构也选择了泽西岛）。在信托架构下，Shell 集团两家公司 STT 和 BG 是委托人，泽西岛信托是受托人，B 类股票持有人是受益人。在委托人公告派发股息后，股息先发放给泽西岛信托，再由信托发放给 B 类股票持有人。信托架构绕开了荷兰税收居民 Shell 来派发股息，由此免于荷兰税法下 15%股息预提税。

此次，Shell 将总部从荷兰搬到英国，管理控制地将发生变化。具言之，董事会和执行委员会会议以及 CEO 和 CFO 常驻地都将迁往英国，Shell 将因此变成英国税收居民，AB 股票架构也将简化成单一股票架构（官网演变图如图 1 所示）。在新股票架构下，原 B 类股票不再需要复杂信托架构享有 0%股息预提税率，原 A 类股票股息将视为来源于英国所得，股息预提税将从荷兰税法下 15%降至英国税法下 0。Shell 在 2016～2020 年 A 类股票每股派息 0.84～1.70 欧元，即使在一定条件下存在上述（3）提到的豁免或优惠股息预提税率或预提税返还，考虑 A 类股票 41 多亿股的数量级，迁往英国省去的股息预提税仍是一笔大数目。

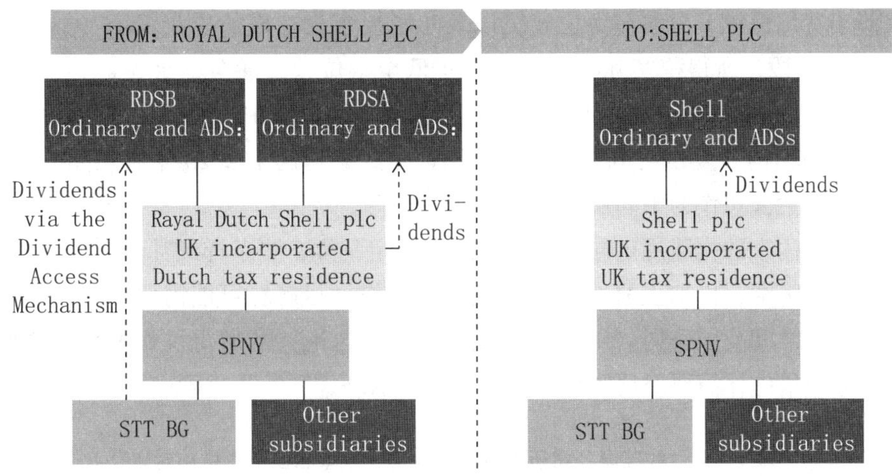

图 1　Shell 官网架构演变〔1〕

近几年来，加速了无论发达国家还是新兴市场国家的数字化经济快速发展，有些国家原本需要几年积累才能实现的互联网新用户增长短短几个月就得以实现，陡峭上升的数字化增长曲线也使得 2015 年 OECDBEPS1.0 讨论的应对数字化时代税收挑战加速发展到 BEPS2.0 双支柱方案下 25%超额剩余利润市场化分配和 15%全球最低税率。2021 年 11 月欧洲议会正式批准拟议的《公开国别报告指令》、2022 年 130 多个 OECD 包容性框架成员将陆续修改国内税法与双支柱方案衔接，以及英国政府正在进行的与其海外领地谈判要求公开 Shell 所有权信息等，后疫情时代数字经济下持续剧烈变化的世界经济格局以及全球范围内国际税法的继续深化改革，将促使跨国巨头在未来几年加快调整跨境税务安排，此次 Shell 迁移总部，只是其中一例。

二、荷兰与英国所得税相关税种税率差异

虽然 Shell 将总部从荷兰迁往英国，但其实荷兰公司比英国公司更广泛地用于跨国巨头的跨境避税安排。虽明显有别于泽西岛等公认的避税天堂，但爱尔兰、卢森堡和荷兰等几个欧洲国家是否也是避税天堂常见于国际税界讨论之中，原因在于跨国巨头利用这些国家广泛双边税收协定下 0%或极低特许

〔1〕 Shell 官网股票架构演变图，参见以下网址：https://www.shell.com/investors/simplified-share-structure.html。

权使用费预提税率、参与免税政策以及与税局事先达成的税收裁定（tax ruling）等手段，所得税实际有效税率常年低至个位数，甚至不足5%。美国互联网跨国巨头Google、Facebook等使用的著名Double Irish with a Dutch Sandwich避税架构（爱尔兰迫于压力修改法律，此架构已于2020年底关闭），就是使用荷兰公司作为中间层控股公司。

欧洲国家的税法规定同其他领域法律规定一样，法条详细甚至有些冗长，部分规则晦涩，再加上喜欢例外套例外，若作详尽解释可能需要数万字，下面仅对荷兰和英国公司（组合投资性公司不作讨论）的所得税相关税种税率与反避税措施作简要对比和介绍，如表1所示。

表1　荷兰和英国公司所得税相关税种、税率和反避税措施对比

项目	荷兰	英国
公司所得税	25% 专利盒9%	19% 专利盒10%
资本利得	25%	19%
股息预提税	15% EU/EEA 0% 双边协定优惠税率	0%
利息、特许权使用费预提税	0% 反避税条款：EU黑名单/低于9%税率辖区	20% 双边协定优惠税率
鼓励跨境股权投资	参与免税	重大持股免税
反避税规则	CFC规则、资本弱化规则、混合常设机构规则等	

（1）税收居民企业认定。

荷兰和英国税收居民企业都是以“注册地”“管理、控制运营所在地”为判定标准。

（2）公司所得税。

荷兰所得税标准税率为25%。

英国所得税标准税率为19%。所得税率差也可能是Shell总部迁往英国的原因之一。英国自2023年4月起所得税率将提高到25%。

（3）“专利盒”。

与爱尔兰一样，为鼓励创新公司落户，荷兰“专利盒”（Innovation Box）税收政策对 IP 资产所获净利润征收减低的税率 9%（爱尔兰 6.25%）。为防止大型跨国集团滥用，荷兰自 2017 年 1 月起对 5 年收入超 2.5 亿欧元，同时 5 年无形资产收入超过 3750 万欧元的跨国集团可适用专利盒的 IP 资产范围进行了限制，限于专利、软件等特定范围内。除 9%低税率外，专利盒税收政策还允许研发人员工资等研发支出享受税收抵免，在员工应缴薪资税中进行抵免。

英国“专利盒”税收政策对专利和特定 IP 所获净利润征收减低的税率为 10%。为防止滥用，反避税措施规定，若在较大程度上公司研发活动外包或系非自主研发的收购方式获取，则部分净利润不享有 10%减低的税率。

（4）资本利得。

荷兰资本利得标准税率为 25%。

英国资本利得标准税率为 19%。集团内境内外关联公司（持股 75%以上）之间资产转让不征收资本利得税，但反避税措施要求，若被转让方自资产转让日 6 年内脱离集团，则要补税，以补税为目的转让的资产应按当时市场公允价值计算。

（5）股息预提税。

荷兰股息预提税 15%。若股息收取方是设立于欧盟（EU）或欧洲经济区（EEA）的实体且该实体是股息支付方的母公司，豁免股息预提税。荷兰 90 多个双边税收协定下部分协定约定了优惠股息预提税率 5%或 10%。此外，在下文介绍的参与免税和财务统一体情形下，税收居民企业之间派发的股息预提税豁免（注意，虽然参与免税情形容易被满足，但豁免仅限于税收居民企业之间的股息支付，所以 Shell 荷兰总部派发的 A 类股票股息，大部分无法依此豁免 15%预提税）。

如上面 Shell 案例所介绍的，英国股息预提税为 0%。

（6）利息和特许权使用费预提税。

荷兰不征收利息和特许权使用费预提税。由于常被跨国公司用于不合理避税，2021 年 1 月荷兰加入反避税条款，对于支付给 EU 黑名单上辖区或标准所得税率低于 9%辖区税收居民的集团间关联公司利息或特许权使用费支付，按标准所得税率 25%征收预提税。

英国利息和特许权使用费预提税为 20%。英国 130 多个双边税收协定下大部分约定了优惠税率。此外，英国脱欧过渡期已于2020年底结束，因此，要求欧盟成员方税收居民的关联公司之间利息和特许权使用费支付免征预提税的欧盟 Interestsand Royalties Directive 规定已不再约束英国，英国与欧盟成员方关联公司之间利息和特许权使用费的预提税税率取决于双边协定的约定。

（7）荷兰参与免税、英国重大持股免税。

荷兰和英国税法下都有免税政策激励跨境股权投资。

荷兰参与免税（Participation Exemption）为使荷兰母公司持股的海外子公司与当地国有企业在平等税基上进行竞争，荷兰税法规定对荷兰税收居民母公司“适格持股”子公司的“特定收益”免征所得税，以消除母子公司层面双重征税，加强子公司市场竞争力。子公司包括荷兰税收居民和非税收居民子公司。适格持股要求母公司持股超过5%。特定收益涵盖现金分红、股息、现金股票、隐藏的利润分配和转股资本利得。可以看出，荷兰政府希望通过此政策激励荷兰企业进行海外股权投资。当然，此政策也会被滥用导致双重不征税。

英国重大持股免税（Substantial Shareholding Exemption，SEE）英国税法对贸易性公司或集团持股10%以上另一家贸易性公司或集团情形下的股权转让资本利得免税。非英国税收居民的境外母公司处置英国子公司股权的资本利得免税，但非英国税收居民处置英国不动产不免税。英国常设机构资产的处置也不免税。可以看出，英国政府希望通过SEE政策激励境外投资者在英国进行股权投资并开展商贸活动。

（8）财务统一体。

荷兰财务统一体（Fiscal Unity Regime）荷兰税收体系下还有财务统一体政策，指符合条件的一群纳税人视为财务统一体，作为单一纳税人合并纳税申报。在财务统一体内，这群纳税人的经营亏损可相互冲抵、相互交易的利润可税收递延，以及相互资产转移不产生税务影响。

构成财务统一体需符合条件：①纳税人之间直接或间接持股达95%以上；②持股架构中共同母公司是荷兰税收居民或EU/EEA税收居民；③间接持股方式的，中间层持股公司是荷兰税收居民或EU/EEA税收居民。为防止财务统一体被滥用侵蚀税基，荷兰税法对此制定了相关的反避税措施。

英国无类似财务统一体规定。

(9) 反避税规则。

荷兰和英国税法都规定了诸多反避税规则，下文提及其中几个重要规则。

①受控外国企业规则（Controlled Foreign Corporation，CFC）。

荷兰 CFC 规则在 2019 年按照 EU 反避税指令被引入。在 CFC 规则下，同时符合两种情形的境外公司或常设机构视为 CFC：①构成荷兰纳税人的常设机构，或荷兰纳税人持股超 50%的境外公司；②常设机构或境外公司所在辖区被列入 EU 黑名单（2021 年黑名单包括 BVI、开曼和泽西岛等）或该辖区标准公司所得税税率低于 9%。

当 CFC 全部收入中消极收入占比超过 70%，CFC 的特定未分配利润，包括来源于股息、利息和特许权使用费等消极收入，将计入荷兰实体的应纳税所得。作为例外，若 CFC 满足“实质性经济活动”，则将豁免 CFC 规则。最低“实质性经济活动”要求员工薪资成本至少每年 10 万欧元，以及对办公室至少有 24 个月的处置权。

英国 CFC 规则下境外公司被持股比例是 25%，低于荷兰的 50%，CFC 涉及面更广。反避税规则 Diverted Profits Tax（DPT）亦有实质性经济活动的要求。

②资本弱化规则（Thin Capitalization）。

在荷兰，作为反避税措施，荷兰税收居民之间股息分配或资本注入相关贷款的利息，不允许税前扣除，但同样引入了“实质性经济活动”豁免规则。此外，利息扣除限制在 EBITDA 的 30%，并不得超过 100 万欧元。

英国利息扣除限制在 EBITDA 的 30%或固定比率规则下计算出的债务上限（两者中较低者），并不得超过 200 万英镑。

③混合常设机构规则（Hybrid Permanent Establishment）。

麦当劳利用常设机构定义在卢森堡和美国税法下的混合错配避税 10 亿欧元，后来卢森堡引入混合常设机构规则，修改常设机构定义以消除错配，即规定卢森堡税局有权要求纳税人提供其在双边税收协定另一国构成常设机构之相关证明，否则纳税人不享有协定下卢森堡税收豁免（参见 McD's Then Tax Structure by Means of PE）。荷兰和英国也有类似的反避税规则。

生命科学与医疗健康

生物医药技术许可交易中的关键考量点及知识产权尽职调查与风险应对

唐嘉伟　王玉倩*

一、近年来中国生物医药技术许可交易概况

生物医药行业事关民生，也是知识产权保护与冲突的集中领域之一。随着中国生物医药市场的逐渐完善以及蓬勃发展，原研药抑或仿制药，不管是First-in-class，还是Me-too、Me-better、Fast-follow、Best-in-class，生物医药行业已受到众多投资机构的高度关注。中国生物医药领域的技术许可交易License-in/out在近10年也由起步进入快速发展阶段。

基于相关公开信息报道〔1〕，笔者对2013～2022年中国药企授权引进（License in）以及对外授权（License out）项目进行了初步统计（图1、图2）。其中2021年，中国引进、对外授权的交易数量分别为149个和55个，交易总量达到历史新高；2022年，中国医药交易热度略有下降，引进交易量锐减，但对外授权交易量再创新高。总体来说，随着国内药物研发越来越受全球医药界的关注，预计中国医药公司的对外授权交易将有所增加。

---

* 唐嘉伟合伙人，王玉倩合伙人。

〔1〕 数据来源：2013～2020年数据来源于药渡咨询报告，2021年数据来源于医药魔方《2021年中国交易报告》，2022年数据来源于医药魔方《2022年中国生物医药企业交易分析》及美柏医健《2022中国医药授权许可BD交易年度报告》。

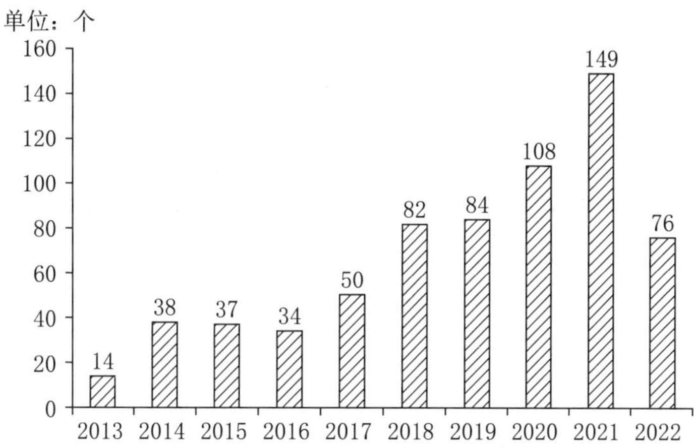

图 1　2013~2022 年中国药企授权引进项目数量

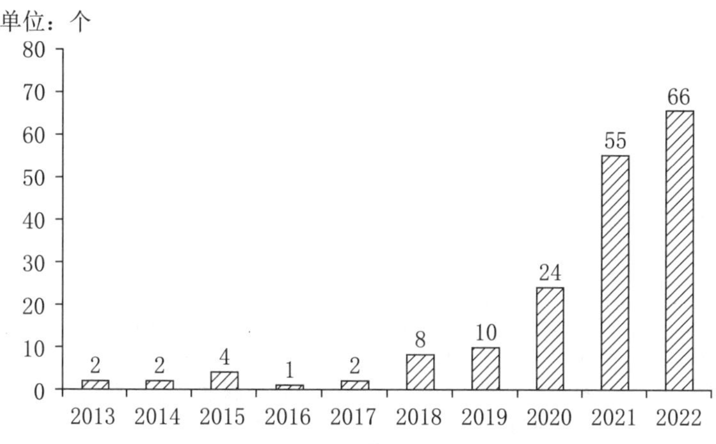

图 2　2013~2022 年中国药企对外授权项目数量

从交易类型来看，基于相关公开信息报道，[1] 2022 年跨境引进交易中，小分子化药依然数量最多，生物药领域不同药物类型均有交易，涉及抗体、细胞药物、微生态制剂、siRNA/RNA 等，另外还涉及少量器械类以及技术平台；2022 年出海对外授权交易中，生物药是主要授权分子类型，抗体偶联 ADC 成为继 PD-1 后出海热门产品；2022 年境内交易的药物类型中生物药居多，其次是小分子化药，技术平台、器械、诊断试剂领域也有部分交易。

---

〔1〕 数据来源：美柏医健《2022 中国医药授权许可 BD 交易年度报告》。

二、生物医药技术许可交易中的关键法律考量点

生物医药技术许可交易中，许可方（Licensor）和被许可人（Licensee）双方需要对整个交易的流程及环节进行较为细致和相对复杂的安排，需要律师在交易项目的尽职调查、交易谈判、起草协议、风险控制等一系列环节中提供专业化的意见。基于过往项目经验，笔者总结了生物医药领域许可交易的几个关键法律考量点。主要涉及四个法律维度：交易框架、尽职调查、监管法律法规对许可交易的影响，以及许可协议的关键条款设计，如表 1 所示。

表 1　生物医药技术许可交易关键考量点

生物医药技术许可交易中的关键法律考量点	
交易架构	• 单一协议合作 • 股权投资合作 • 混合模式合作 • 选择权交易模式（Option）
尽职调查	• 法律尽职调查 • 知识产权尽职调查 • 商业尽职调查 • 技术尽职调查 • 财务尽职调查
监管法律法规对许可交易的影响	• 技术进出口管制相关法律制度（中国、美国、欧盟等） • 人类遗传资源、数据出境、个人信息保护 • 专利链接制度、专利期限延长制度、专利期限调整制度、市场独占期等 • 药品上市许可持有人制度（MAH） • 药品境外临床试验数据接受 • 集中带量采购和医保谈判 • 两票制 ……
关键条款	• 定义（Definitions） • 授权（License Grants） • 许可费用（Payment） • 知识产权（Intellectual Property） • 产品制造与商业（Manufacturing and Commercialization of Product）

续表

生物医药技术许可交易中的关键法律考量点	
	• 陈述与保证（Representations and Warranties） • 终止条款（Term and Termination） • 争议解决（Dispute Resolution）

生物医药领域技术许可交易的流程，一般涉及五个阶段：市场调研、前期交易文件、尽职调查、许可协议、项目交割（图3）。在开展药品技术许可交易之前，应开展必要的尽职调查；基于尽职调查结果，发现风险点，就交易模式及条款（估值及调整方案）进行磋商；在协议起草时，应根据尽调的许可产品的实际情况，结合实际的研发进展（临床试验、IND、NDA等）、商业布局，以及未来IPO上市计划等进行综合考量，选择合适的交易模式以及对应起草许可协议。

举例说明。从企业未来IPO上市计划来谈，基于笔者所在团队为多家生物医药与医疗器械公司的港股/科创板IPO进程提供知识产权法律服务及风险应对、知识产权尽职调查、核心产品FTO分析、上市招股书准备、上市委问询等服务经验，以科创板为例，科创板强调科创属性，突出核心技术以及自主创新能力,〔1〕对于引进模式，由于核心产品或技术是授权而来，因此发行人的技术完备性（包括授权的类型、范围、期限、知识产权相关约定）以及

〔1〕《上海证券交易所科创板股票发行上市审核规则》第3条规定，发行人申请股票首次发行上市，应当符合科创板定位，面向世界科技前沿、面向经济主战场、面向国家重大需求。优先支持符合国家战略，拥有关键核心技术，科技创新能力突出，主要依靠核心技术开展生产经营，具有稳定的商业模式，市场认可度高，社会形象良好，具有较强成长性的企业。

《上海证券交易所科创板股票上市规则》第三章第二节第3.2.8条规定："上市公司业务和技术出现下列情形的，保荐机构、保荐代表人应当就相关事项对公司核心竞争力和日常经营的影响，以及是否存在其他未披露重大风险发表意见并披露：……（三）核心知识产权、特许经营权或者核心技术许可丧失、不能续期或者出现重大纠纷……"

《公开发行证券的公司信息披露内容与格式准则第41号——科创板公司招股说明书》第54条规定，发行人应披露主要产品或服务的核心技术及技术来源，结合行业技术水平和对行业的贡献，披露发行人的技术先进性及具体表征。披露发行人的核心技术是否取得专利或其他技术保护措施、在主营业务及产品或服务中的应用和贡献情况。发行人应披露核心技术的科研实力和成果情况……发行人应披露……与其他单位合作研发的，还应披露合作协议的主要内容，权利义务划分约定及采取的保密措施等……发行人应披露保持技术不断创新的机制、技术储备及技术创新的安排等。

技术先进性，是否依赖或者受制于第三方将被重点关注。海和药物在科创板于2022年终止上市。根据科创板上市委审议，海和药物在科创板被否，原因之一系核心产品均来自授权引进或合作开发，持续委托合作方参与核心产品的外包研发服务，在上会审议阶段审核机构认为未能准确披露核心产品是否独立自主进行过实质性改进。从这一个角度来说，授权许可+自主研发两条腿走路可能是更好的方式。另外，建议对授权许可相关的知识产权改进（IP Improvement）在谈判及协议中要尽量争取相应的权利。

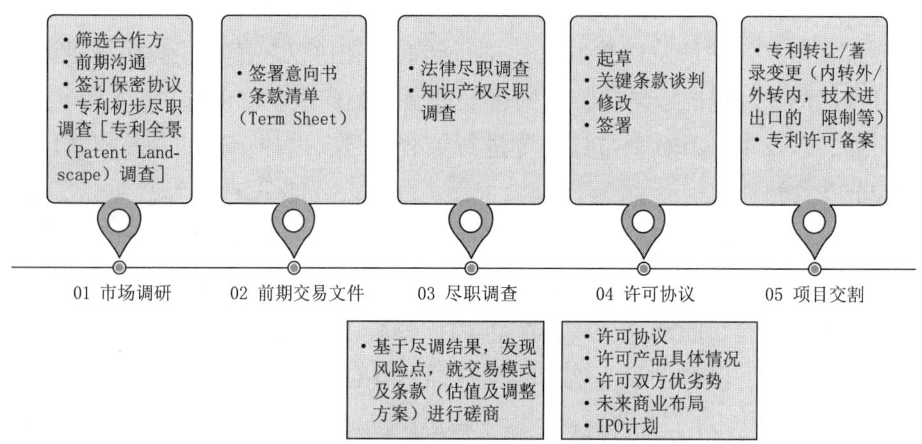

图3　生物医药技术许可交易流程

鉴于生物医药行业具有行业技术壁垒高、研发成本高、周期长、临床试验不确定、监管严格等特点，生物医药企业在进行授权许可交易时难免会面临诸多的不确定性以及风险。因此，在医药技术许可交易中重视并做好尽职调查，至关重要。

一般而言，生物医药授权许可交易中的尽职调查一般由法律尽职调查（Legal Due Diligence，LegalDD）及知识产权尽职调查（Intellectual Property Due Diligence，IPDD）两部分组成。

其中，IPDD除包括知识产权权属、法律状态、相关在先协议以及知识产权纠纷等常规知识产权尽职调查（Regular IPDD）外，考虑生物医药领域涉及的技术专业性强、技术门槛高，出于交易安全的考虑，交易方会更加关注拟交易药物产品的核心专利授权前景/稳定性、拟实施区域是否可自由实施、拟交易产品的专利布局是否完备。图 4 给出了生物医药技术许可交易中尽职调查的内容列表。

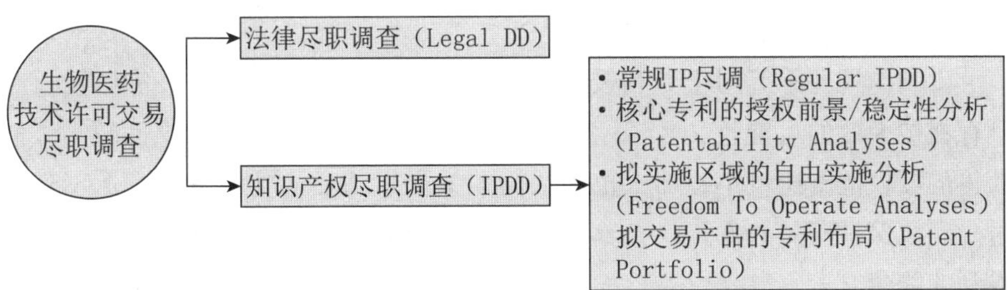

图 4　生物医药技术许可交易尽职调查

本文将就生物医药技术许可交易中的知识产权尽职调查内容展开论述。出于篇幅考虑，笔者基于团队过往服务生物医药技术许可交易的经验，将主要针对拟交易产品的核心专利的授权前景/稳定性分析（Patentability Analyses）、拟实施区域的自由实施（Freedom To Operate）分析、拟交易产品的专利布局（Patent Portfolio）展开分析。对于 Regular IPDD，本文将不再具体展开论述。同时需要说明，知识产权尽职调查在医药企业研发（在研、预研）、药品商业化推广、投融资并购以及 IPO 上市过程中同样至关重要。

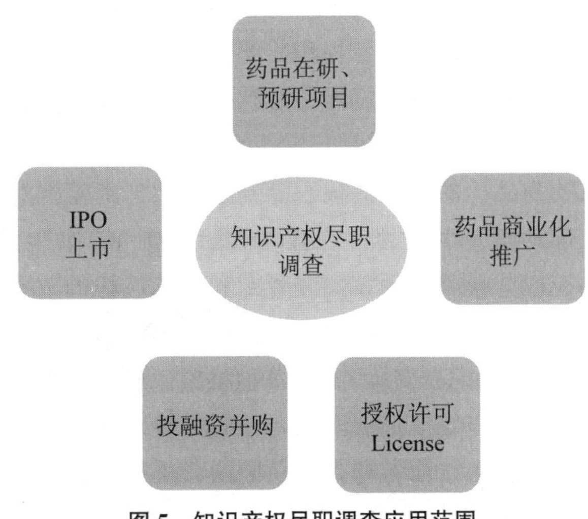

图 5　知识产权尽职调查应用范围

三、生物医药技术许可交易中的知识产权尽职调查

（一）核心专利的授权前景/稳定性分析

专利申请并不等同于专利授权，即使专利授权也无法排除该等已授权专利存在被无效的可能性，再退一步讲，即使该等专利授权且稳定性较高，但获得的授权范围比较小，那么也无法涵盖拟交易药品的技术方案，达不到通过专利权保护药品的作用，尤其是拟交易的标的是原研创新药时，只有获得专利才能建立竞争壁垒，一旦核心专利没有获得良好的授权保护范围，一定程度上无法规避仿制药厂。

是否可授权	是否有被无效的可能	是否覆盖产品方案
专利申请≠专利授权	专利授权≠专利稳定	专利授权且稳定≠涵盖拟交易药品的技术方案

图6　专利授权前景/稳定性分析内容

如果拟交易的药品标的对应的核心专利尚未授权（处于 pending 状态），则需要具有生物医药技术背景的专利律师对该等专利的授权前景进行分析，即该等专利是否授权可能性较大（提醒：此处的授权并非仅指获得法律状态上的专利授权，而是需要分析相应核心专利是否可以获得涵盖拟交易产品技术方案的保护范围）。

如果拟交易的药品标的对应的核心专利已授权，则需要对该等专利的稳定性进行分析，即该等专利是否存在被无效的可能性。如果经分析后认为，该等核心专利的授权前景并不明朗，或者专利后续授权的范围会比较小，或者虽已授权但被无效的可能性较大，可以建议客户调整拟交易项目的估值或结合技术交易项目的特点考虑在交易文件上如何设置相关条款以保护交易方利益。

笔者所在团队曾参与处理一项国内企业引进境外的小分子化药项目，其拟引进药物的核心化合物结构专利尚未在中国获得授权，且根据中国专利局的审查意见，该化合物专利的授权前景并不明朗，基于授权前景分析，我们建议客户重点核查该技术引进项目若化合物结构在中国没有获得专利保护对客户

作为被许可人（Licensee）的影响，并对后续可能采取的相应的专利分案、优先权新案策略提出建议，同时建议在交易文件中设置相应的条款以规制风险。

总的来说，如果经分析后认为，该等核心专利的授权前景并不明朗，或者专利后续授权的范围会比较小，或者虽已授权但被无效的可能性较大，根据过往项目经验，笔者建议采取的措施包括：

（1）补救措施：对可能采取的相应的专利分案、优先权新案策略提出建议；

（2）调整估值：可以建议客户是否调整拟交易项目的估值；

（3）设置相应的条款以规制风险：结合技术交易项目的特点，考虑在交易文件上如何设置相关条款以保护交易方利益。

例如，建议被许可方考虑拆分首付款或研发里程碑付款安排，将完成专利授权登记作为支付部分款项的前提条件，并要求许可方就授权的最晚取得期限作出承诺。

再如，通过终止情形的安排，明确若许可专利无法在约定的期限内获得授权，被许可方有权选择终止协议并要求许可方返还其在终止前已支付的所有款项。

又如，如果许可产品未被许可专利权的有效权利要求涵盖，应相应地降低许可费用。

➢ **Royalty Step-Down.** On a Licensed Product-by-Licensed Product and jurisdiction-by-jurisdiction basis, during any portion of the Royalty Term, if any Licensed Product is **not Covered by a Valid Claim of the Licensed Patent Rights** that Covers the composition of matter or method of use of such Licensed Product in such jurisdiction, which method is included in the product labeling approved by the applicable Regulatory Authority, **the royalty rate** set forth in Section 7.3(a) with respect to such Licensed Product and such jurisdiction **shall be reduced by fifty percent (50%)**; provided that if such Licensed Product **later becomes Covered by such Valid Claim**, such reduction shall cease and the original royalty rate set forth in Section 7.3(a) **shall be reinstated**.(c)

图 7　License 服务条款示例

1. 授权前景分析

在进行核心专利授权前景分析时，根据我国《专利法》的规定，授予专利权的发明，应当具备新颖性、创造性和实用性，即获得专利的条件，一般需要满足上述“三性”，一般来说，专利不会涉及实用性问题，更多的是涉及新颖性和创造性的问题。但需要说明，生物医药技术壁垒较高，涉及生物医药的专利授权问题同时会涉及其他较为复杂的问题，如是否存在公开不充分、得不到说明书支持、补充实验数据是否可被接受等问题，而这些均需要具有生物医药背景的知识产权律师结合具体的技术进行法律分析。

关于新颖性，以小分子化药专利举例说明，原则上，小分子化合物通式结构不能破坏该通式中一个具体化合物的新颖性，一个具体化合物结构的公开虽然使包括该具体化合物的通式结构的权利要求丧失新颖性，但不影响该通式结构所包括的除该具体化合物以外的其他化合物的新颖性。

关于创造性，在笔者处理的一项涉及小分子化合物投资交易中，笔者在进行对应的化合物通式核心专利授权前景分析中，就涉及了生物电子等排体对化合物创造性的判断。笔者认为，在确定药学活性物质的创造性时，重要的并不是化合物的特定子结构是否被另一个已知的等排体替代，而是能否获知这样的具体化合物基团的替代对药学活性的影响，基于我们前期检索到的在先专利以及在先文献，在没有进一步信息的情况下，本领域技术人员没有任何理由合理预期将两个等排体替换得到的化合物会保持期望的活性，甚至取得更好的活性，因此，对于所属领域技术人员而言是非显而易见的，因而具备创造性。

而在笔者处理的另一项小分子化药交易的授权前景分析中，涉及了补充试验数据是否能被采信的问题。根据我国《专利审查指南》第 3.5 节“关于补交的实验数据”的相关规定，“对于申请日之后申请人为满足专利法第 22 条第 3 款、第 26 条第 3 款等要求补交的实验数据，审查员应当予以审查。补交实验数据所证明的技术效果应当是所属技术领域的技术人员能够从专利申请公开的内容中得到的”，而该等核心化合物的相关实验效果的数据并未在说明书中公开也未记载相关的技术效果，那么对于说明书中未记载的技术效果，无论补充提交的实验数据是否可以证明该效果在申请日前已得到实验验证，该技术效果在创造性评价中均不予考虑。

2. 稳定性分析

如果拟交易的药品标的对应的核心专利已授权，则可能需要对该等专利的稳定性进行分析，即该等专利是否存在被无效的可能性。重磅生物药、化学药被无效的案例层出不穷，而拟交易的药品尤其是涉及创新药是否构建且具备了稳定的专利保护已成为众多引进或对外授权交易中的关注重点。

笔者总结了近年来部分重磅生物药、化学药虽然相关核心专利已授权但仍被无效挑战的案例（表2）。其中，案例1涉及德国勃林格殷格翰的重磅小分子化药恩格列净，作为唯一被证实可降低2型糖尿病患者心血管死亡及全因死亡的SGLT-2抑制剂，恩格列净2020年全球销售额超过38亿美元，占据SGLT-2抑制剂销量的50%，为保护该款重磅药的核心专利，勃林格殷格翰抢先开发一系列外围专利，以形成严密的专利网。而笔者所在的汇业生命科学及知识产权团队唐嘉伟博士代理了德国勃林格殷格翰恩格列净系列专利201310414119.9、201310368328.4和201310379906.4专利无效案件，且行政诉讼维持该无效决定，获得胜诉。上述核心专利虽然已授权，但最终因我方检索到关键无效证据、说明书中并未公开任何涉及相关用途的直接效果实验以及效果实验数据、补充实验数据不被接受，从而使该等专利不具备创造性，成功地使恩格列净化合物专利被无效。

表2　重磅药物已授权专利被无效挑战典型案例

序号	产品	原研药厂	活性成分	专利无效案件相关涉案专利				
				专利类型	申请号	发明名称	专利权人	公告号
1	恩格列净	勃林格殷格翰、礼来	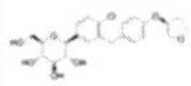	化合物	CN201310414119.9	吡喃葡萄糖基取代的苯基衍生物、含该化合物的药物、其用途及其制造方法	勃林格殷格翰	CN103450129B
				化合物	CN201310379906.4	吡喃葡萄糖基取代的苯基衍生物、含该化合物的药物、其用途及其制造方法	勃林格殷格翰	CN103435581B
				化合物	CN201310368328.4	吡喃葡萄糖基取代的苯基衍生物、含该化合物的药物、其用途及其制造方法	勃林格殷格翰	CN103467423B
				晶型	CN200680011591.6	1-氯-4-(β-D-吡喃葡萄糖-1-基)-2-[4-((S)-四氢呋喃-3-基氧基)-苄基]-苯的晶型、其制备方法及其用于制备药物的用途	贝林格尔.英格海姆	CN101155794B
				中间体	CN201310424724.4	制备吡喃葡萄糖基取代的苄基苯衍生物及其中间体的方法	贝林格尔.英格海姆	CN103524468B
2	替格瑞洛	阿斯利康	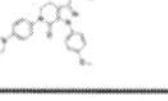	化合物	CN99815926.3	新的三唑并(4,5-D)嘧啶化合物	阿斯利康	CN1128801C
				晶型	CN200610002509.5	三唑并[4,5-D]嘧啶化合物的新晶形和非晶形	阿斯利康	CN1817883B
3	阿哌沙班	百时美施贵宝、辉瑞	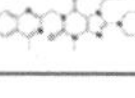	化合物	CN02821537.0	含有内酰胺的化合物及其衍生物作为Xa因子的抑制剂	百时美施贵宝	CN1578660B
4	利格列汀	勃林格殷格翰、礼来	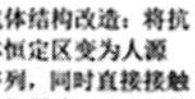	制剂	CN201210068456.2	二肽基肽酶IV抑制剂制剂	勃林格殷格翰	CN102526737B
5	曲妥珠单抗	罗氏	抗体结构改造：将抗体恒定区变为人源序列，同时直接接触靶抗原的CDR区仍然保留为鼠源	制剂用途、给药	CN814590.3	用于抗ErbB2抗体治疗的制剂	杰南技术公司	CN100443118C
				组合物	CN99805836.X	用离子交换层析纯化蛋白质	基因技术公司	CN1260249C
				制剂	CN96195830.8	稳定等渗的冻干蛋白制剂	基因技术公司	CN1151842C
				联合用药	CN200610008639.X	用抗ErbB2抗体治疗	基因技术公司	CN1820734B

续表

序号	产品	原研药厂	活性成分	专利无效案件相关涉案专利				
				专利类型	申请号	发明名称	专利权人	公告号
6	阿达木单抗	艾伯维	核心序列：轻重链和CDR（注：中国核心专利CN1300173C已于2017年自动到期）	组合物	CN201110327798.7	抗体纯化	艾伯维	CN102391358B
7	利妥昔单抗	罗氏	抗体改造：Fc区改造、抗体可变区的氨基酸突变或替换。（注：中国核心抗体专利CN93121424.6及同族已于2013年到期）	组合物、适应症	CN200680050934.X	用于治疗关节损伤的方法	霍夫曼-拉罗奇；生物基因公司；健泰科生物技术公司	CN101365487B
				适应症	CN99814329.4	使用抗CD20嵌合抗体治疗循环肿瘤细胞相关的血液恶性肿瘤	生物基因公司	CN1191850C
				适应症	CN811372.6	用抗CD20抗体治疗中度和高度非何杰金氏淋巴瘤	生物基因IDEC公司	CN1374870B
				联合用药	CN200510062686.8	包括施用抗—CD20抗体的B—细胞淋巴瘤联合疗法	拜奥根IDEC公司	CN100531798C
				联合用药	CN200510062687.2	包括施用抗—CD20抗体的B—细胞淋巴瘤联合疗法	拜奥根公司	CN100409898C
				抗体结构、适应症	CN93121424.6	抗人类B淋巴细胞限制分化抗原的嵌合及放射标记抗体	生物基因IDEC公司	CN1270774C

（二）拟实施区域的FTO分析

出于技术交易安全以及降低相关交易风险的考虑，一般生物医药技术交易中会对拟交易的目标产品在拟实施区域/授权许可区域内进行FTO分析。对一项技术的自由实施（Freedom to Operate，FTO）指的是实施人可在不侵犯他人专利权的前提下对该技术自由地进行使用和开发，并将通过该技术生产的产品投入市场。根据我国《专利法》第11条规定，“发明和实用新型专利权被授予后，除本法另有规定的以外，任何单位或者个人未经专利权人许可，都不得实施其专利，即不得为生产经营目的制造、使用、许诺销售、销售、进口其专利产品，或者使用其专利方法以及使用、许诺销售、销售、进口依照该专利方法直接获得的产品。外观设计专利权被授予后，任何单位或者个人未经专利权人许可，都不得实施其专利，即不得为生产经营目的制造、许诺销售、销售、进口其外观设计专利产品”，一定程度上从法律层面说明了进行FTO分析的必要性。在技术交易中，我们一般会根据许可方（Licensor）提供的目标产品的技术方案展开技术层面的侵权比对，从技术层面分析拟交易的目标产品若在拟实施区域/授权许可区域内上市销售是否可能存在侵害第三方专利权的风险，通过检索、分析并对可能侵害第三方知识产权的风险进行初步判断，为交易方提出参考建议。

下面笔者将阐述FTO分析的基本流程（图8）。

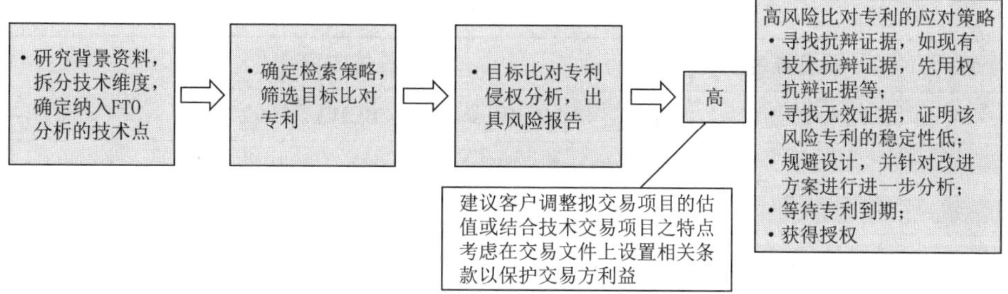

图 8　FTO 分析的基本流程

1. 研究背景资料，拆分技术维度，确定纳入 FTO 分析的技术点

在生物医药技术许可交易中，通过分析及理解拟交易标的的研发背景资料、有关具体化合物结构、盐、晶型、前药、代谢物、中间体、序列、载体工具、生产工艺及制备方法、联合用药、适应症/用途等技术方案方面的临床申报材料、药监部门备案材料等，以及同行业主要竞争对手的情况，会拆分并归纳出拟交易标的产品的技术维度，通过与研发技术人员/客户的进一步沟通，针对风险性高低以及客户预算，最终确定纳入 FTO 分析的技术点。需要说明的是，具体的化学药、生物药在进行具体技术维度拆分时不尽相同，具体的项目需求不同，纳入 FTO 分析的技术点也会有所不同。

在笔者负责处理的一项关于 CAR-T 细胞治疗项目的 FTO 分析中，通过分析国内外竞品以及技术方案，归纳出可以从主要靶点、CAR-T 结构改造、T 细胞改造、制备方法、治疗方法、适应症、联合用药等技术维度来进行检索、分析，通过与客户商讨确定分析范围，最终选择了其中风险较高的几个技术点纳入 FTO 分析范围（表 3）。

对于小分子化药而言，从技术维度上看需要重点关注拟交易标的的活性化合物（API）是否存在侵害第三方专利的风险。如果技术交易中还涉及在拟实施区域的本地化生产，则还可能需要考虑将原料药、制剂等生产工艺等纳入 FTO 分析范围，而生产工艺一般作为技术秘密进行保护，在技术交易谈判初期许可方不一定会提供该等技术秘密细节，因此，如何基于公开信息以及现有资料对此展开必要的初步核查以及分析也是生物医药技术交易中需要关注的考量点之一。

表 3 CAR-T 细胞治疗 FTO 分析技术维度

序号	技术维度	具体内容
1	主要靶点	CD19、CD20、Mesothelin、BCMA、Her2 等
2	CAR-T 结构改造	抗原结合域、铰链区、跨膜区、共刺激因子、胞内信号域、调节元件、增强受体等
3	T 细胞改造	消除免疫排斥、防止免疫逃逸等
4	适应症	白血病、淋巴瘤、骨髓瘤、胶质瘤、卵巢癌、乳腺癌、结肠癌、肺癌等
5	联合用药	将多种形式的药剂与 CAR-T 联合使用，涉及化学药剂、抗体、细胞因子、细胞、酶或其他蛋白种类等
6	制备方法	具体工艺步骤，涉及病毒包装、细胞筛选、建库、扩增等
7	治疗方法	具体治疗的步骤、方案

2. 确定检索策略，筛选目标比对专利

首先基于纳入 FTO 分析范围的技术点确定拟交易标的产品的关键词、扩展词、IPC 分类号等构建检索式、调整检索式并进行检索；涉及小分子化药时还应在 Reaxys 数据库、STN 数据库、SciFinder 数据库对化合物结构进行检索；涉及大分子生物药时还应在数据库 NCBI、Blast、STN 等对序列进行检索。然后对检索结果进行专利标引、筛选目标专利以及视情况同步进行补充检索，从而最终筛选出目标比对专利。

3. 目标比对专利侵权分析，出具风险报告

结合专利说明书、案卷审查历史、同族专利的案卷审查情况、现有技术及公知常识等，将拟交易标的产品的技术方案与目标比对专利的相应权利要求、技术特征限定的保护范围作侵权比对（Claim Chart），具体结合全面覆盖原则、等同原则以及禁反言原则等，对拟交易标的产品是否落入目标比对专利相关权利要求保护范围进行分析，即拟交易标的产品是否存在侵犯目标比对专利专利权的可能性作出判断。

如果针对目标比对专利侵权可能性较低，一般可自由实施，如果针对目标比对专利侵权可能性较高，则该等专利是交易中需要重点关注的高风险专利。对于出现该等具有侵权风险的高风险专利的情况，可以建议客户结合技术交易项目的特点考虑在交易文件上设置相关条款以保护交易方利益或考虑

是否调整拟交易项目的估值。同时，根据交易项目需求或者临床试验以及上市申报的进度，可以进一步采取技术规避、寻找现有技术抗辩及无效该等高风险专利的证据等，如果无法规避且该等高风险专利稳定性较高，可以考虑等待专利到期或者与专利权人签订协议。

（三）拟交易产品的专利布局分析

为了对拟交易标的产品的知识产权保护情况给出相对完备的法律意见，一般会根据拟交易标的产品的技术方案以及同行业竞品的专利情况，以及调查拟交易标的是否具有完备的专利布局或者专利组合提出法律意见。此处的专利布局或组合一般涉及地域布局、产品技术维度布局。

如果专利布局有瑕疵，根据技术交易项目处于早期、中期还是晚期，可以考虑后续是否还有相应补救完善的措施，如递交分案申请、优先权新案申请、通过 PCT 或者巴黎公约将相关专利技术方案至少进入相应许可国家，或者申请其他的外围专利来构建更加有效的专利保护网。

基于过往项目经验，交易双方还会在交易文件中设置有关专利项目团队以及全面协调和监督双方在本协议项下的专利相关活动的条款，包括开发和/或许可的相关专利的提交、审查、维护，也包括与许可或实施的知识产权有关的第三方专利侵权索赔及抗辩等。

关于地域布局，在生物医药技术许可交易中，一般会根据许可地域（Territory）是全球性还是区域性，即根据许可的具体国家或地区，在知识产权尽职调查中核查分析拟交易产品是否在相应的区域进行了相对完备的专利布局，而不仅是表面上在相应区域有专利申请而已。

举例说明，如果交易许可区域涉及中国以及美国，那么在进行拟交易产品的专利布局分析时，就需要分析相应的专利尤其是核心专利是否已经在相应的许可国家或地区进行了相应的专利申请。比如，在一项小分子化药交易中，核心专利通式化合物母案首先在中国申请，但交易许可区域除大中华区域外，还涉及美国，虽然该等核心通式化合物专利通过 PCT 国际专利途径进入了美国，但根据目前的审查意见（Office Action），其在美国的授权前景并不明朗，此时律师团队还需要进一步核查以及分析该等核心通式化合物专利是否在美国进行了相应的补救完善措施，如是否进行了相应后续申请（Continuing Application），如分案申请（Divisional Application）、延续申请（Continuation Application）或者部分延续申请（Continuation-in-part Application）等。

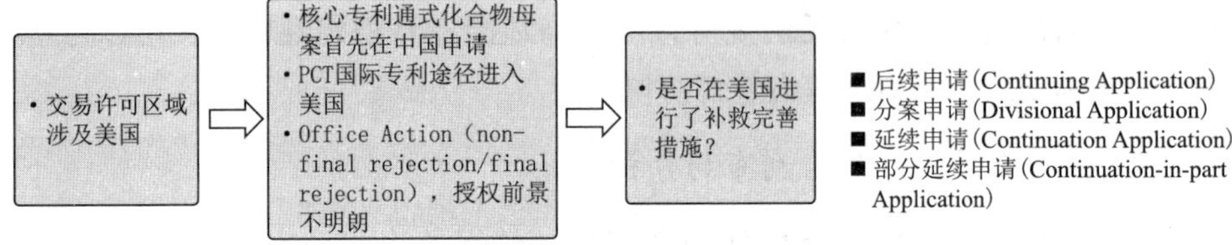

图 9　专利地域布局分析示例

关于产品技术维度布局，生物医药的专利布局从技术维度上来看，依据不同的药品类别、具体技术方案以及研发进程的差异均会有所不同。另外，产品技术维度布局与交易文件关键条款也是紧密关联的。基于过往服务生物医药技术许可交易项目的经验，笔者列举了与产品技术维度相关的许可交易条款，如图 10 所示。

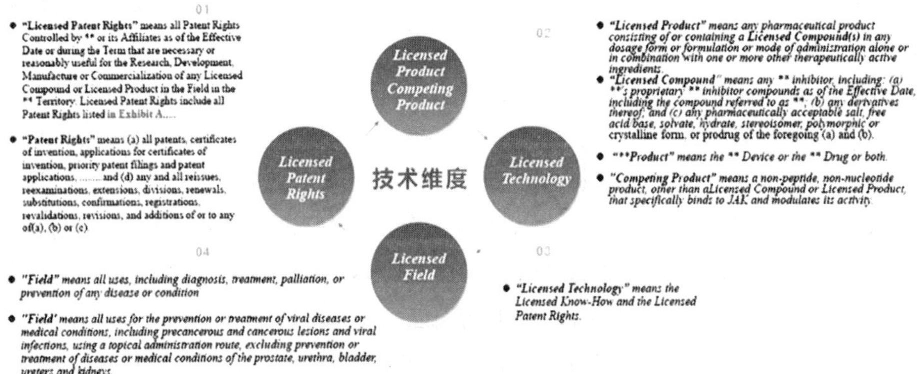

图 10　许可交易中产品技术维度的相关条款

举例说明，笔者前述 CAR-T 细胞治疗可能涉及的技术维度布局包括主要靶点、CAR-T 结构改造、T 细胞改造、制备方法、治疗方法、适应症、联合用药等。

再如，小分子化药的研发历经靶点选择、先导化合物确定、活性化合物筛选、候选药物选定、制备路线优化以及药物制剂的开发等过程，使得化药专利布局具有一定的难度和专业性，小分子化药涉及的技术维度布局通常涉及通式化合物及衍生物、药学上可接受的盐、晶型、游离酸/碱、异构体、代谢物、中间体、生产工艺及制备方法、联合用药、适应症/用途等。笔者从化药的不同技术维度简要列举了吉利德代表性药品替诺福韦酯的部分相关专利布局，吉利德针对替诺福韦酯还布局了较多的外围专利，在此不一一进行列举，如图 11 所示。

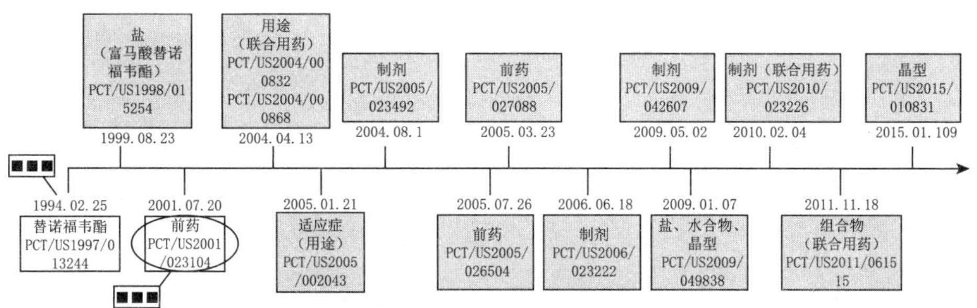

图 11　吉利德代表性药品替诺福韦酯相关专利技术维度布局

总体来说，拟交易标的产品是否已构建相对完备的专利布局保护网，对于适当延长产品保护期限，以及实现专利保护价值的最大化，也是在生物医药技术许可交易中进行知识产权尽职调查的关注点之一。

(四) 重视生物医药技术许可交易的知识产权

从本质上来讲，生物医药技术许可交易是一项资产交易，而许可方的知识产权作为交易中的重要标的，在许可交易中占有非常重要的地位。

在对拟交易产品进行 Regular IPDD 的核查基础上，进一步从技术及专利的角度，对拟交易的产品进行核心专利的授权前景/稳定性分析、拟实施区域的自由实施 FTO 分析、拟交易产品的专利布局分析，最终通过上述相对完备的知识产权尽职调查全面且深入地了解拟交易标的药品的相关技术实际情况，从中发现风险点以及关键问题，为交易方案的制定提供依据，并通过在交易文件中设置相应条款予以规制，保证技术交易安全并降低交易风险。

四、结语

总体来说，生物医药技术许可交易涉及较为复杂的流程、环节。应从整体角度关注交易中的关键法律考量点，基于交易实际情况，从中发现风险点以及关键问题，通过对交易框架、尽职调查、监管法律法规对许可交易的影响，以及许可交易协议的关键条款设计等，为制定交易方案提供依据，进而进行符合实际需求以及可能相对细致、复杂的安排，保证技术交易安全以及降低交易风险。

零售与消费

盲盒经营行为规范化7问7答

沈　澄*

2023年6月8日，国家市场监督管理总局发布了《盲盒经营行为规范指引（试行）》（以下简称《盲盒指引》），以指引的形式，引导经营者的经营。试行以来，笔者团队就实践中多发的规范化经营等实务问题，整理了如下问答，供企业参考。

问题1：盲盒监管的基础逻辑和面向是什么？

盲盒监管的基础逻辑在于以下三个方面：

（1）保障消费者知情权与避免“次品市场效应”。

盲盒就像薛定谔的盒子一样，打开前消费者并不知道打开的到底是哪款商品。这种未知性的购物体验最大的合规挑战在于对消费者知情权的冲击。但这组矛盾并非不可消解，实际上，“盲盒营销视域下的知情权与一般意义的知情权只是在范围上有所不同”，消费者有权知晓交易的基础信息（如《盲盒指引》第9条第1款所示）。[1]

其实质是要避免消费者逆向选择最终导致盲盒市场走向“次品市场”。“次品市场效应”也称“柠檬市场效应”，是指“在信息不对称的情况下，往

* 沈澄合伙人。

〔1〕 刘志峰、田欣：《数字政府背景下盲盒营销的信用监管》，载《世界经济与政治论坛》2022年第4期。

往好的商品遭受淘汰，而劣等品会逐渐占领市场，从而取代好的商品，导致市场中都是劣等品”。阿克罗夫在其1970年发表的《柠檬市场：产品质量的不确定性与市场机制》中举了一个二手车市场的案例，指出在二手车市场，显然卖家比买家拥有更多的信息，两者之间的信息是非对称的。买者肯定不会相信卖者的话，即使卖家说得天花乱坠。买者唯一的办法就是压低价格以避免信息不对称带来的风险损失。买者过低的价格也使得卖者不愿意提供高质量的产品，从而低质品充斥市场，高质品被逐出市场，最后导致二手车市场萎缩。

（2）防沉迷、反浪费与打破“斯金纳箱”。

盲盒营销使得消费者易上头、冲动消费，有的消费者为了追求特别款、隐藏款、联名款，不惜斥资数万元大量买盲拆盲，极易造成浪费。尤其是食品领域已经出台《反食品浪费法》，规制浪费行为的势头将只增不减。

心理学家斯金纳做了这样一个实验，其设置了一个箱子，里面放一只小白鼠，箱内再设置一个投放食物的机关，小白鼠每在箱内按一下杠杆就能获得一次食物。若干次重复后，小白鼠将形成压杆取食的条件反射。如果压杆不再取得或者偶尔才能取得食物时，小白鼠将会陷入预测障碍，只能不断地按压机关。这个实验模拟了为什么赌博具有成瘾性。

因此，盲盒营销也可能引发同样的成瘾性问题，这是监管需要直面解决的问题。

（3）二级市场炒作。

在盲盒二级市场中，已经形成炒作的氛围，就如之前的NFT或者币圈一样，特别款、隐藏款在二级市场的价格可能会被大幅炒作甚至出现数倍于原价的情况。

二级市场的过热炒作一直以来都是监管所要密切关注和规制的，尤其是其中还存在涉赌风险。

综上，基于消费者权利保护、防止涉赌、防止沉迷、反对浪费等基本面向应当得到管理的愿景，盲盒监管力度处于不断增强的趋势。

问题2：盲盒销售与有奖销售的差异在哪？

有一种说法认为，盲盒经营体现了“混融于有奖销售行为的实践特点，以及错位于现行有奖销售法规的规制难点”。[1]

例如，某盲盒销售普通款钢笔，消费者有0.05%的概率抽中“惊喜款”钢笔，该款钢笔为与某奢侈品联名打造，价值是普通款钢笔的20倍。此时，盲盒消费呈现“奖励”性质，并且这种奖励的产生既具有随机性又具有以奖促销的激励性，与有奖销售具有很强的同质性。其与有奖销售的区别体现为，盲盒的销售是奖售一体的，而有奖销售存在奖售分离的外观。

这种情况下，盲盒销售是否应当遵从诸如《反不正当竞争法》《规范促销行为暂行规定》等在内的针对有奖促销行为的规范要求。例如，特别款盲盒如果可以视作一种单品“奖励”，是否应当受到限制不应超过50 000元；特别款盲盒的中奖概率或者奖品数量是否应当进行披露。

笔者认为，从原理上说，立法对消费者进行保护的基本动因在于一组预设：经营者与消费者的消费博弈中，前者有更强的能力设置针对商品或奖品的全部定价规则、质量水准以及销售实现的全部方式、概率和奖品分布，能够充分评估甚至精算自己的“成本—收益”模型。而消费者在消费决策时是无法进行这样的全盘考察的，因此为了避免消费决策过多地受到“偏好成真”的利诱影响，有必要将消费者形成期望和决策的有效信息足额提供。

因此，无论盲盒销售是否属于有奖销售的类型，有必要确保的是在信息规制上做到完整交付和披露，这一点可以参考《规范促销行为暂行规定》，也反映在《盲盒指引》第9条第1款的基本要求中。

问题3：以盲盒销售为名义，进行“清库存”是否存在风险？

通常来说，消费者购买盲盒的激励包括获得商品的基础物质激励和“拆盒”对猎奇或“渔获”心理满足的精神激励。为了保证后一种精神激励的有效性，盲盒的设置应当是随机的，消费者单次购买盲盒可能获得的探索结果是偶然产生的而不应被提前预设好。

因此，对于以“清库存”形式实施的盲盒经营活动，应当格外关注可能存在的虚假宣传风险。例如，经营者在销售鞋服类盲盒时，宣称购买盲盒的消费者“将随机获得在售任一款某某文化衫”，但实际上销售的为特定库存的

[1] 祝睿：《盲盒销售行为的经济法规制——基于有奖销售规制视角展开》，载《西部法学评论》2022年第4期。

滞销产品，即存在虚假宣传风险。

《盲盒指引》第9条第2款规定，“盲盒经营者不得通过后台操纵改变抽取结果、随意调整抽取概率等方式变相诱导消费。不得以折现、回购、换购等方式拒绝或者故意拖延发放盲盒。不得设置空盒”。

上述“清库存”方式进行的盲盒销售，应注意宣传文案的内容设置，确保没有虚假或引人误解的措辞，避免构成变相诱导消费等行为。

问题4：盲盒定价的风险是什么？

根据价格法律体系，经营行为定价的基本原则是明码标价，但盲盒盲买盲拆的特性先天性地容易违反“明码”要求，这一组矛盾背后潜藏的合规担忧集中反映在对盲盒收益定价机制的合理性上。

以某“特别款”盲盒为例，其普通款的销售单价为100元，每个盲盒中会有一件价值相当的短袖T恤，尺寸大小颜色款式随机。在普通款之外，消费者有0.3%的概率以同样的单价买到“特别款”盲盒，会附送一条价值1500元的领带。这时盲盒本身的物质价值表现为固定对价和风险对价。消费者花费100元能够买到的短袖T恤是固定对价，同时有较小的概率能够实现风险溢价，即1500元的额外收益。

由于这种“以小博大”机制的存在，实践中有观点认为，这符合赌博行为中“比输赢”的特点，可能存在涉赌风险。各地地方性法规中对于赌博的解释也基本围绕这一特点出发。有学者总结，“凡是以财物作为赌注比输赢的活动”都构成赌博。盲盒中开发的物品低于投入财物的为“输”，高于投入财物的则为“赢”。〔1〕

因此，从规避上述风险的角度出发，经营者应当结合《盲盒指引》做好多个维度的涉赌风险因素隔离，包括：

（1）避免价格偏差，避免盲盒价格过于背离正常商品价格（《盲盒指引》第8条）；

（2）根据市场因素定价（《盲盒指引》第7条第1款）；

（3）禁止设置空盲盒（《盲盒指引》第9条第2款）；

---

〔1〕马治国、徐济宽：《数字经济背景下“盲盒”营销模式的法律治理》，载《北京工业大学学报（社会科学版）》2022年第1期。

（4）禁止变相赌博（《盲盒指引》第 21 条第 2 款）；

（5）不进入二级市场（《盲盒指引》第 11 条第 2 款）；

（6）盲盒定价上限（如不得超过 200 元）（《上海市盲盒经营活动合规指引》第 8 条第 2 款）。

问题 5：线上销售盲盒是否适用“七天无理由退货”？

一方面，盲盒游戏的核心体验在于消费者拆盒的惊喜感，对于已售出的盲盒如果已经拆封导致盲盒内的特定款式被消费者知晓，则此时商品的价值将产生贬损或者说部分价值已经得到实现（消费者的某种“幸福感”已经得到满足或者落空），此时要求经营者接受无理由退货破坏了盲盒经营的底层商业逻辑，可以参照适用“一经激活或者试用后价值贬损较大的商品”不适用无理由退货。

另一方面，拆开盲盒前发生消费者退货的，可以认为消费者既没有使用该商品，也没有实现某种精神上的价值，盲盒销售的物质与精神价值均未被利用，不影响二次销售，应当允许消费者主张无理由退货。

基于此，《盲盒指引》第 17 条作了相应的区分，如表 1 所示。

表 1　《盲盒指引》第 17 条对单品盲盒和全套盲盒所作区分

盲盒类型	基本要点	七天无理由退货
单品盲盒	充分告知+同意+拆封——不得默认同意	不适用
全套盲盒	整套商品+商品清楚确定	适用

此外，2022 年 1 月份发布的《上海市盲盒经营活动合规指引》也有类似规定。

问题 6：保底机制怎样搭建?

《盲盒指引》第 11 条第 1 款提出“鼓励盲盒经营者建立保底机制”，该等保底机制主要反映在抽取时间、抽取金额上限和次数上限等方面。

实践中的问题是保底机制应该如何搭建，对于盲盒生产销售数量动态变化的情况，应该如何做好静态上的数量限制？

笔者认为，核心在于信息统计和抽检追踪机制。首先，对于系列商品的全部品类、总量、套内商品比例、余量信息和概率统计做好数字化存储；其次，针对线上销售的盲盒，应避免非必要的人工干预，通过公允的随机方式产生订单和分拣；最后，在事前出厂阶段、事中销售阶段进行抽检并存档、事后销售完毕阶段做好数据回测和追踪记录。这也符合《盲盒指引》第 10 条所要求建立的经营记录制度。

问题 7：违反监管指引文件是否有强制性后果?

无论是国家市场监督管理总局的《盲盒指引》，还是地方执法部门出台的指引文件（如《上海市盲盒经营活动合规指引》）都是从宣教、指导的角度引导盲盒经营者的合规动作。但是该等文件本身并未设置“法律责任”章节，是否意味着违反《盲盒指引》的监管处罚责任较低?

笔者认为不然。首先，根据前述盲盒监管的基础逻辑来看，监管力度是明显增强的，新增立法的可能性较高；其次，《盲盒指引》实际上是执法部门依据上位法罗列的常见合规要求，形式上类似于规范性要求及其常见违法行为的汇编；最后，以“清库存”类虚假宣传违法为例，除引发行政处罚的责任外，也有可能产生消费欺诈“退一赔三”的民事责任风险。

因此，笔者建议经营者应遵照监管指引文件落地相应的管理手段，匹配合理的制度安排。

汽车与智能制造

智能汽车个人信息数据安全与保护义务

叶文龙律师团队*

2022年12月20日，有人宣称“破解了蔚来大量数据”，并在勒索蔚来遭拒后将数据公开贩卖。其中包括22 800条蔚来内部员工数据、399 000条车主身份信息、650 000条用户地址信息，以及4 860 000条蔚来注册用户数据等上百万条个人信息。对此，蔚来方面表示，坚决不会向网络犯罪行为低头，将协同有关执法部门深入调查此事，并依法坚决打击相关的数据窃取、买卖行为。同时，蔚来强调，事件不涉及车辆使用中产生的数据，也不影响车辆的驾乘或远程控制。

随着新兴技术的发展，智能汽车的功能越发完善和多样。除开始逐步实现无人驾驶以外，越来越多的智能汽车有了远程控制、生活服务、娱乐服务等人车交互功能。但是，消费者在享受汽车智能化带来的便利的同时，往往会忽略智能化给个人隐私带来的风险；车企在开发、销售智能汽车的同时，对用户隐私安全的保护责任也越发繁重和复杂。

一、恶意攻击、数据勒索的网络安全风险层出不穷

工信部在2020年中国汽车产业发展（泰达）国际论坛上指出，整车企业车联网信息服务提供商等相关企业和平台的恶意攻击，已达到280余万次。

---

* 叶文龙合伙人。

根据目前公开可查的新闻，几家较为知名的车企近年来都有过平台受恶意软件攻击，或数据遭黑客勒索的情况。

针对由外部的网络攻击造成的安全隐患，车企应当安装符合安全要求的防恶意代码软件，并及时更新恶意代码软件版本和恶意代码库，保持系统补丁更新到最新版本；同时，应确保系统能够检测到对平台重要服务器进行入侵或攻击的行为，包括但不限于端口扫描、木马后门攻击、拒绝服务攻击、缓冲区溢出攻击、IP 碎片攻击和网络蠕虫攻击等，并应记录入侵的源 IP、攻击的类型、攻击的目的、攻击的时间，在入侵事件达到一定严重程度时提供警报，确保在外部攻击突破网络防护的情况下将由数据泄露造成的损失降到最低。

二、车联网平台信息安全纳入强监管

随着智能技术的更新迭代，对新技术的日常监管也愈发严格。公布的《工业和信息化部行政执法事项清单（2022 年版）》中，新增了多项与网络与数据安全相关的行政执法事项，其中就包括针对车联网服务平台运营企业的车联网网络安全防护定级备案、履行安全保护义务等的处罚事项。这就意味着，对于涉及车联网服务的企业来说，除需要防范外来侵犯，日常的数据合规更是重中之重。

例如，就平台运营过程中的信息安全来说，所使用的操作系统应遵循最小安装的原则，仅安装必要的组件和应用程序；对于系统的网络设备运行状况、网络流量、管理员和运维人员行为应随时进行监测与记录，并定期进行安全审计，做好日常数据隔离、数据备份以及应急预案等。同时，应建立统一的访问机制实现对车联网服务平台重要资源的访问控制和管理，防止非法访问，确保车联网信息服务中的如远程升级、车辆调度、远程控制车辆等应用的安全。[1]

三、个人信息保护义务应落实到每个场景

车联网的信息架构通常采用“云—管—端”结构（图 1）。汽车在用户使用的过程中收集个人信息，通过网络传输到车联网平台云端进行存储或后续处理。因此，对于车企来说，除应关注以上第一、第二部分中提到的网络安全、平台

[1] 《车联网信息服务　平台安全防护技术要求》（YD/T 3752—2020）第 5 条。

信息安全以外，也不应忽视对用户驾驶汽车过程中涉及的个人信息的保护。

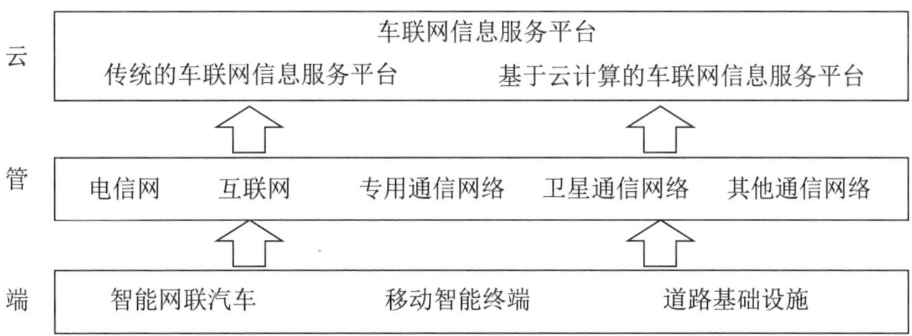

图 1　车联网的信息构建

图片来源：《车联网信息服务　平台安全防护技术要求》（YD/T3752—2020）。

（一）涉及的个人信息分类分级

团体标准《车联网信息服务　用户个人信息保护要求》（YD/T 3746—2020）（以下简称《车联网个人信息保护要求》）中将车联网体系中可能涉及的个人信息进行了详细、完整的分类分级（如表 1、表 2 所示）。

表 1　用户个人信息分类示例

用户个人信息类别		用户个人信息范围	用户个人信息示例
A：用户身份证明类信息	A1：用户自然人身份和标识信息	A1-1：用户基本资料	姓名、证件类型及号码、年龄、性别、职业、工作单位、地址、宗教信仰、民族、国籍、电话号码等
		A1-2：用户身份证明	身份证、军官证、护照、机动车驾驶证、社保卡等证件影印件
		A1-3：用户生理标识	指纹、声纹、虹膜、脸谱等
	A2：用户虚拟身份和鉴权信息	A2-1：普通车联网信息服务身份标识和鉴权信息	电话号码、账号、邮箱地址、用户个人数字证书以及服务涉及的密码、口令、密码保护答案、解锁图案等
		A2-2：车联网交易类信息服务身份标识和鉴权信息	各类交易账号和相应的密码、密码保护答案、解锁图案、系统或平台中登录的个人银行账号、交易验证码、动态口令、交易信息等

续表

<table>
<tr><th colspan="2">用户个人信息类别</th><th>用户个人信息范围</th><th>用户个人信息示例</th></tr>
<tr><td rowspan="8">B：车联网信息服务内容类用户数据信息</td><td rowspan="5">B1：用户服务内容信息</td><td>B1-1：驾驶及行车安全服务类信息</td><td>智能辅助驾驶相关服务场景下的车辆驾驶行为、行经路线等信息；车联网在车辆防碰撞（如碰撞预警、紧急刹车预警、变道预警、车辆失控预警、异常车辆预警等）、车车编队辅助和防撞人或物等服务中相关的用户个人信息</td></tr>
<tr><td>B1-2：生活服务信息</td><td>车联网生活服务相关的内容信息，如个人数据文件、邮件服务、广播服务、网页浏览、购物、在线音乐和视频服务、天气预报及推送、社交服务、移动办公服务等用户个人信息</td></tr>
<tr><td>B1-3：交通出行管理服务信息</td><td>车联网在交通动态信息通知服务（如信号灯信息推送、红绿灯车速引导、闯红灯预警等信息）中相关的个人信息；车联网在浮动车交通管理（如车辆信息动态交换采集、违法信息抓拍上报、停车诱导和管理、交通流量疏导、交通应急信息发布等）服务中相关的用户个人信息</td></tr>
<tr><td>B1-4：涉车服务信息</td><td>车联网在涉车服务（如 UBI 保险和交易、分时租赁和约车拼车、车辆检修保养救援）等相关的用户个人信息</td></tr>
<tr><td>B1-5：行业营运服务信息</td><td>车联网在行业营运服务中相关的内容信息（如公交、物流、换位、港口、景区等运营车辆管理），如与车况和位置信息上报、远程控制、越界和超速预警、特定区域特定路线特定行业下自动驾驶等相关的用户个人信息</td></tr>
<tr><td rowspan="3">B2：用户资料信息</td><td>B2-1：联系人信息</td><td>通信录、好友列表等用户资料数据；车内蓝牙配对拷贝的联系人列表</td></tr>
<tr><td>B2-2：用户私有资料数据</td><td>用户云存储、终端、SD 卡等存储的用户文字、多媒体等资料数据信息</td></tr>
<tr><td>B2-3：信息服务内容衍生信息</td><td>基于定位及导航服务内容分析获取的车辆活动轨迹、精准定位信息、个人生活习惯、健康状况等资料信息</td></tr>
</table>

续表

用户个人信息类别		用户个人信息范围	用户个人信息示例
C：用户服务相关信息	C1：用户服务使用信息	CI-1：业务订购、订阅关系	业务订购信息、业务注册时间、修改、注销状况信息等
		C1-2：服务记录	车联网信服务平台、智能网联汽车及车联网智能终端中存储或缓存的直接或间接产生的用户操作记录，如信息服务中涉及的照片、音频、视频、通话记录等；浏览的新闻或购物浏览器访问的网址列表：娱乐软件记录、汽车远程操控指令记录、语音服务的系统备份信息、网页购物记录等
		C1-3：日志	反映用户操作记录的如日志信息、日志文件等
		C1-4：交易服务信息	交易信息、消费记录、流水记录等
	C2：用户车辆基本标识信息	C2-1：车辆基本资料	车辆类型、车辆品牌、车辆型号、车辆底盘型号、发动机号、燃油种类、车牌号、发动机号、车辆识别代码（VIN码）等
	C3 用户设备、系统和平台信息	C3-1：设备、系统或平台信息	硬件型号、唯一设备识别码 IMEI、设备/系统/平台 WAC 地址，SIM 卡 IMSI 信息等

表 2　用户个人信息敏感性分级要素

用户个人信息敏感性等级	用户个人信息敏感性等级要素
个人敏感信息	A1-2：用户身份证明
	A1-3：用户生理标识
	A2-2：车联网交易类信息服务身份标识和鉴权信息
个人重要信息	Al-1：用户基本资料
	A2-1：普通车联网信息服务身份标识和鉴权信息
	B1-1：驾驶及行车安全服务信息
	B1-2：生活服务信息
	B1-3：交通出行管理服务信息
	B1-4：涉车服务信息

续表

用户个人信息敏感性等级	用户个人信息敏感性等级要素
个人重要信息	B1-5：行业运营服务信息
	B2-1：联系人信息
	B2-2：用户私有资料数据
	B2-3：信息服务内容衍生信息
	C1-2：服务记录
	C1-3：日志
	C1-4：交易服务信息
	C2-1：车辆基本资料
	C3-1：设备、系统或平台信息
个人一般信息	C1-1：业务订购、订阅关系

虽然《车联网个人信息保护要求》的效力级别仅为团体标准，但其中的用户个人信息分类分级的划分对于车企来说非常具有参考意义，为车企建立自己的用户个人信息保护制度和体系提供了范本。

（二）涉及个人信息处理的场景及风险防范要点

1. 驾驶数据

（1）车外数据。

车外数据，即通过摄像头、雷达等传感器从汽车外部环境采集的数据，涉及道路、建筑、地形以及交通参与者等。[1]车外数据极有可能涉及敏感个人信息，如可能包含交通参与者的人脸等。但由于车外数据采集的广泛性和随机性，很难通过通常的“告知—同意”机制来完成个人信息的合规。对此，《汽车数据安全管理若干规定（试行）》第 8 条规定，“……因保证行车安全需要，无法征得个人同意采集到车外个人信息且向车外提供的，应当进行匿名化处理……”。由此可见，车外数据原则上不应向车外提供；为“行车安全”确有必要的，可以向车外提供，但应对采集到的个人信息进行匿名化处

〔1〕《汽车采集数据处理安全指南》(TC260) 第 4 条。

理，确保无法识别特定自然人且不能复原。

（2）座舱数据。

座舱数据，即通过摄像头、雷达等传感器从汽车内部座舱采集的数据。[1]对于座舱数据，汽车应当默认设定为“不收集”，只有当驾驶人主动选择后才能开始收集。驾驶人进行选择后，汽车可根据驾驶人自主设定，保留驾驶人选择的状态，或恢复为默认状态。[2]

座舱数据原则上也不应向车外提供。但用于实时判断汽车控制指令的语音指令数据，在取得用户同意后可在车外处理，处理完毕后应设定立即删除原始数据及处理结果。[3]

此外，为实现用户远程控制或云存储功能的，也可向车外提供数据；但前提是必须取得用户同意，并且应采取访问限制，除用户以外的其他组织和个人不能访问。

2. 泛娱乐数据

如前所述，除基本的驾驶功能以外，越来越多的智能汽车已经开始研发生活服务、娱乐服务等人车交互功能。此类功能可能涉及用户网页浏览、购物、在线音乐和视频服务、天气预报及推送、社交服务、移动办公服务等个人信息，如照片、音频、视频、通话记录，或网页浏览记录等。此类数据通常不涉及敏感个人信息，但仍应按照《个人信息保护法》《信息安全技术　个人信息安全规范》等法律法规的要求进行个人信息的保护，只收集使用相关功能所必需的个人信息，并且对收集的个人信息及时予以删除。

尤其需要注意，除车辆使用所必需的个人信息处理以外，车企不应在未取得用户同意的情况下自动分析、评估此类关于个人的行为习惯、兴趣爱好、经济情况等信息，并为用户提供与车辆使用无关的商业信息推送。

3. 涉车服务

除智能汽车本身的功能正在研发与升级以外，许多与智能汽车配套的涉车服务也在逐步创新。

---

[1] 《信息安全技术　汽车数据处理安全要求》第3.6条。

[2] 《信息安全技术　汽车数据处理安全要求》第6.1条。

[3] 《信息安全技术　汽车数据处理安全要求》第6.2条a)。

（1）UBI 车险。

银保监会于 2020 年发布《实施车险综合改革指导意见》，提出应丰富商业车险产品，创新车险产品的种类，其中就提及了机动车里程保险（UBI）。

传统的车险产品只涉及投保人与保险人两个主体。而 UBI 车险是一种基于车端收集的车辆实时运行状态，分析用户驾驶习惯或特点，从而对车主的理赔服务内容、保险费用进行个性化定制的车险产品。中国保险行业协会于 2019 年 4 月 1 日发布了协会标准《机动车保险车联网数据采集规范》，列举了车险的车联网数据采集项，其中包括用户识别号（ID）、车辆识别代号（VIN）、车牌号等用户个人信息；[1] 同时指出，保险公司采集车联网数据，应当应用于“产品开发、客户关系管理、承保管理、理赔服务、防灾防损等”[2] 车险经营管理活动。

基于车联网体系的“云—管—端”结构，UBI 车险需要从车端采集数据，参与主体还包括车端数据的存储及处理平台，即车联网服务平台的运营方；虽然车联网平台的运营方仅作为保险服务的第三方，但也应当与保险人共同承担个人信息的保护义务，严格根据法律法规标准限制个人信息的采集和分析、处理的范围，不应超范围采集数据，或将采集的数据用于非车险经营管理的其他商业活动。

（2）充电。

目前大多数的智能汽车不再是传统的油车，而是采用电力作为能源。因此，通过车联网收集车辆电池信息，推荐最近的充换电站位置并进行充换电时间、时长的规划，是智能汽车的必备功能之一。充电服务一般由车企自身的 App，或者嵌入的第三方 App 提供，通常会采集姓名、手机号码、车辆 VIN 码、车辆位置信息、车辆型号、电池信息、出发地和目的地、车辆路线偏好，以及每次充换电的时间、电量、消费金额等个人信息。充电涉及的个人信息不多，但可能涉及个人银行账号、行踪轨迹等敏感个人信息，因此，应特别注意所采集的个人信息的敏感级别，并对应建立符合级别的个人信息保护措施。

智能汽车产业的服务链条长，涉及众多参与主体，包括但不限于汽车制

---

〔1〕《机动车保险车联网数据采集规范》第 6 条。
〔2〕《机动车保险车联网数据采集规范》第 10 条。

造商、汽车零部件供应商、保险公司、互联网信息服务提供商等。网络遭到外来攻击的风险扩大，使得对于汽车数据安全的监管日趋严格。由于采集的个人信息体量庞杂，车企要确保个人信息保护的合规，无疑需要整个服务链上下游主体的通力合作。

但需要注意的是，实践中，数据安全责任并不一定是以“谁采集谁负责”的原则确定。对于监管机构来说，对智能汽车产业的整个服务类的每个主体进行监管溯源并不现实。因此，在监管中，往往会加重整车企业或平台的数据安全保护义务，如要求整车企业对各零部件收集、传输数据的情况进行约束和监督等。〔1〕

综上所述，车企应重视服务链条中每个节点的个人信息保护，设计健全的个人信息保护制度或体系，筛选、引入具有符合标准的具有个人信息保护能力的下游供应商，并对供应商的个人信息保护措施进行实时跟进和监督。

---

〔1〕《信息安全技术　汽车数据处理安全要求》第7.5条。

文化娱乐法律

从演员和宣发费用7.5亿谈谈“宣发”

纪玉峰*

崔永元接受某采访时，曾说有一对夫妻通过“阴阳合同”卷走了7.5亿。7.5亿是一个惊人的数字，关于费用的构成，崔永元并未详细说明，而是先提到7.5亿包含“演员和宣发”，后续又谈到：其中有3000余万是韩某的监制费用，5500万是李某的档期片酬，1200万是域名购买费用。

吃瓜群众看热闹，专业人士看门道，7.5亿合同的真假以及实际履行与否，尚有待于后续查核，仅从目前来看，尚不知道这7.5亿的合同是如何“阴阳”的。崔永元谈起7.5亿“阴阳合同”和某夫妇时提到了宣发，但举出的几项费用又和宣发没太多关系，让人有混乱之感。

一、宣发有多重要

顾名思义，影视宣发就是影视剧的宣传及发行，后者指影片的出售和租赁，也就是为满足公众的合理需求，通过出售、出租等方式向公众提供一定数量的作品复制件。可以说，宣发对电影至关重要，因为这是回收电影投资成本，获取收入和利润的主要途径。

2016年、2017年内地票房统计如表1所示。

---

* 纪玉峰合伙人。

表1　2016年和2017年内地电影票房总排行榜

2016年				2017年			
年度排名	历史排名	电影名称	总票房（亿元）	年度排名	历史排名	电影名称	总票房（亿元）
1	1	美人鱼	33.9	1	0	战狼2	56.31
2	7	疯狂动物城	15.3	2	5	速度与激情8	26.94
3	8	魔兽	14.72	3	9	羞羞的铁拳	21.9
4	15	美国队长3：英雄内战	12.46	4	11	前任3：再见前任	19.26
5	16	西游记之孙悟空三打白骨精	12	5	12	功夫瑜伽	17.53
6	18	湄公河行动	11.68	6	14	西游伏妖篇	16.49
7	20	澳门风云3	11.16	7	16	变形金刚5：最后的骑士	15.45
8	23	盗墓笔记	10.01	8	22	芳华	14.11
9	24	功夫熊猫3	10	9	23	摔跤吧！爸爸	12.96
10	25	奇幻森林	9.8	10	27	寻梦环游记	12.02
11	30	绝地逃亡	8.89	11	29	加勒比海盗5：死无对证	11.8
12	34	星球大战：原力觉醒	8.25	12	33	金刚：骷髅岛	11.61
13	36	从你的全世界路过	8.12	13	35	极限特工：终极回归	11.28
14	37	叶问3	8.02	14	37	生化危机6：终章	11.12
15	38	X战警：天启	8.02	15	40	乘风破浪	10.38
				16	41	神偷奶爸3	10.3
				17	52	智取威虎山	8.74
				18	61	蜘蛛侠：英雄归来	7.67
				19	63	大闹天竺	7.55
				20	69	雷神3：诸神黄昏	7.36

一部电影盈利与否，票房的高低，取决于三个因素：一是影片质量要过关，二是阵容和演员有水准，三是宣发。其中影片质量和演员阵容是基础，宣发是渠道，因为即便影片质量过硬，演员阵容强大，但“酒香也怕巷子深”，必须广泛宣传，才能吸引人进入影院，增加票房。

电影作为商品，其最终目的是盈利。大多数人以为只要票房超过成本，就收回投资了。其实不然，基本的测算是，扣除营业税、电影事业的专项资金，剩下的才是可分账票房。可分账票房中扣除院线提留、中影数字提留，只有 40%多归电影出品方和发行方，再扣除发行代理费，以及有可能的票房返点，票房收入达到成本的 3~3.3 倍，才能刚刚保本，3.3 倍以上的部分，才能说是盈利。

比如，郭敬明的《爵迹》有 11 个出品方，投资近 2 亿，估计 6 亿才能保本，结果票房才 3.8 亿左右，显然是巨额亏损的。《战狼 2》投资也是 2 个亿左右，票房是 56.31 亿，显然是赚了。像《疯狂的石头》（投资 350 万）那样完全靠口碑赢取票房（票房 2350 万）的例子很难复制。以《美人鱼》的 33.9 亿票房和《战狼 2》的 56.31 亿票房为例，其票房的取得主要是宣发的功劳。

二、宣发有多复杂和烧钱

诸如华谊、光线等公司出品的影片，通常有自己的团队进行宣发。但大多数公司倾向于外包，由专业的发行公司进行宣发。

以一个宣发的事务为例：当宣发公司接到一个项目时，要研究关于影片的所有信息资料，如大纲、剧本、主创团队资料、影片的主题曲与插曲资料、花絮资料、影片的制作总花费等，然后才能作出市场评估。

在此情况下，宣发的工作是非常繁重的，举例而言，要在全国范围内网络热搜、新媒体上曝光，电视、网络、手机广告要覆盖；微信、微博、豆瓣等社交平台进行口碑运作；建筑物公共设施广告投放、路演、发布会……因此营销费用受限会直接影响宣发效果。宣发效果不好，既会影响票房，又会影响宣发公司的利益。与分账发行不同，采取保底发行的发行方风险更高，因为如果没有达到约定的票房，发行方是要自己掏钱保底的，一旦票房未能达到预期，欲哭无泪。

为什么很多电影制片方喜欢找大明星？因为这些明星的粉丝会让这部片子的关注度极高，不需要拼命宣传就可以保证一部分票房。当然粉丝流量也不保险，如之前某片，某演员的粉丝为了排片量竟然采取锁场的方式，结果票房照样“扑街”。

看到前面所说的复杂性，读者应该能估计到宣发费用不会是个小数字了。通俗地讲，宣发是个坑——不是个普通小坑，而是个无底洞。你砸了千万元乃至上亿元，也不能保证票房。

介绍完宣发，回归崔永元披露的7.5亿元“阴阳合同”，就会发现，虽然崔永元说7.5亿元的费用缘由是“演员和宣发”，但仅从目前披露的几笔来看，除了1200万元购买域名可能与宣发有关，其他几笔与宣发无甚关联。

由此，事件又陷入迷雾中。7.5亿元针对的是一个合同还是多个合同，针对的是几部电影，款项到底是什么性质，其中有多少是宣发的费用？这些问题不搞清楚，就难以判断7.5亿元费用的每个组成部分的合理性。

品牌方内容违规，艺人有权单方解除代言合同吗？

张释文*

近日，某奢侈品牌被舆论推上风口浪尖，起因是有网友发现该品牌设计的一款T恤上，将我国香港和澳门地区单独列为国家。舆论很快进一步发酵，随后，多家知名品牌先后被曝出类似错误……而杨幂、刘雯、易烊千玺、许魏洲、关晓彤、任嘉伦、宋威龙、韩东君等艺人迅速作出反应，纷纷表示终止与相关品牌的合作，并表明了中国主权和领土完整，神圣不可侵犯的立场。

艺人们第一时间站出来单方面宣布与品牌方解除代言协议、终止一切品牌方相关活动，维护祖国统一。从法律角度来讲，艺人有权单方解除代言合同么？单方解除合同时需要注意什么？如何防范此类风险？

一、什么情况下可以单方解除合同？

符合合同法定解除/约定解除条件+通知+被通知方在异议期限内未提出异议。

法律规定的单方解除权包括法定解除和约定解除两种，当事人合法行使合同解除权，应当具备《民法典》第562条第2款（约定解除）或者第563条（法定解除）规定的要件，并应当通知对方当事人，自通知到达对方时，发生解除合同的效力。当然，法律也赋予对方对解除通知提出异议的权利，并规定了异议期限。在异议期内对方依法提出异议的，由法院或仲裁机构最终确认解除合同的效力。

（1）法定解除：《民法典》第563条第1款规定，“有下列情形之一的，当事人可以解除合同：（一）因不可抗力致使不能实现合同目的；（二）在履

* 张释文合伙人。

行期限届满之前，当事人一方明确表示或者以自己的行为表明不履行主要债务；（三）当事人一方迟延履行主要债务，经催告后在合理期限内仍未履行；（四）当事人一方迟延履行债务或者有其他违约行为致使不能实现合同目的；（五）法律规定的其他情形”。

（2）约定解除：《民法典》第 562 条第 2 款规定，“当事人可以约定一方解除合同的条件。解除合同的事由发生时，解除权人可以解除合同”。

（3）通知及异议：《民法典》第 565 条规定，“当事人一方依法主张解除合同的，应当通知对方。合同自通知到达对方时解除；通知载明债务人在一定期限内不履行债务则合同自动解除，债务人在该期限内未履行债务的，合同自通知载明的期限届满时解除。对方对解除合同有异议的，任何一方当事人均可以请求人民法院或者仲裁机构确认解除行为的效力”。

异议期：2009 年最高人民法院《关于适用〈中华人民共和国合同法〉若干问题的解释（二）》第 24 条规定，“当事人对合同法第九十六条、第九十九条规定的合同解除或者债务抵销虽有异议，但在约定的异议期限届满后才提出异议并向人民法院起诉的，人民法院不予支持；当事人没有约定异议期间，在解除合同或者债务抵销通知到达之日起三个月以后才向人民法院起诉的，人民法院不予支持”。

二、艺人单方解除合同是否需要承担违约责任？

根据我国《民法典》，依法成立的合同对当事人具有法律约束力。如果艺人单方擅自解除合同，是应当承担相应违约责任的。然而，在合同法定解除条件或约定解除条件成就的情况下，依法提出单方解除的一方则无须承担违约责任，同时可要求对方依据双方合同约定就其自身的违约行为承担违约责任。因此，艺人在品牌方内容违规的情况下提出单方解除合同是否需要承担违约责任，还需要结合具体的违规情形、社会影响及双方的合同条款等有关具体情形进行分析。

作为艺人方，在品牌方出现内容违规的情况下，评估主动提出单方解除合同可能带来的法律责任时建议采取以下四步。

（1）对其具体的违规事项及违规事项所造成的影响进行评估。

（2）分析双方合同的具体条款，判断该违规事项是否属于合同中约定的解除事由。

（3）若合同对此种情况是否可以解除未加以约定，则应根据双方合同的具体条款来判断此种情况是否属于合同约定的违约行为或是否直接违反了某项合同约定。

（4）在确定属于违约的情况下，应结合双方合同签署之目的及合同上下文，对该违约情形划分等级，判断是否达到“致使不能实现合同目的”的根本性违约。

这也为艺人代言合同的条款设计、合同审核与艺人方风险控制的重要性打上了感叹号。依照行业惯例，品牌方在与艺人签署合同时会要求加入“艺人道德条款”，用来规范艺人行为和敦促艺人形象的管理，防止因艺人的负面事件、不端行为等影响合同履行、社会评价，减损预期利益及价值，但作为艺人方，对品牌方的类似敏感事件反而容易忽略。建议艺人在开展商务合作时也应注意防范此类风险，毕竟艺人的工作性质有其特殊性，这类事件将对艺人整个职业生涯产生直接的、巨大的影响。

三、艺人方如何防范此类风险？

文化娱乐行业涉及环节多、金额大、影响广、争议高发，风险控制与管理是一个非常系统的工程，也是一个非常艰巨的任务。限于篇幅只作简述。

（1）构建高效的预调查制度。对拟代言品牌进行基本的尽职调查：就品牌基本情况、各类证照是否齐全、是否属于《广告法》等有关法律规定不得代言的行业等出具基本的调查意见，尤其是就关系消费者生命健康的商品或服务品牌，应着重、全面考察产品情况。

（2）构建匹配的风险审查及合同管理制度。紧密衔接商务，从风险控制的角度根据合作对象细化具体的合同条款。由于文化娱乐行业的特殊性，模板可能带来非常大的隐患，艺人代言合同有别于一般合同，许多条款的设计应特别注意。结合过往为数百位艺人提供法律服务的实务经验，作为法律专业人士，在代表艺人的谈判及为艺人草拟的合同中至少需要从商务和法律的角度提前考虑导致艺人名誉减损、未来商业价值贬损、未来工作产生风险及不良影响的各种可能性，并结合特定合作事项、品牌行业性质等具体商务事宜，在合作内容、解除权、违约责任等合同条款方面作出合理的、配套的设计。在此仅作简要提示：

①拟代言期限、地域、代言形式及内容、代言费支付等核心商务条款的谈判、风险把握及准确约定。

②有针对性地设计艺人“避险”条款，如品牌违法违规导致艺人名誉受损或潜在商业价值贬损或被追究法律责任/行政处罚；品牌方“道德条款”，防止伤害民族感情，破坏民族团结等情形发生；品牌违规（如超过授权时间、范围）使用艺人素材；品牌擅自发布艺人的保密信息，或者散布影响艺人名誉的言论等情形，并约定相应的解除权及违约责任。

③竞品代言禁止条款等有关要求的注意、备案管理和执行监督。

（3）构建分级风控机制，积极应对各类危机事件。

（4）定期组织法律合规讲座及培训。充分进行合规部署，加强管理层及主要员工合规意识，结合行业特征及自身情况着重注意了解可能涉及的《民法典》《广告法》《消费者权益保护法》等有关法律知识。